Auswärtiges Amt
1939/41 Nr. 6

Die Geheimakten des französischen Generalstabes

Sechstes Weißbuch der Deutschen Regierung

Archiv-Edition

Das Buch dient dokumentarischen und wissenschaftlichen Zwecken, die Auswahl der Dokumente findet nicht die ungeteilte Zustimmung des Verlags.

Reihe *Kriegsursachenforschung*
Band 7

Faksimile
der vom Auswärtigen Amt der Deutschen Regierung
herausgegebenen Originalausgabe,
wie sie 1941 in Berlin gedruckt wurde.

1995

Archiv-Edition, Verlag für ganzheitliche Forschung
25884 Viöl
Eigendruck

ISBN 3-927933-64-3

Inhaltsverzeichnis

	Seite
I. Übersicht	10
II. Dokumente:	15

Nr.	Titel	Inhalt	Seite
1	Der Militärattaché an der Französischen Botschaft in London General Lelong an den Chef des französischen Großen Generalstabes der Landesverteidigung — Auszug —, 5. Mai 1939	Ergebnisse der französisch-britischen Generalstabsbesprechungen	15
2	Der Französische Ministerpräsident, Landesverteidigungs- und Kriegsminister an den Oberbefehlshaber der französischen Levantetruppen General Weygand, 19. Juli 1939	Zusammensetzung des Expeditionskorps im Orient	19
3	Der Oberbefehlshaber des französischen Heeres General Gamelin an den Französischen Ministerpräsidenten, Landesverteidigungs- und Kriegsminister Daladier, 1. September 1939	Frage der Neutralität Belgiens Luxemburgs und Hollands	22
4	Der Oberbefehlshaber der französischen Levantetruppen General Weygand an den Oberbefehlshaber des französischen Heeres General Gamelin, 8. September 1939	Aufstellung des Expeditionskorps im Orient	24
5	Handschreiben des Oberbefehlshabers der französischen Levantetruppen General Weygand an den Oberbefehlshaber des französischen Heeres General Gamelin, 9. September 1939	Vorbereitungen für das Saloniki-Unternehmen	25
6	Der Oberfehlshaber des französischen Heeres General Gamelin an den Oberbefehlshaber der französischen Levantetruppen General Weygand, 10. September 1939	Benennungen für das Expeditionskorps im Orient	27
7	Der Oberbefehlshaber der französischen Levantetruppen General Weygand an den Oberbefehlshaber des französischen Heeres General Gamelin, 15. September 1939	Ausrüstung des Expeditionskorps im Orient mit Luftstreitkräften	28
8	Der Französische Botschafter in Bukarest Thierry an das Französische Außenministerium, 28. September 1939	Vorschläge für eine Sperrung der Donau	29

Nr.	Titel	Inhalt	Seite
9	Bericht des von der Französischen Regierung beauftragten Sachverständigen für die Zerstörung der rumänischen Erdölindustrie Léon Wenger — Auszug —, 1. Oktober 1939	Zerstörung der rumänischen Erdölindustrie	30
10	Der Oberbefehlshaber des französischen Heeres General Gamelin an den Französischen Ministerpräsidenten, Landesverteidigungs- und Kriegsminister Daladier, 18. Oktober 1939	Zerstörung der rumänischen Oelfelder	33
11	Der Französische Ministerpräsident und Außenminister Daladier an den Französischen Botschafter in London Corbin, 27. Oktober 1939	Sperrung der Donau	34
12	Der Französische Botschafter in Brüssel Bargeton an das Französische Außenministerium, 9. November 1939	Frage des Belgischen Außenministers nach dem militärischen Oberkommando im Fall gemeinsamer Operationen	35
13	Der Militärattaché an der Französischen Botschaft in Brüssel Oberst Laurent an das Französische Kriegsministerium, 11. November 1939	Einzelheiten geplanter belgischer militärischer Maßnahmen	36
14	Der Oberbefehlshaber des französischen Heeres General Gamelin an den Militärattaché an der Französischen Botschaft in London General Lelong, 13. November 1939	Geplantes Unternehmen in Belgien und Holland	37
15	Der Militärattaché an der Französischen Botschaft in Brüssel Oberst Laurent an das Französische Kriegsministerium, 20. November 1939	Ausbau befestigter belgischer Stellungen	38
16	Der Militärattaché an der Französischen Botschaft in Brüssel General Laurent an das Französische Kriegsministerium, 16. Dezember 1939	Ausbau befestigter belgischer Stellungen	39
17	Französische Aufzeichnung ohne Datum und Unterschrift	Wichtigkeit der Finnlandhilfe für Einbeziehung Skandinaviens in deutschfeindliche Front	40
18	Der Französische Ministerpräsident und Außenminister Daladier an den Französischen Botschafter in London Corbin, 17. Januar 1940	Aktion in Skandinavien	41
19	Notiz des Französischen Ministerpräsidenten Daladier, 19. Januar 1940	Zerstörung der russischen Erdölfelder	43
20	Der Französische Botschafter in Ankara Massigli an das Französische Außenministerium, 12. Februar 1940	Nutzbarmachung der alltürkischen Bestrebungen	44
21	Der Französische Ministerpräsident und Außenminister Daladier an den Französischen Botschafter in London Corbin, 21. Februar 1940	Beistandsleistung an Finnland und Intervention in Skandinavien	45

Nr.	Titel	Inhalt	Seite
22	Aufzeichnung des Oberbefehlshabers des französischen Heeres General Gamelin — Auszug —, 22. Februar 1940	Zerstörung der russischen Erdölfelder im Kaukasus	48
23	Aufzeichnung des Oberbefehlshabers des französischen Heeres General Gamelin, 10. März 1940	Teilnahme französisch-britischer Streitkräfte an den Operationen in Finnland — Vorteile einer Aktion auf dem Balkan	51
24	Verhandlungsbericht der Skandinavien-Kommission des Interalliierten Militärischen Studienausschusses, 11. März 1940	Landung in Narvik	56
25	Der Oberbefehlshaber des französischen Heeres General Gamelin an den Französischen Ministerpräsidenten, Landesverteidigungs- und Kriegsminister Daladier, 12. März 1940	Operationen im mittleren Orient	57
26	Der Französische Botschafter in Ankara Massigli an das Französische Außenministerium, 14. März 1940	Türkische Haltung zur geplanten Zerstörung russischer Erdölfelder im Kaukasus	60
27	Aufzeichnung des Oberbefehlshabers des französischen Heeres General Gamelin, 16. März 1940	Vorschläge für die Kriegsführung — Notwendigkeit der Abschneidung Deutschlands von Eisen- und Oelzufuhr	61
28	Der Französische Botschafter in Ankara Massigli an das Französische Außenministerium, 28. März 1940	Türkische Haltung zur geplanten Zerstörung russischer Erdölfelder im Kaukasus und zur Durchfahrt durch die Dardanellen Anregung, Unternehmen ohne vorherige Befragung der Türkei durchzuführen	64
29	Entwurf einer Aufzeichnung über das Finnlandunternehmen (undatiert)	Das Finnlandunternehmen und seine Folgen	69
30	Beschlußentwurf der 6. Sitzung des Obersten Rates, 28. März 1940	Maßnahmen der Kriegsausweitung in Norwegen und im Kaukasus	71
31	Aufzeichnung des Oberbefehlshabers des französischen Heeres General Gamelin, 30. März 1940	Kommando auf dem Balkan und im Mittleren Orient	73
32	Der Französische Botschafter in Ankara Massigli an das Französische Außenministerium, 1. April 1940	Haltung der Türkei zur Zerstörung der russischen Erdölfelder im Kaukasus	74
33	Der Militärattaché an der Französischen Botschaft in London General Lelong an den Oberbefehlshaber des französischen Heeres General Gamelin, 2. April 1940	Einzelheiten und Daten über Ausführung des Unternehmens in Norwegen	76
34	Niederschrift über Besprechungen im Großen Hauptquartier der Luftwaffe am 5. April 1940	Luftangriffe auf die russischen Erdölfelder im Kaukasus	77

Nr.	Titel	Inhalt	Seite
35	Schriftstücke betreffend die Sitzung des französischen Kriegsausschusses vom 9. April 1940	Notwendigkeit des Einrückens in Belgien	79
36	Vorlage einer Meldung der Agentur „Havas" durch den Französischen Generalstab, 10. April 1940	Scheitern eines englischen Versuchs einer Sperrung der Donau	82
37	Der Oberbefehlshaber der französischen Kriegsmarine Admiral der Flotte Darlan an den französischen Landesverteidigungs- und Kriegsminister Daladier, 12. April 1940	Vorbereitungen der französischen Kriegsmarine für das Unternehmen in Norwegen	84
38	Der Oberbefehlshaber der französischen Streitkräfte im Ostmittelmeergebiet General Weygand an den Oberbefehlshaber des französischen Heeres General Gamelin und den Oberbefehlshaber der französischen Luftwaffe General Vuillemin, 17. April 1940	Bombardierung der russischen Erdölfelder im Kaukasus	87
39	Der Französische Botschafter in Ankara Massigli an das Französische Außenministerium, 25. April 1940	Unzureichende Kriegsmateriallieferungen an die Türkei	89
40	Französische Aufzeichnung für eine Mitteilung an Winston Churchill (undatiert)	Notwendigkeit einer einheitlichen Führung des Norwegen-Unternehmens	91
41	Niederschrift über die Sitzung des französischen Kriegsausschusses vom 26. April 1940	Prüfung der Lage in Norwegen sowie etwaiger Operationen im Kaukasus und auf dem Balkan	92
42	Der Französische Ministerpräsident und Außenminister Reynaud an den Französischen Botschafter in London Corbin, 26. April 1940	Uebermittlung einer Botschaft an den Britischen Premierminister, das Drontheimunternehmen nicht aufzugeben	96
43	Der Französische Botschafter in London Corbin an das Französische Außenministerium, 26. April 1940	Beschluß der Aufgabe des Drontheimunternehmens durch britisches Kriegskabinett	98
44	Niederschrift über die 9. Sitzung des Obersten Rates — Auszug —, London, 27. April 1940	Aufgabe des Drontheimunternehmens — Erwägungen über die Möglichkeiten der Zerstörung der schwedischen Erzfelder	100
45	Der Französische Ministerpräsident und Außenminister Reynaud an den Französischen Botschafter in London Corbin, 29. April 1940	Auftrag zu dringenden Vorstellungen beim Britischen Außenminister zur Vermeidung weiterer überstürzter Rückzugsmaßnahmen in Norwegen	109
46	Der Französische Botschafter in London Corbin an das Französische Außenministerium, 29. April 1940	Lord Halifax zu dem Rückzug aus Norwegen	111
47	Aufzeichnung des Direktors der politischen Abteilung im Französischen Außenministerium Charvériat, 30. April 1940	Demarche des Norwegischen Gesandten. Norwegische Vorwürfe an England.	113

Nr.	Titel	Inhalt	Seite
48	Der Französische Landesverteidigungs- und Kriegsminister Daladier an den Oberbefehlshaber des französischen Heeres General Gamelin, 1. Mai 1940	Maßnahmen im östlichen Mittelmeer	115
49	Entwurf eines Schreibens des Französischen Ministerpräsidenten und Außenministers Reynaud an den Britischen Premierminister Chamberlain, 1. Mai 1940	Vorstellungen gegen Aufgabe des Norwegenunternehmens	116
50	Der Oberbefehlshaber des französischen Heeres General Gamelin an den Oberbefehlshaber der französischen Streitkräfte im Ostmittelmeer General Weygand, 10. Mai 1940	Nichtentsendung von Verstärkung für die Levantearmee — Weitere Vorbereitung des Salonikiunternehmens	118
51	Verfügung des Oberbefehlshabers des französischen Heeres General Gamelin, 15. Mai 1940	Decknamen für Operationen in der Aegäis	120
52	Der Oberbefehlshaber der alliierten Streitkräfte General Gamelin an den Oberbefehlshaber der britischen Luftwaffe Luftmarschall Newall, 15. Mai 1940	Anforderung von 10 britischen Jagdgeschwadern	121
53	Der Oberbefehlshaber der alliierten Streitkräfte General Gamelin an den Militärattaché an der Französischen Botschaft in London General Lelong (für den Britischen Premierminister Winston Churchill), 16. Mai 1940	Wiederholung des Antrages auf Entsendung von 10 britischen Jagdgeschwadern	122
54	Der Oberbefehlshaber der alliierten Streitkräfte General Gamelin an den Militärattaché an der Französischen Botschaft in London General Lelong (für den Britischen Premierminister Winston Churchill), 16. Mai 1940	Forderung auf Einsatz der britischen Luftwaffe in Kampfhandlung	123
55	Der Oberbefehlshaber der alliierten Streitkräfte General Gamelin an den Militärattaché an der Französischen Botschaft in London General Lelong (für den Britischen Premierminister Winston Churchill), 17. Mai 1940	Wiederholung der Forderung auf Einsatz der britischen Luftwaffe in Kampfhandlung	124
56	Niederschrift über die französisch-britische Zusammenkunft vom 22. Mai 1940	Flandernschlacht	125
57	Der Britische Premierminister Winston Churchill an den Französischen Ministerpräsidenten und Außenminister Reynaud (für den Oberbefehlshaber der alliierten Streitkräfte General Weygand), 24. Mai 1940	Mangelnde Verbindung unter den drei alliierten Armeen an der Nordfront	131
58	Der Französische Ministerpräsident und Außenminister Reynaud an den Britischen Premierminister Winston Churchill, 24. Mai 1940	Forderungen und Vorwürfe	132

Nr.	Titel	Inhalt	Seite
59	Der Französische Ministerpräsident und Außenminister Reynaud an den Britischen Premierminister Winston Churchill, 24. Mai 1940	Weitere Vorwürfe	134
60	Der Britische Premierminister Winston Churchill an den Französischen Ministerpräsidenten und Außenminister Reynaud, 25. Mai 1940	Rückzug aus dem Raume von Arras; Umzingelung der Nord-Armee	135
61	Niederschrift über die Sitzung des französischen Kriegsausschusses vom 25. Mai 1940	Vortrag General Weygands über die militärische Lage	136
62	Der Oberbefehlshaber der alliierten Streitkräfte General Weygand an den Oberbefehlshaber der französischen Streitkräfte im Ostmittelmeergebiet General Mittelhauser, 27. Mai 1940	Saloniki - Unternehmen grundsätzlich in Frage gestellt	141
63	Der Oberbefehlshaber der alliierten Streitkräfte General Weygand an den Militärattaché an der Französischen Botschaft in London General Lelong, 28. Mai 1940	Notwendigkeit eines Schutzes der Operationen um Dünkirchen durch britische Luft- und Seestreitkräfte	142
64	Der Oberbefehlshaber der alliierten Streitkräfte General Weygand an den Militärattaché an der Französischen Botschaft in London General Lelong (für das britische Oberkommando), 30. Mai 1940	Inständige Bitte um Entsendung erheblicher Teile der britischen Luftwaffe	143
65	Der Französische Botschafter in London Corbin an das Französische Außenministerium, 31. Mai 1940	Britische Haltung zur Frage des Kriegseintritts der Türkei	144
66	Der Französische Botschafter in Ankara Massigli an das Französische Außenministerium, 1. Juni 1940	Bitte um Unterlagen über Schwächung deutscher Offensivkraft	146
67	Der Französische Botschafter in London Corbin an das Französische Außenministerium, 1. Juni 1940	Aufgabe Narviks. — Verfahren gegenüber der Norwegischen Regierung bezüglich der Räumung	147
68	Der Oberbefehlshaber der alliierten Streitkräfte General Weygand an den Militärattaché an der Französischen Botschaft in London General Lelong (für das britische Oberkommando), 2. Juni 1940	Dringende Bitte um Bereitstellung britischer See- und Luftstreitkräfte für den Abtransport französischer Deckungstruppen in Dünkirchen	149
69	Entwurf eines Telegramms des Französischen Ministerpräsidenten Reynaud an den Britischen Premierminister Winston Churchill (undatiert)	Dringende Forderung um Entsendung von 500 britischen Jagdflugzeugen zur Schlacht an Somme und Oise	150
70	Der Oberbefehlshaber der alliierten Streitkräfte General Weygand an den Französischen Ministerpräsidenten und Außenminister Reynaud, 3. Juni 1940	Uebersendung eines Schreibens des Oberbefehlshabers der französischen Luftwaffe über die Notwendigkeit der Entsendung 10 britischer Jagdgeschwader	151

III. Faksimile-Wiedergabe der französischen Originale:

Seite
Schlüssel für häufig wiederkehrende Abkürzungen und Telegrammanschriften 157

	Seite		Seite
Dokument Nr. 1	159	Dokument Nr. 36	272
Dokument Nr. 2	166	Dokument Nr. 37	274
Dokument Nr. 3	170	Dokument Nr. 38	278
Dokument Nr. 4	174	Dokument Nr. 39	281
Dokument Nr. 5	176	Dokument Nr. 40	287
Dokument Nr. 6	180	Dokument Nr. 41	288
Dokument Nr. 7	181	Dokument Nr. 42	296
Dokument Nr. 8	183	Dokument Nr. 43	298
Dokument Nr. 9	185	Dokument Nr. 44	303
Dokument Nr 10	191	Dokument Nr. 45	323
Dokument Nr. 11	192	Dokument Nr. 46	325
Dokument Nr. 12	194	Dokument Nr. 47	329
Dokument Nr. 13	195	Dokument Nr. 48	332
Dokument Nr. 14	196	Dokument Nr. 49	334
Dokument Nr. 15	198	Dokument Nr. 50	337
Dokument Nr. 16	199	Dokument Nr. 51	341
Dokument Nr. 17	200	Dokument Nr. 52	342
Dokument Nr. 18	201	Dokument Nr. 53	343
Dokument Nr. 19	205	Dokument Nr. 54	344
Dokument Nr. 20	206	Dokument Nr. 55	345
Dokument Nr. 21	207	Dokument Nr. 56	346
Dokument Nr. 22	211	Dokument Nr. 57	360
Dokument Nr. 23	216	Dokument Nr. 58	362
Dokument Nr. 24	225	Dokument Nr. 59	365
Dokument Nr. 25	227	Dokument Nr. 60	366
Dokument Nr. 26	234	Dokument Nr. 61	367
Dokument Nr. 27	236	Dokument Nr. 62	371
Dokument Nr. 28	241	Dokument Nr. 63	372
Dokument Nr. 29	252	Dokument Nr. 64	373
Dokument Nr. 30	255	Dokument Nr. 65	375
Dokument Nr. 31	258	Dokument Nr. 66	378
Dokument Nr. 32	260	Dokument Nr. 67	380
Dokument Nr. 33	262	Dokument Nr. 68	385
Dokument Nr. 34	263	Dokument Nr. 69	386
Dokument Nr. 35	265	Dokument Nr. 70	388

Übersicht

Die durch den zufälligen Fund in einigen Güterwagen auf dem Bahnhof des kleinen französischen Städtchens La Charité und an anderen Stellen in deutsche Hand gefallenen Teile der **Geheimakten des französischen Generalstabes** haben in geradezu sensationeller Weise die sich aus den früheren Weißbüchern des Auswärtigen Amtes ergebenden Schlußfolgerungen in allen Punkten bestätigt und die letzten Geheimnisse der englischen und französischen Politik und Kriegführung ans Licht gebracht.

Nachstehend werden aus diesem umfangreichen Aktenmaterial **70 Dokumente** der Oeffentlichkeit unterbreitet*), die in wirkungsvoller Weise die **Pläne der alliierten Kriegführung** erkennen lassen. **Allen diesen Plänen ist eines gemeinsam: das Suchen nach neuen Kriegsschauplätzen sowie das Bestreben, die kleinen Völker Europas diesen Kriegsausweitungsplänen dienstbar zu machen.**

Hierbei geht es zunächst darum, **den Alliierten neue Hilfstruppen zuzuführen**. Von den Bemühungen, Schweden und Norwegen in eine Kriegsfront gegen Deutschland einzuspannen, erwartet man eine Unterstützung von 10 Divisionen (Nr. 23). Eine Aktion auf dem Balkan, die durch eine Landung des schon mehrere Wochen vor Kriegsausbruch in Syrien aufgestellten Expeditionskorps (Nr. 2 und 4) in Saloniki eingeleitet werden soll, würde — wie General Gamelin in seiner grundlegenden Aufzeichnung vom 10. März 1940 feststellt (Nr. 23) — den Alliierten sogar eine Verstärkung von 100 Divisionen zuführen. Der Abschluß eines Beistandspaktes und einer Militärkonvention mit der Türkei soll ebenfalls die geplante Front der Alliierten in Südosteuropa um einen wesentlichen Faktor verstärken (Nr. 65).

Außer diesem Zuwachs an Kräften soll aber die Kriegsausweitung noch anderen wichtigeren Zwecken dienen. Schon in den englisch-französischen Generalstabsbesprechungen, die im Frühjahr 1939 stattgefunden hatten, war die **„Bedeutung des belgischen und holländischen Staatsgebietes als Ausgangsbasis für eine Offensive gegen Deutschland"** festgelegt worden (Nr. 1). Bei Ausbruch des Krieges greift Gamelin diesen Gedanken sofort wieder auf: „Der Einmarsch in Belgien", so schreibt er am 1. September 1939 an den französischen Ministerpräsi-

---

*) Eine Anzahl hiervon ist bereits in der Tagespresse veröffentlicht worden.

denten, „würde uns den ganzen Vorteil der belgischen Flugbasis erhalten und den Krieg von den französischen Grenzen, besonders von unseren reichen nördlichen Provinzen, fernhalten". Darüber hinaus würde von belgischem — oder besser noch von holländischem Gebiete aus — eine offensive Aktion gegen Deutschland „bedeutend günstigeres Gelände und weniger starke Befestigungsanlagen vorfinden". **Der Plan, eine englisch-französische Offensive gegen Deutschland über belgisches und holländisches Gebiet vorzutragen, bildet also von vornherein einen festen Bestandteil der Strategie der Westmächte.** Die militärische Vorbereitung dieses Planes an Ort und Stelle wurde schon von Beginn des Krieges an betrieben (Nr. 12, 13, 14, 15, 16); seine Durchführung wurde dann endgültig nach dem Scheitern des englisch-französischen Unternehmens gegen Skandinavien in Angriff genommen (Nr. 35).

Im Norden waren es andere Gesichtspunkte, die die Kriegspolitik Frankreichs und Englands bestimmten. Hier sollte zunächst die Finnlandhilfe den Alliierten die Möglichkeit geben, „**Schweden und Norwegen** in eine deutschfeindliche Front einzubeziehen" (Nr. 17). Aber bald wird es klar, daß die Finnlandhilfe nur ein „Vorwand" ist, und daß sie nur dazu dient, den Alliierten „eine tatsächliche Kontrolle der schwedischen Erzlager zu verschaffen" (Nr. 18). Die Engländer lassen ohne Skrupel die Maske fallen, sie verweisen die Hilfe für Finnland „an die zweite Stelle" und zeigen sich „als entschiedene Anhänger einer **Unternehmung gegen die Erzgruben Nordschwedens**" (Nr. 23). Es ist die „Sperrung des Erztransportes nach Deutschland", worauf es allein ankommt! „Jedes alliierte Unternehmen in Skandinavien" — so stellt Daladier fest (Nr. 21) — „hat im Rahmen des allgemeinen Kriegsplanes der Alliierten nur dann eine Berechtigung, wenn es diesem Ziele zusteuert". „**Deutschland von seiner Erzversorgung abschneiden**", das ist der leitende Gedanke, der die Politik der Alliierten in Skandinavien beherrscht, solange die Aktion durch die Finnlandhilfe getarnt werden kann, und der in Form einer selbständigen Aktion wieder aufgenommen wird, nachdem dieses moralische Aushängeschild in Folge des finnisch-russischen Friedens verlorengegangen war (Nr. 29, 30, 33).

Neben diesen Krieg des Eisens tritt der Krieg des Oeles. So sehr Gamelin dafür ist, „die Hand auf das schwedische Erz und die norwegischen Häfen zu legen", weist er doch mit Entschiedenheit daraufhin, daß „vom Standpunkt der Kriegführung aus der **Balkan** und der **Kaukasus**, durch die man Deutschland auch vom Petroleum abschneiden kann, von viel größerem Nutzen sind" (Nr. 23). In einem **Angriff auf Batum und Baku** — insbesondere mit der Luftwaffe — sieht er eine „glückliche Ergänzung der skandinavischen Aktion" (Nr. 25). Die Vorbereitungen hierzu werden mit Nachdruck betrieben (Nr. 19, 22, 25, 27, 34), die Durchführung für Ende Juni in Aussicht genommen (Nr. 38), wobei die Türkei, deren Gebiet überflogen werden muß, nach dem eigenartigen Vorschlage des französischen Botschafters Massigli vor „bereits in Ausführung begriffene Tatsachen" gestellt werden soll

(Nr. 28, 32). Auch die Unterbindung der Schiffahrt auf dem Schwarzen Meer wird geplant (Nr. 19), und **Sabotage-Maßnahmen zur Blockierung der Donau** sind aufs intensivste vorbereitet (Nr. 8, 11, 36). Endlich soll die **Absperrung Deutschlands vom rumänischen Oel durch Zerstörung der dortigen Petroleumfelder** bewirkt werden, wofür ein „zum Schein" mit dem Range eines Obersten beliehener Sachverständiger die Pläne aufgestellt und alle Vorbereitungen getroffen hat (Nr. 9 und 10). Durch solche Kombination von Blockademaßnahmen und militärischen Operationen können die Alliierten — wie Gamelin darlegt — „nicht nur die wirtschaftliche Abschnürung immer enger gestalten, sondern auch Deutschland veranlassen, aus seiner abwartenden Haltung herauszutreten". — Mit dem militärischen Vorgehen soll die diplomatische Aktion auf den gleichen energischen Ton abgestimmt werden (Nr. 27). Es kommt darauf an, auch die Balkanländer „zusammenzuschweißen". Man muß die neutralen Staaten die Macht der Alliierten „fühlen lassen". Dann wird der Balkan-Kriegsschauplatz die Möglichkeit günstiger Ergebnisse bieten — nicht allein durch Sperrung der deutschen Oelzufuhr — sondern „durch die **Zermürbung, die die Eröffnung einer neuen Front für den Gegner bedeutet**" oder durch einen Umgehungsangriff auf seine lebenswichtigen Punkte.

So soll vom Eismeer bis zum Kaukasus eine geschlossene Front gebildet werden. Dieser Ring, so hofft man, würde die **Blockade gegen Deutschland verstärken** und seine **wirtschaftliche Erdrosselung vollenden**. Vor allem aber will man durch diese Erweiterung der Kriegsschauplätze neue ausgedehnte „**Abnützungsfronten**" schaffen, an denen die deutschen Kräfte sich zersplittern und allmählich aufreiben sollen.

Das sind in kurzen Zügen die Kriegspläne der Alliierten, so wie sie auch aus den vorliegenden Dokumenten wieder klar hervortreten. **Der Größe des Planes entsprach aber nicht die Kraft des Handelns.** In erschütternder Weise lassen die Dokumente erkennen, mit welchem Dilettantismus und welcher Unfähigkeit die Politiker und Militärs der Alliierten bei ihrem bedenkenlosen Tun vorgegangen sind, durch das sie die Fackel des Krieges in alle Länder Europas tragen wollten. Man sieht **Unzulänglichkeit auf allen Gebieten**. Hier fehlt es an Kanonen, dort an Flugzeugen (Nr. 50). Dann wieder kann Kriegsmaterial nicht geliefert werden, das seit Monaten versprochen war (Nr. 39), oder es zeigt sich, daß die Flakbatterien im entscheidenden Augenblick nicht zur Stelle sind (Nr. 41). Und diesen Mängeln der Organisation entspricht die Schwäche der Führung, die Schwerfälligkeit des Apparates. Einmal streitet man sich über den Oberbefehl (Nr. 40, 42, 57, 58), dann wieder wird mit langwierigem diplomatischen Paktieren der Zeitpunkt des Handelns verpaßt. Interessant ist in diesem Zusammenhang auch ein Schreiben des französischen Flottenchefs, in dem dieser am 12. April 1940 (Nr. 37) darlegt, wie es möglich war, daß Deutschland der von den Alliierten geplanten Landung in Norwegen zuvorkommen konnte, und in dem er ausdrücklich feststellt, daß dem deutschen Oberkommando

„in Anbetracht der mangelnden Diskretion bezüglich der in den alliierten Zusammenkünften besprochenen Projekte" die Beschlüsse des Gegners bekannt sein mußten. So ist es dazu gekommen, daß **von den umfassenden Kriegsplänen der Verbündeten nichts zur Durchführung gelangte**, und daß die **Schnelligkeit der deutschen Schläge** immer wieder die Absichten der Gegner **durchkreuzte**.

Zu der Unfähigkeit gesellt sich auf englischer Seite schließlich der **Verrat**. Wie sehr sich **Norwegen** gerade von England verlassen fühlte, dessen Beistand „ungenügend" sei, dessen Flotte „nicht einmal die Westküste Norwegens verteidigte", geht aus den Aeußerungen des Pariser Norwegischen Gesandten mit aller Eindringlichkeit hervor (Nr. 47). Die **Türkei** ist verstimmt, weil England das Versprechen, ihr bei der Wiedereroberung des Dodekanes zu helfen, mit einem krassen Wortbruch zurückgezogen hat (Nr. 65, 66). Am härtesten hat aber **Frankreich** die britische Treulosigkeit zu spüren bekommen. Die französische Armee, die das „ganze Gewicht der Schlacht" zu tragen hatte und „Ungeheures aushalten" mußte, wird von England im Stich gelassen. In entscheidender Stunde der Flandernschlacht räumt entgegen dem formellen Befehl des französischen Oberkommandierenden der englische General die Stadt Arras und zieht sich 40 km in Richtung auf die Häfen zurück (Nr. 58, 59, 60). Immer wieder gehen die Hilferufe nach London, immer wieder erklingt die Bitte, wenigstens die englische Luftwaffe in den Kampf eingreifen zu lassen (Nr. 52, 53, 54, 55, 56, 63, 64, 68, 69). Versprechen werden gegeben (Nr. 56), aber nicht gehalten. Wie eine schwere Anklage gegen England klingt das den Abschluß dieses Weißbuches bildende Schreiben des französischen Oberbefehlshabers der Luftwaffe (Nr. 70), dessen letzter Notschrei aus der Flandernschlacht mit der prophetischen Mahnung endet: Die Erfüllung der an England gerichteten Forderungen ist eine Frage von Leben oder Tod.

Bemerkung zu den Fußnoten:
   Die in den Originalen enthaltenen Fußnoten erscheinen im gleichen Druck wie das Dokument, die Fußnoten des Auswärtigen Amtes dagegen in *kursiv*.

Nr. 1

Der Militärattaché an der Französischen Botschaft in London General Lelong an den Chef des Französischen Großen Generalstabes der Landesverteidigung

Auszug*)

(Uebersetzung des Faksimile Seite 159)

Geheim London, den 5. Mai 1939

Betrifft:
Zweite Phase der französisch-
britischen Generalstabs-
besprechungen.

Nr. 110

Anbei übersende ich Ihnen ergebenst die Akten über die zweite Phase der Besprechungen, die vom 24. April bis zum 4. Mai 1939 in London stattgefunden haben.

Die Besprechungen sind zum Teil in Vollsitzungen abgehalten worden, bei denen Vertreter sämtlicher Ministerialdepartements der Landesverteidigung anwesend waren, und zum Teil in Sitzungen, an denen nur die Vertreter der beteiligten Departements teilnahmen.

Nur über die ersteren sind Sitzungsberichte verfaßt und die Schlußfolgerungen in Noten niedergelegt worden; bei den zuletzt genannten sind die Schlußfolgerungen nur schriftlich festgehalten worden.

Ebenso wie in der ersten Phase waren sämtliche Erörterungen offen und herzlich.

I. Gemeinsame Fragen

Die allgemeinen Bedingungen des anfänglichen Einsatzes der britischen Streitkräfte auf dem Kontinent sind in den Sitzungen nicht erörtert worden. Ihre Note vom 22. April**) ist dem General Gort am 25. April übergeben und dann von General Pownall zurückgegeben worden. General Gort hat der Note zugestimmt; der Einsatz der Feldarmee jenseits ihrer Konzentrationsbasis wird gelegentlich einer bevorstehenden Frankreich-Reise des Generals Dill und des Generals Pownall an Ort und Stelle geprüft werden; bei dieser Reise werden die beiden Generale mit General Blanchard zusammentreffen.

---

*) *Von diesem umfangreichen Schriftstück sind nur die Seiten 1—7 wiedergegeben. Die weiteren Seiten enthalten technische Einzelheiten über den Luftkrieg auf dem Kontinent und den Krieg in den Kolonien.*

**) *Liegt nicht vor.*

Die Britische Regierung beabsichtigt einen Plan durchzuführen, der sich nicht vor Ablauf von mindestens 18 Monaten voll verwirklichen lassen wird. In diesem Plan ist vorgesehen:

die Reguläre Armee, d. h. 4 Infanterie-Divisionen und zwei mobilisierte Divisionen, im Lauf der ersten 6 Wochen nach Frankreich zu schicken;

die ersten 10 Territorialdivisionen im Lauf des 4., 5. und 6. Monats dorthin zu schicken, wo sie gebraucht werden sollten;

die 16 letzten Territorialdivisionen vom 9. bis 12. Monat dorthin zu schicken, wo sie gebraucht werden sollten.

Für den Einsatz der Territorialdivisionen wird allerdings keine feste Verpflichtung übernommen; er würde nach Beratung mit der Französischen Regierung „im besten Interesse der gemeinsamen Sache unter Berücksichtigung der Gesamtlage" angeordnet werden.

Die britische Delegation hat den von der französischen Delegation schriftlich niedergelegten Erwägungen zugestimmt. Besonders ist anerkannt worden, daß die Intervention Polens sich nur dann in ihrem vollen Wert auswirken könne, wenn sie durch den Kriegseintritt weiterer Alliierter zur Bildung einer ausgedehnten, festen und dauerhaften Front im Osten führe.

Die britische Delegation hat mitgeteilt, daß die Nachrichten, die sie über die rumänische Armee habe, wenig ermutigend seien.

Die Erörterung über die Folgen einer Intervention Japans hat die beiden Delegationen veranlaßt, sich sogleich über die Verstärkung der alliierten Seestreitkräfte im Fernen Osten auszusprechen. Die französische Delegation hat betont, daß es nötig sei, im Fernen Osten eine defensive Haltung einzunehmen, solange die italienische Frage noch nicht geregelt sei; sie hat die britische Delegation darauf aufmerksam gemacht, welche ernsten Folgen für den Ausgang des Krieges in Europa ein Verlust der Herrschaft über das östliche Mittelmeer haben könnte.

Die Briten, hin und her gerissen zwischen den Garantien, die sie den Staaten des östlichen Mittelmeeres gegeben haben, und ihren Verpflichtungen gegenüber Indien und den fernöstlichen Dominien, haben zugegeben, daß eine Schwächung ihrer Flotte im östlichen Mittelmeer „nicht leichtfertig durchgeführt werden dürfe". Sie haben betont, daß Singapur nur für drei Monate Vorräte habe.

Die britische Delegation erkennt zwar an, daß es unerläßlich ist, vor allem den Krieg in Europa zu gewinnen, und daß zu Beginn eines Krieges deshalb im Fernen Osten eine streng defensive Haltung eingenommen werden müsse, damit Großbritannien die Herrschaft im östlichen Mittelmeer behalte; sie glaubt aber die Möglichkeit nicht ausschließen zu können, daß, falls die Vereinigten Staaten und Rußland neutral blieben und keine Haltung einnähmen, die auf die Tätigkeit Japans bremsend wirkte, eine Verstärkung der Seestreitkräfte im Fernen Osten zum Nachteil der Streitkräfte auf den übrigen Kriegsschauplätzen nötig würde.

Die Frage müßte, wenn es soweit wäre, zwischen der Französischen und der Britischen Regierung beraten werden.

Im übrigen wurde über folgende Punkte eine Einigung erzielt:

Wichtigkeit der Haltung der Vereinigten Staaten und der UdSSR.

Notwendigkeit, so viele japanische Streitkräfte wie möglich in China festzuhalten und den Chinesen auf alle Weise zu helfen (Uebersendung von Waffen und Munition, Verbesserung ihrer Truppencadres). Der französische und der britische Oberkommandierende im Fernen Osten haben dafür einen gemeinsamen Aktionsplan ausgearbeitet.

Wichtigkeit einer von Indochina ausgehenden Offensive zur Eroberung Südchinas im Hinblick auf den Entsatz Hongkongs und Kantons.

Notwendigkeit, in China eine gemeinsame Politik in bezug auf die Besatzungen der französischen und britischen Konzessionen zu führen, die Besatzungen, wenn möglich, vor dem japanischen Angriff zu evakuieren und sie andernfalls mit den chinesischen Armeen zu vereinen.

Es ist anerkannt worden, daß ein Angriff auf Spanisch-Marokko der beste Gegenschlag auf eine Aktion gegen Gibraltar wäre, und daß die Ausarbeitung dieses Angriffs erst dann nutzbringend geschehen kann, wenn die Berichte über die bevorstehenden Unterredungen zwischen General Nogues und dem britischen Oberbefehlshaber im Mittelmeer eingegangen sind.

Die französische Delegation hat jedoch darauf hingewiesen:

1) daß die Operationen Süd-Tunesiens gegen Tripolitanien sich erst dann voll entwickeln könnten, wenn die von Spanisch-Marokko ausgehende Bedrohung beseitigt wäre;

2) daß die Eroberung Spanisch-Marokkos seit der Verstärkung der gegnerischen Truppen und Verteidigungsanlagen in einem anderen Lichte erschiene.

In der von der französischen Delegation überreichten Note ist folgende Lösung vorgeschlagen worden:

In Krisen- oder Kriegszeiten wäre eine französische Verbindungsmission nach Großbritannien zu schicken, die aus je einem Offizier im Generalsrang (oder Oberst) aus jedem Departement der Landesverteidigung bestände.

Diese Mission wäre mit der Prüfung der Fragen zu betrauen, die sich auf die Oberleitung der Operationen und auf die Vorbereitung der vom Oberkommando zu fassenden gemeinsamen Beschlüsse beziehen.

Die britische Delegation wird ihre Einstellung zu der Frage später mitteilen.

Die Generalstäbe der verschiedenen Departements sind ermächtigt worden, in Friedenszeiten höchstens die Nachrichten auszutauschen, die von den Zweiten Büros eingeholt worden sind.

Für die Marine ist die Frage geregelt.

Für das Luftfahrtministerium und besonders für das Kriegsministerium müssen die Besprechungen und der Umfang der Nachforschungsgebiete erweitert werden.

Der britische Generalstab wird eine besondere Note überreichen, die sich auf die Fragen bezieht, die in Friedenszeiten von den Zweiten Büros (Nachrichtendienst) des französischen und britischen Kriegsministeriums zu behandeln sind.

Die Delegierten des britischen Kriegsamts sind darauf aufmerksam gemacht worden, daß die Nachrichten über koloniale Kriegsschauplätze in Frankreich bei dem Zweiten Büro des Generalstabs für die Kolonien (Kolonialministerium) zentralisiert sind.

Die von der französischen Delegation überreichte Note hat diese Frage geklärt.

Die Briten haben den Wunsch ausgesprochen, ein sachverständiger französischer Vertreter solle mit dem Leiter der britischen industriellen Organisation zusammentreffen. Der Meinungsaustausch solle sich auf die Munitionserzeugung und auf die Rohstoffversorgung erstrecken. Die Antwort lautete, der Name des französischen Delegierten werde sogleich nach Rückkehr der französischen Delegation nach Paris angegeben werden.

II. Fragen der Kriegführung zu Lande, in der Luft und in den Kolonien.

Die britische Delegation hat sogleich anerkannt, wie ungewiß die Bedingungen unserer eventuellen Intervention in Belgien sind. Es wurde vorgesehen, daß wir — mit dem Vorbehalt, eine Begegnungsschlacht in den belgischen Ebenen zu vermeiden — die Organisation unserer Verteidigung mindestens an der belgischen Schelde und bestenfalls am Albert-Kanal in Aussicht nehmen müssen.

Auf Wunsch der britischen Delegation ist in Betracht gezogen worden:

1) Die Möglichkeit einer Intervention in einer Stellung Antwerpen—Brüssel—Namur, für den Fall, daß es möglich wäre, eine solche Stellung rechtzeitig zu organisieren.

2) Die Bedeutung des Besitzes des belgischen und holländischen Staatsgebiets als Ausgangsbasis für eine Aufnahme der Offensive gegen Deutschland.

Ohne Rücksicht darauf, bis zu welcher Tiefe unsere Intervention vorstoßen würde, ist anerkannt worden, daß die französisch-britischen Luftstreitkräfte im Augenblick des Bedarfs an allererster Stelle für den Angriff auf deutsche Kolonnen eingesetzt werden müssen, die in Belgien und Holland vorrücken, ganz gleich, ob diese Luftstreitkräfte ihre Stützpunkte auf französischem oder britischem Staatsgebiet haben.

. . . .

Nr. 2

Der Französische Ministerpräsident, Landesverteidigungs- und Kriegsminister an den Oberbefehlshaber der französischen Levante-Truppen General Weygand

(Uebersetzung des Faksimile Seite 166)

Streng geheim

Betrifft: Paris, den 19. Juli 1939
Expeditionskorps.

N 8.636 1/E. M. A.

Auf das Schreiben Nr. 1382/3 vom 4. Juli 1939*)

I. Im Anschluß an meine Depesche 3. 106 3/E. M. A. P. vom 17. Juli 1939*) teile ich Ihnen ergebenst die Zusammensetzung des Expeditionskorps mit, das ich in der Levante aufzustellen gedenke. Die Organisation ist Gegenstand der anliegenden Aufstellung I.

II. Ich lasse schon jetzt die verschiedenen Formationen aus dem Mutterland oder aus Nordafrika, die dem Expeditionskorps angehören sollen, nach der Levante dirigieren.

Außerdem lasse ich Ihnen folgende Einheiten zur Verfügung stellen, die für den Fall der Abfahrt des Expeditionskorps zur Verstärkung der Levantetruppen bestimmt sind:

1 Bataillon Fremdenlegion aus Nordafrika,
1 Bataillon Senegalschützen aus dem Mutterland,
1 Bataillon Senegalschützen aus Dschibuti, dessen Abgabe vom Kolonialministerium erbeten wird.

Sie erhalten unter dem Stempel der beteiligten Stellen meiner Zentralverwaltung sämtliche Angaben in bezug auf die einzelnen Truppenbestände und auf die näheren Umstände der Ankunft der gesamten Truppen in der Levante.

Auf anderem Wege lasse ich Ihnen Instruktionen zugehen über die jetzt in Aussicht genommenen Modalitäten für die Aufstellung, die Konzentration und die Art der Verwendung sowie für die Organisation der Dienststellen und der Verbindungen des Expeditionskorps.

Im Auftrag

Colson

---

*) Liegt nicht vor.

Streng geheim

Aufstellung Nr. I
Anlage zu der Ministerialverfügung Nr. 8.636 —
1/E. M. A. vom 19. Juli 1939

Truppenteil	Herkunft
Stab des Expeditionskorps	Frankreich u. Levante

Stab der 1. Brigade

Infanterie:	Marschregiment der Kolonialinfanterie (Stab — 3 Bat.)	Frankreich
	16. Tunes. Schützenregiment (Stab — 2. Bat.)	Levante
	1 Komp. Panzerabwehr zu 2 Abt. mit je 3 2,5-cm-Geschützen	Frankreich (3. Nordafrikan. Inf. Div.)
Artillerie: 1 Gruppe	2 Batterien 7,5 H	Frankreich (Kolonialartillerie)
	1 Batterie 15,5 C H	Frankreich (3. Nordafrikan. Infant. Div.)
	1 Abt. Panzerabwehr 4,7	Frankreich
Kavallerie:	1 Schwadron zu Pferde	Levante
	1 Zug Panzerkraftwagen mit Maschinengewehren	Levante
Pioniere:	Abteilung Infanteriepioniere	Frankreich u. Nordafrika
	Abteilung Telegraphisten und Funker	Frankreich u. Nordafrika
Troß — Sanitätstruppen — Intendantur		Levante

Stab der 2. Brigade — Frankreich u. Levante

Infanterie:	17. Reg. Senegalschützen (Stab — 3 Bat.)	Levante
	1/2 Algerisch - Marokkanische Brig. (4/6 Alg. Schützenreg. — 4/1 Marokkan. Schützenreg.)	Levante
	1 Abt. Panzerabwehr zu 3 2,5-cm-Geschützen	Frankreich (3. Nordafrikan. Infant. Div.)
Artillerie:	2 Batterien 6,5 M	Levante
	1 Batterie 15,5 C. H.	Frankreich (3. Nordafrikan. Infant. Div.)
	1 Abt. Panzerabwehr 4,7	Frankreich
Kavallerie:	1 Schwadron zu Pferde	Levante
	1 Zug Panzerkraftwagen mit Maschinengewehren	Levante

Truppenteil	Herkunft
Stab des Expeditionskorps	Frankreich u. Levante
Pioniere: Abteilung Infanteriepioniere	Frankreich u. Nordafrika
Abteilung Telegraphisten und Funker	Frankreich u. Nordafrika
Troß — Sanitätstruppen — Intendantur	Levante
Nicht zu Brigaden gehörende Truppenteile:	Artillerie des Mutterlandes
1 Batterie Flakartillerie	Frankreich
1 Divisionsartilleriepark	Frankreich u. Levante

A n m e r k u n g : a) die Infanterie-Einheiten sind vom Typ „auf Tragsattel"

b) die zur Verstärkung nach der Levante geschickten Pioniertruppen bestehen aus:

1 Kompanie Infanteriepionieren
zu 3 Abteilungen,

1 Kompanie Telegraphisten und Funkern
zu 3 Abteilungen.

Ihre Verteilung auf die Brigaden bleibt Ihnen überlassen.

Nr. 3

Der Oberbefehlshaber des französischen Heeres General Gamelin an den Französischen Ministerpräsidenten, Landesverteidigungs- und Kriegsminister Daladier

(Uebersetzung des Faksimile Seite 170)

Streng geheim

Paris, den 1. September 1939

Ich halte es für meine Pflicht, Ihnen schriftlich meinen Standpunkt darzulegen, den ich Ihnen bereits mündlich vortragen durfte, und zwar in der Frage der Neutralität Belgiens und Luxemburgs (und eventuell Hollands).

Gewiß verstehe ich den Standpunkt, den die Französische Regierung eingenommen hat und der in den letzten Besprechungen mit den Regierungen dieser drei Länder festgelegt wurde. Garantie ihrer Neutralität, Garantie dafür, daß wir nur auf ihren Hilferuf in ihr Land eindringen werden. Frankreich konnte, moralisch gesehen, gar keine andere Haltung einnehmen. Es kann nur seine eingegangenen Verpflichtungen respektieren.

Ebenso erforderlich ist es, daß man sich darüber klar wird, daß die augenblickliche Haltung Belgiens sich gänzlich zugunsten Deutschlands auswirkt.

Während Frankreich im Falle einer offensiven Aktion gegen Deutschland zwischen Rhein und Mosel an einer Front von ungefähr 125 Kilometer auf ein sehr starkes Befestigungssystem stößt, würden wir zwischen Mosel und Maas eine mehr als doppelt so lange Front haben (besonders wenn wir über das holländische Gebiet von Maastricht marschieren könnten). Wir würden dort als Angriffsrichtung bedeutend günstigeres Gelände und weniger starke Befestigungsanlagen vorfinden, die erst jetzt teilweise im Entstehen sind, und wir würden auf viel wertvollere Ziele stoßen. Die Auswertung Belgiens würde uns für die Luftwaffe günstige Stützpunkte gegen die Unterrheinprovinzen, Industriezentren und gegebenenfalls gegen Großstädte bieten. Nur auf diesem Wege könnten wir Polen eine starke, sicher wirksame und relativ schnelle Hilfe bringen, denn allein schon durch die Ausweitung unserer Angriffsfront würden wir zahlreichere Streitkräfte aufhalten.

Ferner: die Neutralität Spaniens und besonders Italiens würde uns genügende Mittel für eine mächtige Aktion auf diesem Wege freigeben, sogar ohne daß wir die englische Hilfe abzuwarten brauchten.

Es braucht nicht besonders betont zu werden, daß wir auch vom rein defensiven Standpunkt aus im Falle einer späteren Aktion Deutschlands gegen uns über Belgien und Holland ein Interesse daran haben, den belgischen Streitkräften bei der Verteidigung solcher wichtigen Hindernisse zu Hilfe zu kommen, wie es der Albert-Kanal, die Festung Lüttich, die Maas und sogar vor der Maas-Linie das leicht zu verteidigende Gelände darstellen, das sich von Lüttich aus bis zur Mosel in der schwer einzunehmenden Malmedy-Zone erstreckt, und, wenn möglich, der eingeschnittenen Flußläufe von Oour und Sauer. Diese Stellung würde uns den ganzen Vorteil der belgischen Flugbasis erhalten und den Krieg von den französischen Grenzen, besonders von unseren reichen nördlichen Provinzen fernhalten. Sollten uns die Belgier jedoch erst in dem Augenblick rufen, wo sie von den Deutschen angegriffen werden, dann besteht kein Zweifel darüber, daß sie zahlenmäßig und ihrer Stärke nach nicht die Mittel hätten, ihre Front wirksam gegen einen Einbruch zu verteidigen, und wir hätten das ganze Wagnis eines Zusammenstoßes mit der Schwierigkeit auf uns zu nehmen, die zurückgehenden Armeen zu unterstützen, was bei den Möglichkeiten der Motorisierung und der modernen Luftwaffe eine schwere Aufgabe ist.

Zu einem Manne wie König Albert, der sich bereits bewährt hat, hätte man diese rauhe Sprache sprechen können. Gibt es in Belgien Menschen, die sie verstehen können, wenn auch nicht jetzt sofort, so doch wenigstens im entscheidenden Augenblick? Ich weiß nichts hierüber. Aber es wäre bedauerlich, wenn es keine Männer gäbe, die sich des Schicksals ihres Landes bewußt sind und genau wissen, daß im Falle eines deutschen Sieges zumindest Belgien in eine enge, sklavenhafte Abhängigkeit vom Reiche geraten würde.

Es erschien mir notwendig, daß die Französische Regierung die Einstellung des Oberkommandos hierzu kennenlernt*).

Gamelin

---

*) *Auch in einer späteren Notiz vom 16. November kommt General Gamelin auf die gleichen Gedanken mit folgenden Worten zurück:* „Für Frankreich ist es von ganz besonderem Interesse, in Belgien einzudringen. Wir verlegen auf diese Weise den Krieg nach außerhalb unserer Grenzen und schützen aufs beste unser Industriegebiet im Norden. Daß es so kommt, ist aber noch viel wichtiger für Großbritannien: der Feind könnte dann unmöglich die Flug- und U-Bootstützpunkte benutzen, die er in Belgien vorfindet, und obendrein kann England, wenn unsere Streitkräfte Belgien besetzen, seine Luftabwehrlinien zum Schutze seines Raumes weiter vorverlegen.

Nr. 4

Der Oberbefehlshaber der französischen Levantetruppen General Weygand an den Oberbefehlshaber des französischen Heeres General Gamelin

Telegramm
(Uebersetzung des Faksimile Seite 174)

Geheim
Nr. 597/98   Beirut, den 8. September 1939, 20 Uhr

    Das in Ministerialverfügung achttausendsechshundertsechsunddreißig I/EM *) vom 19. Juli vorgesehene Expeditionskorps wird 10. September Levante vollständig aufgestellt sein. Wegen bevorstehender Ankunft 86. Division ist es wichtig, Bezeichnung schon jetzt festzusetzen, um Verwechslung zu vermeiden und Organisation des Kommandos zu erleichtern.

    Schlage vor, Bezeichnung Expeditionskorps der Gesamtheit der großen Einheiten vorzubehalten, deren Einsatz jetzt außerhalb der Mandatsstaaten in Aussicht genommen ist.

    Teil dieses Expeditionskorps, der bereits in der Levante organisiert ist, wäre, da ungefähr Stärke einer Division, als „Levante-Marschdivision" zu bezeichnen.

    Sie würde zwei gemischte Brigaden enthalten, um den in Ministerialverfügung 3643 E.M.A.—P vom 25. August**) aufgestellten Grundsatz der Teilbarkeit zu wahren.

    Diese Lösung ermöglicht gleiche Namen für ähnliche Einheiten.

    Bitte Sie um schnellste Antwort

                                           Weygand

(Handschriftlicher Vermerk):
Daran erinnern, daß ich lieber jeder
der gemischten Brigaden, die sehr
reichlich mit Kavallerie auszustatten
wären, die Bezeichnung Division geben
würde.

                G(amelin)

---

*) Vgl. Nr. 2.
**) Liegt nicht vor.

Nr. 5

Handschreiben des Oberbefehlshabers der französischen Levantetruppen General Weygand an den Oberbefehlshaber des französischen Heeres General Gamelin

(Uebersetzung des Faksimile Seite 176)

Beirut, den 9. September 1939

Lieber Gamelin,

Ich benütze den morgen abgehenden Luftkurier, um Ihnen einen kurzen Bericht zu geben.

Bei meiner Ankunft hier habe ich alles in Ordnung vorgefunden: die Armee im normalen Zustand; das Land ruhig.

Der Uebergang zum Kriegszustand und meine Kommandoübernahme wurden von der Bevölkerung gut aufgenommen.

Wir sind dabei, das Expeditionskorps kampfbereit zu machen. Ich erwarte natürlich mit Ungeduld die erforderlichen Verstärkungen, die zum Teil angekündigt, zum Teil aber noch Gegenstand von Verhandlungen sind (vor allem, was die Luftwaffe angeht). General Caillault setzt sich in allen Dingen mit einer Intelligenz, einer Energie und einer Präzision ein, die hervorgehoben zu werden verdienen.

Sie kennen die Gründe der Verzögerung meiner Reise nach Ankara. Ein Telegramm von Massigli läßt mich heute auf eine rasche Beseitigung der noch nicht behobenen Schwierigkeiten hoffen. Er teilt mir auch mit, daß der griechische Generalstab noch nicht in der Lage ist, meinen Besuch zu wünschen, daß er jedoch einen Offizier entsenden wird, mit dem ich eine geheime Besprechung haben werde. Alle diese Verzögerungen und Vorsichtsmaßnahmen, die ich verstehe, sind mir äußerst unangenehm, weil sie die Frage von Saloniki in Verwirrung bringen. Falls die gegenwärtige politische Lage gegenüber Italien eine sofortige Festsetzung alliierter Truppen in Saloniki nicht gestattet, so kann man meiner Ansicht nach von Griechenland zunächst verlangen, eine sehr weitgehende Vorbereitung dieser Besetzung zuzulassen — insbesondere durch die Entsendung von Spezialisten für die Einrichtung von Stützpunkten und für die Aufstapelung von Vorräten und vielleicht auch dank der Ausführung gewisser Arbeiten zum Ausbau der Straßen oder der Verteidigungswerke durch die Griechen selbst. Dies werde ich bei der ersten Unterhaltung zu erreichen suchen, die ich mit dem Griechen in Ankara haben werde.

Hinsichtlich der Vorbereitung des Transportes des Expeditionskorps habe ich die starke Befürchtung, daß die türkischen Eisenbahnen nur einen sehr geringen Teil bewältigen können, und daß ein Eisenbahntransport über die ganze Strecke deshalb nicht möglich sein wird. Man wird daher auf den Seetransport zurückgreifen müssen, der sowohl weniger gefährdet als auch im ganzen gesehen rascher sein wird, wenn die Einschiffung in Beirut und nicht in Smyrna erfolgt. Dies ist die Ansicht des Admirals Cunningham und überdies auch des Admirals de Carpentier. Ich habe Ihnen telegraphiert, daß der englische Admiral wegen seines Operationsplanes die Bitte ausgesprochen hat, in den ersten 14 Tagen nach Ausbruch der Feindseligkeiten nicht zu irgendwelchen Aktionen herangezogen zu werden. Aber was wird aus diesem Operationsplan in der gegenwärtigen Lage? In jedem Fall wird die englische Marine die Transportflotte bereitzustellen haben und für die Sicherheit der Geleitzüge verantwortlich sein. Wird der Lösung Seetransport von Beirut bis Saloniki auf der ganzen Strecke der Vorzug gegeben, so würden selbstverständlich auch die für die Verstärkung des Expeditionskorps vorgesehenen großen Einheiten unmittelbar von unseren Häfen nach Saloniki befördert werden müssen.

Dies alles hindert mich natürlich nicht, zu versuchen, auf den türkischen Eisenbahnen die günstigsten Bedingungen zu erwirken. Ich werde Spezialisten mitnehmen.

Ein Offizier ist bereits in Bagdad, um die Durchreise der madegassischen Arbeiterbataillone zu organisieren.

Schließlich noch ein Wort über Zypern, das von unseren Freunden sehr ungenügend geschützt wird (eine Kompanie). Es wäre bedauerlich, diesen vorgeschobenen Flugstützpunkt zu verlieren und ihn den Italienern zu überlassen, die dann die Möglichkeiten hätten, Bombenangriffe bis nach Haiffa durchzuführen. Wir besitzen daselbst bereits ein Brennstofflager.

Als ich heute morgen mit dem Oberkommissar und Caillault die Frage der Versorgung der Bevölkerung prüfte, kamen wir zu dem Ergebnis, daß es zweckmäßig sein könnte, einen interalliierten Koordinationsausschuß für die Auswertung gewisser lebenswichtiger Rohstoffquellen im Ostmittelmeer einzusetzen. Könnten Sie diese Frage nachprüfen lassen?

Schließlich habe ich noch — und dies ist wirklich der Schluß — mitzuteilen, daß ich den Ministerpräsidenten heute telegraphisch um Bereitstellung von 100 000 000 Franken für das Oberkommando gebeten habe, um die ungenügenden Reserven des gemeinsamen Fonds aufzufüllen. Wir werden über Vorschüsse verfügen müssen, ja wir brauchen sie schon, um gewisse Lücken in der Versorgung der Bevölkerung mit Lebensmitteln schließen zu können.

Empfangen Sie, mein lieber Gamelin, mit meinen heißesten Wünschen für den Erfolg unserer Waffen meine ergebensten Grüße.

Weygand

— Ich denke, daß eine regelmäßige Luftverbindung hergestellt werden kann.
— Denken Sie daran, daß wir weit weg sind und die Nachrichten von der Kampffront mit Unruhe erwarten!

Nr. 6

Der Oberbefehlshaber des französischen Heeres General Gamelin an den Oberbefehlshaber der französischen Levantetruppen General Weygand

Telegramm

(Uebersetzung des Faksimile Seite 180)

Geheim
Nr. 10

Großes Hauptquartier, den 10. September 1939,
22.25 Uhr

Antwort auf 597: *)

1) Vorschlag genehmigt, den Namen Expeditionskorps der Gesamtheit der großen Einheiten vorzubehalten, deren Einsatz für außerhalb vorgesehen ist.

2) Aus politischen Gründen die Bezeichnung Division jeder der in der Levante aufgestellten gemischten Brigaden geben, die sehr reichlich mit Kavallerie auszustatten wären.

---

*) Vgl. Nr. 4.

Nr. 7

Der Oberbefehlshaber der französischen Levantetruppen General Weygand an den Oberbefehlshaber des französischen Heeres General Gamelin

(Telegramm)

(Uebersetzung des Faksimile Seite 181)

Geheim

Nr. 62—65

Beirut, den 15. September 1939,
12.55 Uhr

1) Aus meinem Telegramm vom 31. August*) ging hervor, daß das Expeditionskorps wegen der gegenwärtigen Zusammensetzung der Luftstreitkräfte in der Levante nicht mit Luftstreitkräften ausgestattet werden kann.

2) Der Bericht von Major Fruhe..holz, der meinem am 15. September mit der Post eingetroffenen Bericht*) beigefügt war, besagt, daß die bei den Türken herrschende Knappheit an Ersatzteilen und Personal deren Möglichkeiten in bezug auf Aktionen zur Luft aufs äußerste einschränkt.

3) Die von Oberst Dovas, dem Leiter des 3. Griechischen Büros, überreichte Note fordert aus Gründen gleicher Art die sofortige Verstärkung durch vollständige französische oder englische Luftwaffenformationen und erklärt, die Vorhut eines französischen Expeditionskorps in Saloniki müsse aus vollständigen Luftwaffeneinheiten bestehen.

4) Ich mache mir diese Formulierung zu eigen, die dem Mangel an Luftstreitkräften auf dem Balkan und der Lage, die sehr bedrängt werden kann, durchaus entspricht. Es ist auch möglich, daß wir einen Luftkampf gegen die Streitkräfte des Dodekanes zu führen haben.

5) Ich dringe deshalb nochmals darauf, daß das Expeditionskorps unverzüglich mit Luftstreitkräften ausgerüstet wird.

Meiner Ansicht nach rechtfertigen es die vorstehenden Erwägungen, daß diese Luftstreitkräfte ein ausgesprochenes Luft-Expeditionskorps bilden, das uns einen wirksamen Einsatz sichert; es muß deshalb Jagd-, Bomber- und Aufklärungs-Staffeln umfassen und ein Kommando und eine Bodenorganisation besitzen, die den sofortigen Einsatz ermöglichen.

Ich bitte dringend, daß Sie in diesem Sinne beim Luftfahrtministerium vorstellig werden.

---

*) Liegt nicht vor.

Nr. 8

Der Französische Botschafter in Bukarest Thierry an das Französische Außenministerium

Telegramm
(Uebersetzung des Faksimile Seite 183)

Streng geheim
Nr. 1114—1115   Bukarest, den 28. September 1939, 21.40 Uhr

Meiner Ansicht nach hätten wir ein entschiedenes Interesse daran, ohne Verzug eine Sperrung der Donau zu bewirken, so daß der Binnenwasserweg zwischen Rumänien und Deutschland von Grund auf unterbrochen würde.

(Es hat den Anschein), daß nach einer Periode des Verkehrsrückganges, die mit den durch den Krieg hervorgerufenen Veränderungen zusammenhängt, der Verkehr drauf und dran ist, sich stärker zu entwickeln, als das bisher jemals der Fall war. Ich erfahre insbesondere, daß die Deutschen beabsichtigen sollen, einen Teil ihrer Rheinflotte zur Donau zu entsenden, um damit dem Mangel an Schiffen abzuhelfen, der gegenwärtig auf dem rumänischen Abschnitt festzustellen ist. In diesem Falle würde die Lage, die ich in meinem Telegramm Nr. 1077*) dargelegt habe, eine wesentliche Aenderung erfahren.

Es ist nicht zu leugnen, daß die Unterbrechung des Verkehrs auf der Donau für uns einen Vorteil bedeutet, der einer Zerstörung der Oelquellen mindestens gleichkommt, denn er würde gleichzeitig den Transport des Erdöls und des Getreides paralysieren: dieser Transport umfaßt mehr als 80 v. H. der rumänischen Ausfuhr dieser Produkte ins Reich. Die Operation ließe sich auf ziemlich einfachem Wege durchführen, und ich bin in der Lage, alle Einzelheiten ihrer Durchführung zu veranlassen.

Ich werde dem Ministerium mit nächstem Kurier einen Bericht über diese Frage vorlegen.

Thierry

---

*) *Liegt nicht vor.*

Nr. 9

Bericht des von der Französischen Regierung beauftragten Sachverständigen für die Zerstörung der rumänischen Erdölindustrie Léon Wenger vom 1. Oktober 1939

Auszug
(Uebersetzung des Faksimile Seite 185)

I. Allgemeine Erwägungen.

Gegenstand des Sonderauftrages, mit dem Herr Wenger vom Minister für Oeffentliche Arbeiten unter der Oberleitung des Herrn Französischen Botschafters betraut worden ist, ist die Aufstellung eines Programms für die eventuelle Zerstörung der Bohrplätze, Raffinerien, Vorräte und Transporte sowie gegebenenfalls die Organisation der Mittel und Wege zur Ausführung dieses Auftrags.

Dieses Unternehmen hat ebenso wie das von den Alliierten im Jahre 1916 geforderte den Zweck, Deutschland um den größeren Teil der Oelbestände zu bringen, die es aus Rumänien beziehen könnte, und zwar auf möglichst lange Zeit.

Es ist zu beachten, daß die jährliche Produktion Rumäniens 6 Millionen Tonnen beträgt, d. h. ungefähr das Dreifache des Jahres 1916. Der heimische Verbrauch beträgt ungefähr ein Viertel der Produktion, also ungefähr 1 500 000 Tonnen. Es wäre also eine Ausfuhr von 4 500 000 Tonnen möglich, wenn die Transportmittel dazu vorhanden wären. Aber es muß noch mehr zerstört werden, denn der rumänische Verbrauch könnte unter der deutschen Herrschaft um die Hälfte verringert werden, und der Zerstörungsplan muß, soweit möglich, vollständig sein*)

. . . .

II. Personal und Organisation.

Herr Wenger ist am Sonnabend d. 16. September in Bukarest eingetroffen, begleitet von Hauptmann Pierre Angot, der ihm beigegeben worden ist. Er hat sich noch am gleichen Tage mit dem Französischen Botschafter, mit dem Botschaftsrat Spitmuller, mit Kommerzienrat Sarret und dem Militärattaché General Delhomme in Verbindung gesetzt.

Von der ersten Besprechung an hat es sich wegen des Umfangs des Auftrages und wegen der Notwendigkeit, die Methoden anzuwenden, die das Material und die Verteilung der Industrie erfordern, als nötig erwiesen, daß Herr Wenger die Herren Coulon, de Montlebert, de Panfieu, Maratier, Cauchois, Bouvier und Delage hinzuzog. Außerdem hat der französische Kriegsminister Herrn Wenger die Herren Boncenne und Chapelet zur Verfügung gestellt, die nachträglich eingetroffen sind. Diese Mitarbeiter sind sämtlich Franzosen, und zwar Ingenieure der Oelgesellschaften; sie sind mit Offiziersrang angestellt. Jeder der Ingenieure ist Spezialist auf einem Teilgebiet der Oelgewinnung und steht an der Spitze der Organisation seines Teilgebiets.

---

*) Hier folgen im Original Ausführungen und Ziffern über die deutsche Erdöleinfuhr.

Bereits am 18. September hat der Botschafter Thierry Herrn Wenger dem Britischen Gesandten, Sir Reginald Hoare, vorgestellt, und die Fühlungnahme ging um so glatter vonstatten, als sich unter dem Gesandtschaftspersonal sowie unter den englischen Ingenieuren mehrere Personen befanden, die vor zwanzig Jahren bei der Abschätzung der im Jahre 1916 befohlenen Zerstörungen mit Herrn Wenger zusammengearbeitet hatten. Herr Wenger hat mit Oberst Gobbins, Major Watson und Herrn Masterson Fühlung genommen und diese Herren mit den Herren Angot und Coulon in Verbindung gebracht.

Das eingeschlagene Arbeitsverfahren bestand in der Aufstellung eines Programms oder vielmehr, wie weiter unten ersichtlich wird, zweier Programme durch die Franzosen und in der Prüfung und eventuellen Kritik durch die Engländer*)

. . . .

IV. Grundsätze und Methoden.

Um wirksam zu sein, muß eine Zerstörung der Erdölindustrie sich, soweit möglich, auf alle Teile der Industrie erstrecken: Produktion, Transportwesen, Vorräte und Raffinage. Der Bericht von Norton Grifith vom 21. Januar 1917, der deutsche Bericht über die Zerstörung vom Jahre 1916 und die Feststellungen der englisch-französischen Kommission von 1919—1921 zeigen, daß eine improvisierte Zerstörung nicht voll wirksam sein kann.

Im übrigen gibt der übliche Ausdruck, „die Erdölquellen verbrennen" nur einen geringen Teil des Programms, gewissermaßen nur eine letzte Ergänzung des Unternehmens wieder. Was zerstört werden muß, das sind die Anlagen zum Bohren, zur Produktion, zum Transport und zur Raffinage. Ein Brand würde für sich allein nur zu scheinbaren Ergebnissen führen. Die Deutschen konnten in einem Jahre eine bedeutende Produktion erzielen, indem sie mit dem nicht zerstörten Material eine Reihe von Raffinerie- und Bohranlagen vervollständigten. Man darf nicht vergessen, daß sich ein Bohrloch in drei Monaten bohren läßt, daß es aber zwölf Monate dauert, eine Raffinerie zu bauen, selbst wenn das erforderliche Material am Ort und Stelle verfügbar ist. Und endlich kann eine Feuersbrunst oft zur Zerstörung von Lagerstätten führen, d. h. also zu ungeheuren, bleibenden Verlusten für das Land, und eine solche Gefahr muß man auf sich nehmen, wenn die Zeit drängt.

Es sind Vorarbeiten geleistet worden mit dem Ziel, daß die systematische Zerstörung überall die gleichen Stücke treffen soll, damit vermieden wird, daß man durch Zusammensetzung der Teile verschiedener halbzerstörter Anlagen eine vollständige Anlage herstellen kann. Auf Grund dieser Erwägungen haben wir ein doppeltes Programm aufgestellt:

1. **Ein Programm für schnelle Zerstörung**, das sich in 24 Stunden durchführen läßt (bei täglich 10 Stunden Arbeitszeit), und zwar mit den an Ort und Stelle verfügbaren Mitteln; es erstreckt sich nur auf die wichtigsten Bohrplätze (80 v. Hundert der Produktion), auf sämtliche Raffinerien, auf die Pumpstationen und die Vorräte. Zu dem Programm gehört auch die eventuelle Zerstörung gewisser Lagerstätten, aber es bietet Aussicht darauf,

---

*) *Hier folgen im Original statistische Angaben über die rumänische Erdölindustrie.*

daß die Erdölindustrie mindestens 6 Monate lang in einem Umfang bis zu 75 v. Hundert der gegenwärtigen Produktion unbenutzbar sein wird.

2. Ein systematisches Programm bedarf zu seiner Durchführung einer Frist von 10 Tagen bis zu einem Monat; man kann damit 90 v. Hundert der Produktion treffen, die wichtigsten Lagerstätten schonen und eine bessere Zerstörung der Transportmittel bewirken. Zu diesem Programm gehört auch die Verwendung von Sprengstoffen. Zu seiner Vorbereitung sind bereits einige Maßnahmen getroffen worden, um ein Netz von Schlammflüssen anzulegen, durch die die Bohrlöcher „getötet" werden können, bevor man sie zerstört.

Zu beiden Methoden gehört vor allem anderen die Zerstörung des Materials. Ein Brand ist nur die Ergänzung und Vollendung des Zerstörungswerks*) . . .

. . . .

---

*) *Hier folgen im Original Einzelheiten technischer und finanzieller Art über die Durchführung des Zerstörungswerkes.*

Nr. 10

Der Oberbefehlshaber des französischen Heeres General Gamelin an den Französischen Ministerpräsidenten, Landesverteidigungs- und Kriegsminister Daladier

(Uebersetzung des Faksimile Seite 191)

Strenggeheim
Nr. 267/3 EM. DN

Befehlsstelle, den 18. Oktober 1939

In Beantwortung Ihres Begleitschreibens 1379/DN vom 11. Oktober schlage ich Ihnen ergebenst vor, unseren Militärattaché in Bukarest mit der Durchführung der gesamten Maßnahmen für die etwaige Zerstörung der rumänischen Petroleumlagerstätten zu betrauen. Die Ausführung wäre Herrn Wenger zu übertragen.

Ich halte es für zweckmäßig, Herrn Wenger zum Schein den Rang eines Obersten zu verleihen.

Das übersandte Aktenheft wird hiermit zurückgereicht.

Gamelin

Nr. 11

Der Französische Ministerpräsident und Außenminister Daladier an den Französischen Botschafter in London Corbin

(Uebersetzung des Faksimile Seite 192)

Geheim

Nr. 1832
Blockierung der Donauschiffahrt.

Paris, den 27. Oktober 1939

    Unsere Sonderdienststellen sind mit den entsprechenden britischen Dienststellen übereingekommen, die Handelsschiffahrt auf der Donau durch geeignete Zerstörungen zu blockieren. Wie Ihnen bekannt ist, benützt ein wesentlicher Teil des na‹ Deutschland gehenden und von Deutschland kommenden Warenverkehrs mit dem Balkan diese Strecke. In kurzem werden auch russische Erzeugnisse die Möglichkeit zur Benützung dieses Weges haben. Die von Deutschland gegenwärtig gemachte Anstrengung, die Donauschiffahrt zwecks intensiverer Ausnützung besser auszustatten, hat den Gedanken entstehen lassen, diesen Verkehrsweg abzuschneiden.

    Während unsere Dienststellen von der Französischen Regierung die für die Ausführung der vorbereiteten Operationen nötigen Bewilligungen erhalten haben, warten die englischen Dienststellen noch auf die beim Foreign Office beantragte Genehmigung. Nach Aeußerungen, die von englischer Seite unserem Großen Generalstab gemacht worden sind, liegt die Frage gegenwärtig Lord Halifax persönlich vor.

    Ich wäre Ihnen dankbar, wenn Sie bei nächster Gelegenheit die Aufmerksamkeit des Staatssekretärs auf die Dringlichkeit und die Bedeutung der zu treffenden Entscheidung lenken wollten. Im übrigen war es das Britische Blockadeministerium, das als erstes unsere Dienststelle auf die Bedeutung dieser Angelegenheit hingewiesen hat.

Nr. 12

Der Französische Botschafter in Brüssel Bargeton an das Französische Außenministerium

Telegramm

(Uebersetzung des Faksimile Seite 194)

Nr. 786 Brüssel, den 9. November 1939, 12.45 Uhr
Streng geheim

Herr Spaak hat mir gesagt, daß ihn eine Frage persönlich sehr beschäftige, deren Lösung ihm eine heikle Angelegenheit zu sein scheine (und) die er sofort der Aufmerksamkeit Eurer Exzellenz anempfehlen wolle; es handelt sich um das Kommando über die Truppen, die gegebenenfalls mit der belgischen Armee, die ihrerseits vom König befehligt werde, zusammenarbeiten würden. Es sei tatsächlich vorauszusehen, daß die belgischen Divisionen, die jetzt alle aufmarschiert seien, keinen anderen Rückhalt und allgemeine Reserven haben würden als die französischen und englischen Truppen.

Bargeton

Nr. 13

Der Militärattaché an der Französischen Botschaft in Brüssel Oberst Laurent an das Französische Kriegsministerium

Telegramm

(Uebersetzung des Faksimile Seite 195)

Geheim

Brüssel, den 11. November 1939, 17.21 Uhr

Antwort auf Telegramm 169 Heer*).

1. Nichts. — Ich bestätige Ihnen, daß trotz meines Drängens keinerlei Arbeit auf der Linie Wavre—Gembloux—Rhisnes geleistet worden ist. Nur eine Erkundung wurde durchgeführt, wobei der Eisenbahnlinie der Wert eines besonderen Panzerabwehrhindernisses beigemessen wurde.

2. Das kleine Tal der Thyle ist ein gutes Hindernis; die Linie, die über Fleurus verläuft und kürzer ist, wäre daher taktisch der Linie über Gembloux vorzuziehen, aber es ist zu bedauern, daß die Hochebene La Baraque aufgegeben und vor allem die nördliche Front von Namur ohne Deckung gelassen werden muß, — eine wichtige Stelle, wo die Ardennenjäger stehen.

Ergebnis: strategisch ungünstiges Gutachten, wenn man die belgischen Dispositionen in Betracht zieht.

Oberst Michoux, z Zt. im Armeestabe, hat eine Streife unternommen.

Telegramme Nr. 148 — 149 — 150 CH.

---

*) Liegt nicht vor.

Nr. 14

Der Oberbefehlshaber des französischen Heeres General Gamelin an den Militärattaché an der Französischen Botschaft in London General Lelong

Telegramm

(Uebersetzung des Faksimile Seite 196)

Streng geheim

Nr. 88 Cab. D. N.   Befehlsstelle, den 13. November 1939, 15 Uhr

Antwort auf Ihr Telegramm 812*)

    Teilen Sie britischer Delegation mit, daß französisches Kommando Grundsatz geplanten Unternehmens einschließlich Besetzung Scheldeinseln**) voll aufrechterhält. Diese Besetzung darstellt unentbehrliche Deckung linker Flanke alliierter Streitkräfte gleichviel, ob sie bis zur Dyle oder nur bis zur Schelde vorstoßen. Sie darstellt außerdem einzig mögliche Verbindung mit südlichem Flügel holländischer Verteidigung im Gebiet Berg op Zoom — Rosendaal wenn sie nicht weiter nach Osten vorgetrieben werden kann. Ueberdies ist es im Fall Besetzung Scheldestellung unbedingt notwendig, die Inseln zu halten, damit die alliierten Streitkräfte nicht von feindlichen Elementen, die sich auf besagten Inseln festsetzen, in der Flanke angegriffen werden und damit nicht Festung Antwerpen selbst womöglich durch Schiffe, die auf dem Ostarm der Schelde verankert sind, unter Feuer genommen wird. — Deckung der Mündungen von Maas und Waal muß durch holländische Streitkräfte wahrgenommen werden, die die Festung Holland verteidigen.

    Wenn schließlich Besetzung der Inseln nicht ausreicht, um volle Ausnutzung Schiffahrtsweges der Schelde nach Antwerpen zu ermöglichen, so wird sie immerhin beschränkten Verkehr oder wenigstens Versorgung Festung Antwerpen ermöglichen und dadurch Eisenbahnen entlasten.

    Besetzung wäre übrigens nur mit holländischer Zustimmung vorzunehmen.

                                     Gamelin

---

*) Liegt nicht vor.

**) Vgl. hierzu die im Weißbuche des Auswärtigen Amtes 1940 Nr. 5 „Weitere Dokumente zur Kriegsausweitungspolitik der Westmächte" unter Nr. 16—18 abgedruckten französischen Truppenbefehle, die sich auf diese Operationen beziehen.

Nr. 15

Der Militärattaché an der Französischen Botschaft in Brüssel Oberst Laurent an das Französische Kriegsministerium

Bericht

(Uebersetzung des Faksimile Seite 198)

Geheim

Nr. 854/S   Brüssel, den 20. November 1939

Ich beehre mich, mein heutiges Telegramm zu bestätigen. Am Sonnabend wurde endlich der Beschluß gefaßt, die Stellung Wavre—Namur zu bauen, und somit die Lücke, die in dem Abschnitt Antwerpen—Namur bestand, auszufüllen.

Wie ich bereits ankündigte, nimmt man die Eisenbahn Brüssel—Namur als Basis. Im nördlichen Teil muß jedoch ein Verbindungsstück vor der Bahnlinie ausgebaut werden. Zahlreiche Panzerhindernisse „Cointet" werden angebracht.

Ich werde nicht verfehlen, die Arbeiten aus der Nähe zu beobachten.

E. Laurent

Nr. 16

Der Militärattaché an der Französischen Botschaft in Brüssel Oberst Laurent an das Französische Kriegsministerium

Bericht

(Uebersetzung des Faksimile Seite 199)

Geheim

No. 1065/S

Brüssel, den 16. Dezember 1939

Betr.:
Arbeiten an der
Stellung Wavre—Namur

Ich beehre mich, Ihnen mitzuteilen, daß die Arbeiten an der Stellung Wavre—Namur fortgesetzt werden.*)

Am 16. Dezember ist das Hindernis zwischen Gembloux und Namur fertiggestellt, und zwar durch Aenderung des Querschnitts bezw. durch Panzerhindernisse „Cointet".

Die Arbeiten beginnen im Norden von Gembloux, im gegenwärtigen Augenblick reicht das Hindernis jedoch kaum bis zur Südseite von Ernage.

An der Nordost-Front der befestigten Stellung von Namur wird gleichfalls gearbeitet, und im Raume von Suarlée befinden sich Betonbunker im Bau.

Diese Auskünfte sind das Ergebnis einer heute vorgenommenen Erkundung. Sie bestätigen die Angaben, die ich vom Minister und vom Generalstabschef erhalten habe. Beide versicherten mir, daß der Schutzwall Anfang Januar beendet sein würde.

E. Laurent

---

*) Vgl. Nr. 15.

Nr. 17

Französische Aufzeichnung ohne Datum und Unterschrift[+])

(Uebersetzung des Faksimile Seite 200)

Vertraulich

Der russisch-finnische Konflikt.

Allgemeine Bemerkungen.

1.) Der russisch-finnische Krieg desorganisiert die russischen Transporte und vermehrt in erheblichem Maße die Unordnung der Sowjetwirtschaft. Auf diese Weise wird die Versorgung Deutschlands mit Rohstoffen und insbesondere mit Brennstoffen seitens Moskaus verhindert.

2.) Die russische Drohung gegenüber den Balkanstaaten bleibt ohne praktische Wirkung und wird infolge der russischen Niederlage im Norden sogar verschwinden.

3.) Die Unterstützung Finnlands durch Frankreich, England und die Vereinigten Staaten stärkt die Stellung der skandinavischen Länder gegenüber Deutschland und erlaubt, Schweden und Norwegen in eine deutschfeindliche Front einzubeziehen. Hierdurch wird Deutschland seiner notwendigsten Einfuhren für die Kriegsindustrie und die Volksernährung beraubt.

Es ist demnach von Wichtigkeit, Finnland jede mögliche Hilfe zu gewähren (auf politischem, materiellem, militärischem und wirtschaftlichem Gebiet). Die finnische Front bedeutet vom Standpunkt der Interessen aus für die Alliierten dasselbe, wie die mazedonische Front im Kriege 1914/18.

[+]) Das Dokument trägt eine vom 8. 1. datierte Bleistiftbemerkung; es ist deshalb an dieser Stelle eingeordnet.

Nr. 18

Der Französische Ministerpräsident und Außenminister Daladier an den Französischen Botschafter in London Corbin

Telegramm

(Uebersetzung des Faksimile Seite 201)

Betrifft: Aktion in Skandinavien.

Nr. 151—158

Geheim

Paris, den 17. Januar 1940, 17.15 Uhr

Der wachsende Druck, den die Sowjetstreitkräfte auf Finnland ausüben, und die verstärkte drohende Haltung Sowjetrußlands gegenüber Schweden und Norwegen machen uns zur Pflicht, bei der Britischen Regierung auf eine aktivere und wirksamere Politik auf der skandinavischen Halbinsel zu dringen.

In der Angelegenheit der Blockade von Narvik sowie der Entsendung polnischer Schiffe nach Petsamo nehmen wir eine Haltung ein, die man nur als Unentschiedenheit und Zögern bezeichnen kann und die dem Gegner ständig den Vorteil der Initiative überläßt. Diese Haltung schwächt unser Prestige und unser Ansehen bei den Neutralen und beraubt uns außerdem im Rahmen des allgemeinen Kriegsgeschehens der Vorteile, die wir im Fall einer energischen Kriegsführung für uns in Anspruch nehmen könnten.

Der Beschluß, den die Britische Regierung am 6. Januar der Norwegischen Regierung mitgeteilt hatte, enthielt eine völlige juristische Rechtfertigung und sah unmittelbare und bedingungslose Ausführung vor. Die norwegischen Einwendungen waren vorhergesehen worden. Wie ich Ihnen in meinem Telegramm Nr. 97—99*) mitgeteilt habe, konnten sie nach Zustellung unseres Beschlusses nicht mehr gegenüber den politischen und wirtschaftlichen Gründen, die zu dem Beschluß geführt hatten, ins Gewicht fallen.

Die Tragweite und die etwaigen Folgen dieses Beschlusses überschritten bei weitem seine unmittelbaren praktischen Ergebnisse. Dieser Beschluß konnte tatsächlich eine Kette von Ereignissen hervorrufen, die zur Erweiterung unseres militärischen und maritimen Betätigungsfeldes hätte führen können; hierdurch konnte die Möglichkeit geschaffen werden, Finnland direkte Hilfe zu bringen und uns in letzter Minute die tatsächliche Kontrolle über die schwedischen Erzlagerstätten zu verschaffen.

Seit dieser britischen Demarche sind 10 Tage vergangen, ohne daß der zugestellte Beschluß ausgeführt wurde. Die juristische Begründung, die wir unserem Vorgehen angesichts der deutschen Neutralitätsverletzungen in Norwegen gegeben haben, wird um so schwächer, je mehr Zeit bis zum Einsatz unserer Gegenmaßnahmen vergeht. Norwegen und Schweden und in deren Rücken Deutschland stellen dieses zögernde Verhalten fest und nehmen von

---

*) Liegt nicht vor.

unserer schwankenden Auffassung und unseren Bedenken vor der Aktion Kenntnis. Die Genugtuungen, die Schweden und Norwegen uns im einzelnen in der Frage des Erzes geben, sind kein Ausgleich für den Passiv-Posten in moralischer und materieller Beziehung, der sich aus dem Nichtzustandekommen der Besitzergreifung in Skandinavien ergibt.

Die Angelegenheit der polnischen Schiffe ist für die Mangelhaftigkeit unserer Aktion nicht weniger charakteristisch. Selbst in der Beschränkung auf einzelne Einheiten, welche die Polnische Regierung auf finnischen Antrag aufs Spiel zu setzen bereit war, bot diese Seekriegsoperation im Eismeer moralische und psychologische Vorteile und eröffnete Aussichten auf eine überraschende Aktion und nicht zu unterschätzende Erfolge. Die Hinzufügung von Hilfsschiffen, die gleichfalls als polnische Schiffe getarnt sind, könnte die strategische Bedeutung der Operation gegebenenfalls erhöhen. Unter den gegebenen Bedingungen, d. h. als eine finnisch-polnische Operation, hätte diese Aktion offenbar rasch durchgeführt werden können, und zwar auf Verantwortung der beiden Regierungen, die diese Aktion angeregt hatten, und mit allen direkten oder getarnten Erleichterungen, die wir den beiden Staaten zur Verfügung stellen konnten. Nunmehr sind drei Wochen vergangen, seitdem diese Sache zum erstenmal aufs Tapet gebracht worden ist, und trotzdem steckt sie immer noch im Stadium der Prüfungen und der Einwendungen.

Man mag über den heroischen Widerstand der Finnen sagen, was man will, es wäre sinnlos, anzunehmen, daß die finnische Armee sich allein auf lange Zeit dem vereinigten Druck der sowjetischen Armee und Luftwaffe widersetzen könnte. Die Folgen, die sich für die Alliierten aus der finnischen Niederlage ergeben, und zwar sowohl vom Standpunkt der Moral aus wie im Rahmen des allgemeinen Kriegsplans, bedürfen keiner Hervorhebung. Diese Folgen könnten bewirken, daß die skandinavische Halbinsel völlig den Deutschen und den Russen ausgeliefert würde, und daß diesen hierdurch die Rohstoffquellen sowie eine Operationsbasis zugänglich gemacht würden, die den beiden Mächten eine fast unbegrenzte Fortsetzung des Krieges gestatten würde.

Jeder neue Tag erhöht die Schwierigkeiten für eine Gegenaktion, vermindert die berechenbare Wirkung und bringt uns dem Augenblick näher, in dem die Gegenaktion wirkungslos oder überhaupt unmöglich ist. Jede Möglichkeit, uns auf einem Gebiet festzusetzen, das uns noch nicht verschlossen ist, jeder Vorwand, der uns erlaubt, Einfluß auf eine Lage zu gewinnen, die anerkanntermaßen unmittelbar kriegverlängernd wirkt, muß sofort berücksichtigt und ausgenützt werden. Die Blockade der norwegischen Gewässer und das Unternehmen bei Petsamo eröffnen uns zwei dieser Möglichkeiten.

Ich halte es für notwendig, daß Sie, wenn Sie die vorstehenden Gedanken Lord Halifax vortragen, ihn bitten, seiner Regierung die Tragweite der Verantwortung vorzustellen, die wir auf uns nehmen, wenn durch eine ständige zögernde und ablehnende Haltung die Möglichkeiten vernachlässigt werden, die sich uns auf einem Kriegsschauplatz, dessen Bedeutung für den Kriegsausgang entscheidend ist, jetzt noch bieten.

Ed. Daladier

Nr. 19

Notiz des Französischen Ministerpräsidenten Daladier

(Uebersetzung des Faksimile Seite 205)

(Handschriftlicher Vermerk):
Abschrift einer handschriftlichen Notiz
des Präsidenten Daladier.

19. Januar 1940

General Gamelin und Admiral Darlan sind zu bitten, eine Denkschrift über eine eventuelle Intervention zur Zerstörung der russischen Oelfelder auszuarbeiten.

Fall 1: Abschneidung der für Deutschland bestimmten Oeltransporte im Schwarzen Meer. Es handelt sich vor allem um deutsche Schiffe. In diesem Fall wird Rußland nicht in den Krieg hineingezogen.

Fall 2: Direkte Intervention im Kaukasus.

Fall 3: Ohne direktes Vorgehen gegen Rußland Maßnahmen treffen, um Selbständigkeitsbestrebungen der mohammedanischen Bevölkerungsgruppen im Kaukasus zu fördern.

(Handschriftlich:)
1 Durchschlag an **General Koeltz**
1 Durchschlag an **General Vuillemin**

Nr. 20

Der Französische Botschafter in Ankara Massigli
an das Französische Außenministerium

Telegramm

(Uebersetzung des Faksimile Seite 206)

Nr. 291   Ankara, den 12. Februar 1940

Vertraulich

Die fortschreitende Spannung, die sich in den Beziehungen zwischen der Sowjet-Union und den Westmächten offenbart, wird hier mit größter Aufmerksamkeit verfolgt. Das Fehlen jeder ernsthaften Reaktion von russischer Seite auf die Durchsuchungen, die in der sowjetrussischen Handelsvertretung in Paris vorgenommen wurden, ist von Herrn Saracoglu sehr bemerkt worden, dieser wurde in gleicher Weise durch den Ton der antirussischen Aeußerungen beeindruckt, welche die Agenturen Präsident Roosevelt in den Mund legen.

Im Publikum, insbesondere in militärischen Kreisen, aber nicht in diesen allein, spricht man immer mehr von den Muhamedern des Kaukasus und von Baku.

Ich habe in meinem Telegramm Nr. 34 (Europa) vom 26. Januar*) darauf hingewiesen, daß diese Wiederauffrischung alltürkischer Ideen in den Regierungskreisen noch nicht sehr viel Widerhall findet: nichtsdestoweniger können diese Ideen in dem Maße an Boden gewinnen, in dem man die russische Schwäche weiter festzustellen glaubt. Sie werden sich um so leichter durchsetzen, je besser ihre Verfechter verstehen werden, ihre Argumente nach dem Gesprächspartner, mit dem sie es jeweils zu tun haben, auszuwählen, so daß sie einmal von „Panturanismus" und „Rassenverbrüderung", ein anderes Mal von „Petroleum" sprechen. Man sollte die Möglichkeit nicht mehr ausschließen, daß wir diese Saite anschlagen könnten an dem Tage, an dem wir hieran Interesse hätten.

                                              Massigli

---

*) *Liegt nicht vor.*

Nr. 21

Der Französische Ministerpräsident und Außenminister Daladier an den Französischen Botschafter in London Corbin

Telegramm

(Uebersetzung des Faksimile Seite 207)

Nr. 460—467   Paris, den 21. Februar 1940, 15.45 Uhr

Betrifft: Beistand für Finnland

Intervention in Skandinavien.

Fortsetzung meines Vortelegramms.

1. Die Zustimmung Schwedens ist eine Voraussetzung für jede direkte Intervention der Alliierten in Finnland. Falls die Schwedische Regierung den elektrischen Strom, aus dem die Bahnlinie Narvik—Kami gespeist wird, sperrt, so genügt dies, um den Alliierten den Zugang zum schwedischen Staatsgebiet und damit auch den Zugang nach Finnland unmöglich zu machen.

2. Die Schwedische Regierung ist offenbar entschlossen, Finnland militärisch nicht zu Hilfe zu kommen und den Zutritt zu seinem Gebiet für fremde Truppenteile zu sperren. Es ist im höchsten Grade zweifelhaft, ob die Tarnung alliierter Streitkräfte als sogenannte „Freiwillige" für sich allein ausreicht, um in dieser ablehnenden Haltung eine Aenderung eintreten zu lassen.

3. Ebenso ist zweifelhaft, ob Schweden, so wie Herr Chamberlain erhofft, die Verweigerung des Durchmarsches alliierter Truppen dadurch kompensiert, daß es mit seinen gesamten Kräften Finnland zu Hilfe eilt.

Wir wissen in der Tat aus einem Telegramm des Herrn Roger Maugras, daß das Reich die Schwedische Regierung davon unterrichtete, es werde jede offizielle Hilfe Schwedens als casus belli betrachten.*)

4. Nur ein Umstand eröffnet einige Aussicht, die Haltung der Schwedischen Regierung zu ändern: Dies wäre die Gewißheit, daß die Alliierten in der Lage sind, Schweden eine unmittelbare und wirksame Hilfe gegen die deutsche Gegenwirkung zu leisten. Es dürfte sich nicht um einfache Versprechen, ebensowenig um Versicherungen, selbst kurz befristete, handeln. Die tatsächliche Anwesenheit von einsatzbereiten Streitkräften an den schwedischen Grenzen wäre das einzige Mittel, die endgültige Entscheidung Schwedens in günstigem Sinne zu beeinflussen.

---

*) Hierzu ist zu bemerken, daß diese Behauptung des Französischen Gesandten in Stockholm völlig unrichtig ist. Derartige Erklärungen sind deutscherseits niemals abgegeben worden.

5. Die Besetzung der wichtigsten norwegischen Häfen, die Landung der ersten Abteilung der alliierten Streitkräfte in Norwegen gäbe Schweden das erste Gefühl der Sicherheit. Diese Operation müßte unabhängig von dem Hilferuf Finnlands ausgedacht und innerhalb kürzester Frist ausgeführt werden, und zwar in einer Inszenierung, für die uns der Fall „Altmark" das Vorbild liefert.

6. Norwegen hat dadurch, daß es die Fahrt eines bewaffneten deutschen Schiffes mit englischen Gefangenen an Bord durch seine Hoheitsgewässer gestattete und schützte, seine Pflichten als neutrale Macht schwer verletzt. Die Britische Regierung ist berechtigt, Wiedergutmachung und Garantien zu verlangen. Sie kann insbesondere die Internierung der „Altmark" und ihrer Besatzung fordern und der Norwegischen Regierung notifizieren, daß die Britische Regierung von nun an die Ueberwachung der norwegischen Gewässer selbst übernehmen werde, da die Regierung in Oslo sich fortgesetzt unfähig gezeigt habe, die Unverletzlichkeit ihrer Hoheitsgewässer durchzusetzen.

7. Stößt diese Demarche in Norwegen auf Ablehnung, was sehr wahrscheinlich ist, so hat die Britische Regierung das norwegische Versagen festzustellen und sich sofort der Stützpunkte zu bemächtigen, deren sie zur Wahrung ihrer Interessen bedarf. Diese Besetzung der norwegischen Häfen müßte als eine überraschende Operation durchgeführt werden, und zwar durch die englische Flotte allein oder unter Mitwirkung der französischen Flotte, jedoch ohne Mitwirkung der für Finnland bestimmten alliierten Truppenteile. Diese Operation wird der Weltöffentlichkeit in um so höherem Maße berechtigt erscheinen, je rascher sie durchgeführt wird und je mehr die Propaganda imstande sein wird, die Erinnerung an die norwegische Mittäterschaft im Falle „Altmark" zu erwecken.

8. Auf den Widerhall, den eine solche Operation in Deutschland und in Rußland auslösen wird, und auf die Verwirrung, die sie dort hervorrufen wird, brauche ich nicht hinzuweisen. Möglichst starke, britische Truppenabteilungen, die nötigenfalls von französischen Abteilungen unterstützt werden, müssen sofort in den besetzten Häfen ausgeladen und kaserniert werden mit der Wirkung, daß Schweden im Zeitpunkt des finnischen Hilferufs in der Anwesenheit dieser Truppen, die eine Garantie für die Ankunft weiterer französischer und polnischer Truppenteile darstellt, ein greifbares Pfand für die Unterstützung sieht, die wir Schweden zu leisten imstande sein werden, wenn es selbst Finnland zu Hilfe eilt oder uns gestattet, dies zu tun.

9. Selbst in der Annahme, daß Schweden weiterhin den Durchmarsch verweigert und daß uns die Zugangswege nach Finnland verschlossen bleiben, behalten wir den Vorteil, gegenüber Deutschland im Norden eine beherrschende Stellung gewonnen zu haben, den Seetransport des schwedischen Erzes aufgehalten zu haben, die schwedischen Erzlagerstätten in den Aktionsbereich unserer Luftwaffe gebracht zu haben und einsatzbereit der künftigen Entwicklung der deutschen und russischen Anschläge auf Skandinavien zusehen zu können. Unser Hauptziel darf nicht vergessen werden. Es besteht darin, Deutschland von seiner Erzversorgung abzuschneiden. Jedes alliierte Unternehmen in Skandinavien hat im Rahmen des allgemeinen Kriegsplanes der Alliierten nur dann eine Berechtigung, wenn es diesem Ziel zusteuert.

10. Auf der anderen Seite ist es sehr wahrscheinlich, daß Schweden, wenn wir die „Altmark"-Affäre nicht bis zu einer unmittelbaren Beschlagnahme der

Pfänder und der Stützpunkte in Norwegen ausschlachten, aus Furcht vor Deutschland und im Zweifel über die Wirksamkeit unseres Beistandes dem Hilferuf Finnlands ausweicht und uns sein Staatsgebiet verschließt. Unsere geplante und vorbereitete Expedition wird versacken, bevor mit der Ausführung überhaupt ein Anfang gemacht worden ist. Dadurch wird in Deutschland, in Rußland und bei den Neutralen der Eindruck erweckt, daß wir unfähig sind, vom Geschwätz zur Tat überzugehen.

Edouard Daladier

Nr. 22

Aufzeichnung des Oberbefehlshabers des französischen Heeres General Gamelin

Auszug *)

(Ueb'ersetzung des Faksimile Seite 211)

Geheim Den 22. Februar 1940

Aufzeichnung

über eine Aktion, die den Zweck hat, Deutschland und der UdSSR. die kaukasischen Erdölquellen zu sperren

Ein Vorgehen von seiten der Alliierten gegen das russische Erdölgebiet im Kaukasus kann zum Zweck haben:

— Entweder Deutschland das Erdöl zu entziehen, das es jetzt von diesem Gebiet erhält;

— Oder Rußland einen Rohstoff zu nehmen, der für seine Wirtschaft unentbehrlich ist, und auf diese Weise die Macht Sowjetrußlands zu erschüttern. Zu gleicher Zeit würde man Deutschland treffen, indem die Versorgung an russischem Treibstoff abgeschnitten würde.

Um dieses Ziel zu erreichen, können drei Aktionen ins Auge gefaßt werden:

— Angriffe auf Erdöltransporte nach dem Reich durch das Schwarze Meer, Angriffe auf die Hauptzentren der kaukasischen Erdölindustrie.

— Hervorrufung eines Aufstandes unter der mohammedanischen Bevölkerung im Kaukasus.

(Handschriftl. Randbemerkung): Diese Aufzeichnung wurde, mit ganz geringen Abänderungen, am 4. April 1940 mit Schreiben No. 359 Cab'D.N.'') dem Ministerpräsidenten Reynaud zugeleitet (Herrn Baudouin zugestellt)

. . . .

II. Militärische Aktionen gegen die kaukasische Erdölindustrie

Eine militärische Aktion gegen das kaukasische Erdölvorkommen muß zum Ziel haben, d i e e m p f i n d l i c h e n S t e l l e n der dortigen Erdölindustrie zu treffen.

Hierzu gehören die Produktionszentren, die Lagermöglichkeiten und Verladeanlagen. Im wesentlichen handelt es sich um drei:

Baku
Grozny — Maikop
Batum.

Grozny liegt am Nordabhang der Kaukasussteppe und ist zu weit entfernt, um selbst in der Luft ein Ziel für eine militärische Aktion zu bieten. Es bleiben also Baku und Batum.

---

*) *Von dieser umfangreichen Aufzeichnung sind nur die Seiten 1, 5, 6 und 7, die sich auf das Bakuunternehmen beziehen, sowie Seite 12 (Schlußfolgerungen) wiedergegeben.*
**) *Liegt nicht vor.*

Die Baku-Aktion.

1. Beschreibung der Operation.

Baku liegt 500 km von der türkischen Grenze entfernt; dazwischen handelt es sich über weite Strecken um die armenische Hochebene, die ein armes Hochgebirgsland ohne jede Verkehrsverbindungen darstellt, so daß ein Landangriff mit der Türkei als Ausgangspunkt nicht in Frage kommt.

Es kann nur eine von der Nordwest-Ecke des Irans ausgehende Landaktion in Betracht gezogen werden. Dies würde einerseits die Zustimmung des Irans voraussetzen, andererseits den Antransport umfangreicher alliierter Truppenverbände, da die Streitkräfte, über die der Iran in diesem Gebiet verfügt, völlig ungenügend sind, um die vorgesehene Operation durchzuführen.

Angesichts der Schwierigkeiten aller Art, die eine Operation zu Lande mit sich bringt, muß man also einen **Angriff auf Baku aus der Luft** in Aussicht nehmen.

Da Baku zugleich Produktionszentrum, Lagerstelle und Verladehafen ist, könnte ein Luftangriff auf diese Stadt die **Zerstörung** oder **Inbrandsetzung** folgender Anlagen zum Zweck haben:

der **Raffinerien**; sie sind leicht zu treffen, sind verletzlich, und ihr Wiederaufbau sehr kostspielig und dauert sehr lange;

der **Oelbehälter**; sie sind ebenfalls leicht zu treffen und verletzlich;

der **Hafenanlagen**;

der Eisenbahnlinie Baku—Rostow.

2. Bedeutung der Operation:

Baku ist bei weitem das wichtigste Erdölzentrum des Kaukasus.

75 % der russischen Erdölerzeugung kommen aus den Bohrlöchern von Baku;

die Raffinerieanlagen von Baku sind die größten im Kaukasus;

über Baku werden mit der Bahn und mit Schiffen (Kaspisches Meer) mehr als 50 % der russischen Erdölproduktion des Kaukasus ausgeführt.

Ein Luftangriff auf Baku, vorausgesetzt, daß er mit einer ausreichenden Anzahl von Flugzeugen unternommen wird und so wiederholt werden kann, daß die erzielten Zerstörungen bestehen bleiben, **wäre also besonders lohnend**.

Ein solcher Luftangriff würde nicht nur Deutschland treffen, sondern er würde auch die UdSSR. um einen beträchtlichen Teil des kaukasischen Erdöls bringen, und da Moskau für seine motorisierten Truppen und seine landwirtschaftlichen Betriebe fast seine ganze Erdölproduktion braucht, würden die Sowjets dadurch in eine schwierige Situation kommen.

3. Art der Ausführung:

Die Stützpunkte für einen Luftangriff auf Baku müßten liegen:

entweder in der Türkei: Gebiet von Diarbekir-Erzerum;

oder im Iran;

oder in **Syrien** und im Irak (Djézirch und Mossul-Gebiet)

In beiden Fällen wäre eine vorherige Verständigung mit der Türkei oder dem Iran unerläßlich, sei es wegen der Anlegung von Stützpunkten, sei es wegen des Ueberfliegens türkischen oder iranischen Gebiets.

Wegen der zu überwindenden Entfernungen (von Täbris nach Baku sind es 400 km, von Erzerum oder Mossul nach Baku 700 km) wäre es nötig, zu einer Bombardierung von Baku 6 bis 8 Gruppen moderner Bombenflugzeuge mit großer Tragfähigkeit und großem Aktionsradius einzusetzen.

Wegen unserer Knappheit an Maschinen dieser Kategorie bei der jetzigen Situation müßte der größte Teil der benötigten Flugzeuge von den Engländern gestellt werden.

Schlußfolgerungen

1. Die Abschneidung des aus dem Kaukasus nach Deutschland geschickten Erdöls im Schwarzen Meer ist nur von begrenztem Interesse wegen der verhältnismäßig geringen Bedeutung, die die zur Zeit auf diesem Wege eingehenden russischen Lieferungen für die Erdölversorgung des Dritten Reiches haben.

2. Eine Aktion gegen die russische Erdölindustrie im Kaukasus ist dagegen von sehr großem Interesse für die Alliierten. Sie ermöglicht es, einen sehr schweren, wenn nicht einen entscheidenden Schlag gegen die militärische und wirtschaftliche Organisation Sowjetrußlands zu führen. In einigen Monaten könnte die UdSSR. sogar in eine derartige Verlegenheit kommen, daß sie in die Gefahr eines völligen Zusammenbruchs käme.

Wenn dieses Ergebnis erzielt würde, so würde sich gegen Deutschland, dem die gesamte Versorgung aus Rußland gesperrt würde, die Blockade im Osten schließen, und es müßte sich damit begnügen, von den Zufuhren aus den nordischen Ländern und dem Balkan zu leben, den letzten wirtschaftlichen Zufluchtsorten, wo es sich noch verteidigen könnte.

3. Eine Aktion gegen die Erdölgebiete im Kaukasus kann entweder die Form einer politischen Arbeit annehmen, die auf einen Aufstand der mohammedanischen Bevölkerung im Kaukasus abzielt, oder die Form militärischer Operationen gegen die bedeutenden Zentren der russischen Erdölindustrie. *(Handschriftl. Randbemerkung):* Augenblicklich haben sich die Vorbereitungen auf Syrien konzentriert.

(Handschriftl. Randbemerkung): Trifft jetzt nicht mehr zu. Wir können bald mehr Maschinen stellen als die Engländer.

(Handschriftl. Randbemerkung): Wir denken jetzt an eine kombinierte Operation der Luftwaffe und Flotte. Aber der Wert einer solchen Operation bleibt bestehen.

Nr. 23

Aufzeichnung des Oberbefehlshabers des französischen Heeres General Gamelin

Strenggeheim

(Uebersetzung des Faksimile Seite 216)

Nr. 104/i
Den 10. März 1940

Aufzeichnung betreffend die Teilnahme französisch-britischer Streitkräfte an den Operationen in Finnland.

Mit Beginn der Feindseligkeiten (30. November 1939) zwischen Finnland und Sowjet-Rußland haben die Französische und die Britische Regierung ihren Willen zum Ausdruck gebracht, durch Lieferung von Flugzeugmaterial und Waffen Finnland wirksame und rasche Hilfe zu bringen. Die ersten Materialsendungen begannen etwa am 20. Dezember.

Das französische Oberkommando hat sich seinerseits unverzüglich damit befaßt, die Ansicht des Marschalls Mannerheim darüber in Erfahrung zu bringen, inwieweit, abgesehen von den Materiallieferungen und der Entsendung von Freiwilligen, die der Marschall schon gewonnen hatte, französische Streitkräfte bei den Operationen eingesetzt werden könnten.

Zu diesem Zweck wurde Kommandant Ganeval zu dem finnischen Oberbefehlshaber entsandt. Er reiste am 20. Dezember 1939 aus Frankreich nach Helsinki ab und kam am 20. Januar 1940 zurück.

Seit dem 16. Januar arbeitete das französische Oberkommando an dem allgemeinen Plan einer bewaffneten Intervention in Finnland. Dieser Plan sah insbesondere die Landung alliierter Truppenkontingente in Petsamo vor. Gleichzeitig sollten gegebenenfalls vorsichtshalber die Häfen und Flugplätze der norwegischen Westküste in die Hand der Alliierten gebracht werden. Der Plan sah außerdem vor, daß auf Grund der einmal gewonnenen Ergebnisse die Operationen möglicherweise auf Schweden ausgedehnt und die Erzgruben von Gällivare, einer wichtigen Quelle für die Erzzufuhr nach Deutschland, besetzt werden sollten. Durch diese Operation sollte gleichzeitig eine neue Verbindung über Narvik—Lulea geschaffen werden.

Der Plan für die Operation bei Petsamo stimmte mit dem überein, den Marschall Mannerheim dem Kommandanten Ganeval dargelegt hatte.

Bei den halbamtlichen Unterredungen mit dem britischen Oberkommando schien dieses unsere Auffassung zu teilen.

Im Verlaufe der interalliierten Militärbesprechungen vom 31. Januar und 1. Februar, die der Sitzung des Obersten Rates vom 5. Februar vorangingen, verwiesen die Engländer die Frage der unmittelbaren Hilfe für Finnland an die zweite Stelle. Sie zeigten sich als entschiedene Anhänger einer Unternehmung gegen die Erzgruben Nordschwedens, die wenigstens im Anfang den Uebertritt eines Teiles der beteiligten Streitkräfte nach Finnland zur Nebenerscheinung haben sollte. Man verzichtete somit praktisch auf die Unternehmung gegen Petsamo. Diese hatte nur noch sekundären und Eventual-Charakter.

Diese Ansicht erlangte im Obersten Rat die Mehrheit. Die **Vorbereitung** der skandinavischen Expedition wurde sofort in Angriff genommen, und die französisch-britischen Streitkräfte standen seit den ersten Märztagen zum Transport bereit[1]).

Die Leitung der in Skandinavien beabsichtigten Operationen war dem britischen Oberkommando übertragen worden. Dies konnte anscheinend nicht anders geregelt werden.

Die Beförderung des Expeditionskorps zur See einerseits und der Nachschub andererseits müssen tatsächlich auf Verkehrswegen vor sich gehen, die durch die Zone des britischen Marine-Oberkommandos führen. Der Schutz dieser Transporte liegt normalerweise den britischen Seestreitkräften ob. Außerdem würde die französische Marine nicht überall gleichzeitig anwesend sein können: das Mittelmeer, die Atlantikküste Frankreichs und Afrikas bleiben ihr ureigenstes Gebiet, ganz abgesehen von der Aufgabe, die ihr durch den Schutz der aus Amerika eintreffenden Geleitzüge erwächst.

Es bedarf auch der Erwähnung, daß die Teilnahme der französischen Landstreitkräfte an den nordischen Operationen gegenwärtig nur eine begrenzte sein kann. Das französische Heer ist gezwungen, sein Gros an der Nordost-Front zu belassen, wo es dem Gros der deutschen Kräfte gegenübertritt. Das französische Heer ist außerdem verpflichtet, an der Alpenfront und in Nordafrika die Wache gegen Italien zu halten. Das französische Heer hat ferner eine Vorhut an der Levante. Es kann daher unter den gegenwärtigen Umständen nur beschränkte Kontingente für außerhalb dieses Bereichs liegende Kriegsschauplätze zur Verfügung stellen.

In der Luft kann Frankreich angesichts der gegenwärtigen Lage der französischen Luftwaffe nur einen beschränkten Beitrag leisten.

* * *

Die Eröffnung eines nordischen Kriegsschauplatzes bietet, vom Standpunkt der Kriegsführung aus gesehen, ein hervorragendes Interesse. Abgesehen von den moralischen Vorteilen wird die Blockade umfassender, vor allem aber ist es die Sperrung des Erztransportes nach Deutschland, auf die es ankommt.

In diesem Zusammenhang wäre ein Vorgehen auf dem Balkan, wenn es mit der skandinavischen Unternehmung kombiniert würde, geeignet, die wirtschaftliche Abdrosselung des Reiches zu verstärken. Deutschland verfügte dann nur noch über einen einzigen Ausgang aus dem Blockadering, nämlich über seine Grenze mit Sowjet-Rußland, wobei zu berücksichtigen ist, daß die Ausbeutung der russischen Rohstoffquellen noch langer Fristen bedarf.

Auf militärischem Gebiet wäre immerhin eine Aktion auf dem Balkan[2]) für Frankreich viel vorteilhafter als eine solche in Skandinavien: der Kriegsschauplatz würde in großem Maßstab erweitert. Jugoslawien, Rumänien, Griechenland und die Türkei würden uns eine Verstärkung von ungefähr 100 Divisionen

---

[1]) Die erste Gruppe der französischen Streitkräfte (eine Alpenjägerbrigade) stand am 26. Februar zum Verlassen der Garnisonen bereit und konnte vom 1. März an jederzeit eingeschifft werden. Für den Fall eines plötzlichen Handstreichs auf Petsamo hätte eine Vorhut schon viel früher entsandt werden können.

[2]) Diese Frage bleibt natürlich mit der Haltung Italiens verknüpft.

zuführen¹). Schweden und Norwegen würden uns nur die schwache Unterstützung von ungefähr 10 Divisionen verschaffen. Die Stärke der Truppen, die die Deutschen von ihrer Westfront wegziehen müßten, um gegen unsere neuen Unternehmungen vorzugehen, würde sich zweifellos in dem gleichen Verhältnis bewegen.

Die Vorteile der Eröffnung eines skandinavischen Kriegsschauplatzes bleiben nichtsdestoweniger unbestreitbar. Jedoch dürfen die technischen Schwierigkeiten, die ein solches Unternehmen mit sich bringt, nicht verkannt werden.

Auf dem Gebiet der Seekriegführung sind Operationen in der Ostsee für uns praktisch ausgeschlossen.

Unsere Verbindung geht über die Nordsee von Schottland nach Norwegen. Diese Verbindungslinie ist wesentlich länger als die der Deutschen zwischen Stettin und der Südküste Schwedens. Unsere Verbindungslinie muß gegen die deutschen U-Boote und Bombenflugzeuge verteidigt werden.

Es bedarf der Erwähnung, daß die Jahreszeit, in der der Bottnische Meerbusen eisfrei ist, den Deutschen für die Landung in Finnland die größten Vorteile bietet, und zwar nicht nur an der Südküste, sondern auch an der Westküste und an der Ostküste Schwedens.

Für die Landkriegführung ist zu berücksichtigen, daß die Häfen Nordnorwegens und insbesondere Narvik nur einen geringen Umschlag besitzen. Sie sind für die Ausladung von Truppen und für Nachschub von größerer Bedeutung schlecht ausgerüstet.

Die Eisenbahnen, die von Narvik und Drontheim nach Lulea führen, können nur einen geringen Verkehr bewältigen. Diese Verkehrsziffer verringert sich noch, wenn man bis nach Finnland vorstößt, da man dann nur noch über eine Eisenbahnlinie verfügt, die ihren Ausgangspunkt in Lulea hat, und den Bottnischen Meerbusen umfährt²).

Das Klima Finnlands und insbesondere Lapplands ist außerordentlich hart. Französisch-britische Streitkräfte können nur dort eingesetzt werden, wenn sie in geeigneter Weise ausgewählt sind. Bis Ende Mai ist dazu noch eine Sonderausrüstung nötig.

Französische Zug- und Tragtiere können, von den Mauleseln abgesehen, dort nicht akklimatisiert werden.

Schließlich stellt der Nachschub von Lebensmitteln und insbesondere von Wein für unsere Truppen ein außerordentlich schwer zu lösendes Problem dar.

Aus dem Vorhergesagten ergibt sich, daß, wenn eine rasche, wenn auch nicht gefahrlose Landung — mögliche Einwirkung feindlicher U-Boote und Flugzeuge — in Norwegen durchgeführt werden kann, der Einsatz von Streitkräften in Finnland selbst nur sehr allmählich erfolgen könnte.

Auf dem Gebiet der Luftkriegführung erscheint eine Hilfe für Finnland durch Entsendung von Bombenflugzeugen mit großer Reichweite als die am

---

¹) Hierbei ist die Frage des Erdöls nicht einmal berücksichtigt. Es wäre dabei noch an die Erdölquellen Rumäniens, die man verteidigen oder zerstören könnte, und an die Transkaukasiens zu denken.

²) Dies gilt unter dem Vorbehalt, daß die Schweden uns ihr Eisenbahnmaterial lassen.

raschesten und am leichtesten zu verwirklichende Lösung, vorausgesetzt daß man sich wie bei einer Landung in Petsamo für die Eröffnung kriegerischer Operationen gegen Sowjet-Rußland entschlossen hätte. Eine derartige Unterstützung erscheint als das einzige Mittel, Finnland bis zur Ankunft von Landstreitkräften zu retten.

Dieses Mittel könnte jedoch nur von den Engländern angewandt werden, da unsere Luftwaffe Bombenflugzeuge neuer Art, die dieser Aufgabe gewachsen wären, noch nicht in genügender Anzahl besitzt.[1])

Auf dem Gebiete der Jagdflugwaffe war die Hilfe für Finnland, auf die in diesem Falle besonders Wert gelegt wurde, notwendigerweise noch zögernder. Die Jagdflugzeuge mußten auf dem Seewege befördert werden; in Schweden mußten sie abmontiert und in Finnland wieder zusammengesetzt werden.

Es bleibt zu berücksichtigen, daß die Landung in Petsamo unter den gegenwärtigen Voraussetzungen ganz anders zu beurteilen ist als vor zwei Monaten.

Die Russen haben in dieser Gegend bedeutende Verstärkungen erhalten. Sie sind in breiter Front nach Süden über Petsamo hinaus vorgestoßen. Fliegerhorste sind eingerichtet worden. Möglicherweise ist eine Landverbindung mit Murmansk hergestellt worden. Schließlich haben die Russen die Küste mit Verteidigungsmitteln gespickt und schwere Artillerie herangebracht.

Andererseits sind die Finnen gegenwärtig bestimmt außerstande, der Landung alliierter Kontingente durch eine entsprechende Landoperation entgegenzukommen, wie ursprünglich beabsichtigt war.

* * *

Im Nachgange zu den seit dem Monat Dezember durchgeführten Materialtransporten kann die Hilfe für Finnland nunmehr im Wege einer militärischen Unternehmung durch die Entsendung alliierter Truppen verwirklicht werden.

Außer den französischen und polnischen Kontingenten (15 000 Mann) haben die Engländer die Entsendung von 6—7 Divisionen in Aussicht genommen.[2]) Die gesamte Streitkraft umfaßt somit mindestens 150 000 Mann. Dieser Voranschlag, der alle neu aufgestellten britischen Truppen umfaßt,[3]) kann offenbar z. Zt. nicht erhöht werden, wenn man die Schwierigkeiten des Transports und die Umschlagsmöglichkeiten der norwegischen Häfen berücksichtigt. Die Ausschiffung der Truppen erfordert schon an sich bedeutende Fristen. Es handelt sich um mehrere Monate. Gegenwärtig können daher keine Beschlüsse über die Erhöhung dieser Truppenzahlen gefaßt werden. In zwei oder drei Monaten wird die Lage an der französischen Front zweifellos besser geklärt sein, und

---

[1]) Vor allem nicht Flugzeuge, die ihren etwaigen Aufgaben in Frankreich entzogen werden könnten.

[2]) Hierzu eine streng vertrauliche Auskunft, die mir von General Ironside gegeben wurde. Der Voranschlag für die Truppenstärke geht von ihm aus: die Zustimmung des Kriegskabinetts liegt nicht vor.

[3]) Von den gegenwärtig in Frankreich befindlichen Truppen müßte eine aktive Division weggezogen werden.

wir werden daher in der Lage sein, die Unterlagen für eine ergänzende Entscheidung zu liefern.

Die technischen Schwierigkeiten einer alliierten Intervention dürfen nicht außer acht gelassen werden. Sie sind nicht unüberwindlich und werden gegebenenfalls aus dem Wege geräumt werden.

Eigenhändiger Zusatz des Generals:

Unsere skandinavischen Pläne müssen also entschlossen weiterverfolgt werden, um Finnland zu retten oder doch mindestens, um die Hand auf das schwedische Erz und die norwegischen Häfen zu legen. Lassen wir uns aber gesagt sein, daß vom Standpunkt der Kriegsführung aus der Balkan und der Kaukasus, durch die man Deutschland auch vom Petroleum abschneiden kann, von viel größerem Nutzen sind. Den Schlüssel zum Balkan hält jedoch Italien in der Hand.

M. Gamelin

Nr. 24

Verhandlungsbericht der Skandinavien-Kommission des Interalliierten Militärischen Studienausschusses

(Uebersetzung des Faksimile Seite 225)

Nr. 926 S/CEMI
Streng geheim

London, den 11. März 1940

Landung in Narvik

Der Ausschuß wurde am 9. März unvermutet zur Kenntnisnahme der Feststellungen einberufen, die im Laufe der Sitzung des Kriegskabinetts vom 8. März getroffen worden waren. Winston Churchill hatte in dieser Sitzung seiner Besorgnis darüber Ausdruck zu geben, daß gegebenenfalls die norwegische Haltung die Hilfe für Finnland beeinträchtigen könne, insbesondere im Laufe der ersten Landungsoperationen in Narvik.

Zu diesem Zweck hielt es der Erste Lord für angezeigt, zunächst vor Narvik kraftvoll aufzutreten. Es handele sich nicht darum, eine gewaltsame Landung vorzunehmen, sondern darum „die Macht zu zeigen, um ihre Anwendung zu vermeiden". Winston Churchill gedenkt, eine Flottille bestehend aus einem Kreuzer und einigen Zerstörern vor Narvik erscheinen zu lassen und rasch Truppen in Bataillonsstärke an Land zu werfen. Dies soll vor Ankunft des ersten Truppentransportverbandes geschehen. Die gesamte Operation würde ausschließlich mit englischen Streitkräften durchgeführt.

Das Kriegskabinett hat übrigens die Nützlichkeit der Besetzung von Stavanger und Bergen in Zweifel gezogen.

Der Ausschuß prüft das für die Durchführung des Unternehmens bei Narvik vorgesehene Verfahren, das keine besonderen Schwierigkeiten aufzuzeigen scheint. Im Gegensatz hierzu ist der Ausschuß der Ansicht, daß die stärksten Nachteile aus dem Verzicht der Besetzung von Bergen und insbesondere von Stavanger erwachsen könnten. Am letztgenannten Orte könnte der Flugplatz rasch von den Deutschen besetzt werden, wenn wir ihnen nicht zuvorkämen.

Nr. 25

Der Oberbefehlshaber des französischen Heeres General Gamelin an den Französischen Ministerpräsidenten, Landesverteidigungs- und Kriegsminister Daladier

(Uebersetzung des Faksimile Seite 227)

Strenggeheim

No. 314 — Cab/D. N.

Betrifft: Operationen im mittleren Orient   Befehlsstelle, den 12. März 1940

Ich beehre mich, Ihnen hiermit Abschrift nachfolgender Stücke zuzuleiten:
a) Schreiben No. 295/3 S des Generals Weygand; vom 7. März 1940 an General Gamelin;
b) Drahtantwort an General Weygand vom 10. März (309 Cab./D. N.)
c) Telegramm 1236 des Generals Weygand im Anschluß an 295 vom 7. 3.

Ich füge den Entwurf eines Antwortschreibens bei, das ich General Weygand telegraphisch durchzugeben beabsichtige, sobald Sie mir Ihre Genehmigung mitteilen.

Handschriftlicher Zusatz des Generals:

Ich bin persönlich der Auffassung, daß es in unserem Interesse liegt, die Frage des Angriffs auf Baku und Batum (insbesondere mit der Luftwaffe) weiter zu verfolgen. Die in diesem Zusammenhang durchzuführenden Operationen wären eine glückliche Ergänzung der skandinavischen Operationen. Würden die zuletzt genannten Operationen auf Hindernisse stoßen, so wäre dies ein Grund mehr für die Aktion in Transkaukasien.

Randvermerk:
Genehmigung durch
den Ministerpräsiden-
ten am 14. März 1940
durch Schreiben 645
D. N.

Gamelin

Oberkommando im Ost-Mittelmeergebiet
Der General

No. 295/3. S.   Befehlsstelle 601, den 7. März 1940

Strenggeheim

Abschrift

General Weygand an den Oberbefehlshaber des Heeres und Generalstabschef der Landesverteidigung.

Der Luftmarschall Mitchell, Kommandant der Luftwaffe des Mittleren Ostens, der heute in Begleitung des Generals Jauneaud auf der Reise nach Ankara nach Beirut kam, hat mir mitgeteilt, daß er von London Anweisungen betreffend die Vorbereitungen für die etwaige Bombardierung von Baku und Batum erhalten habe. Er hat mir seine Absicht eröffnet, den Marschall Tchakmak um die Erlaubnis zu bitten, Flugplätze erkunden zu lassen, die in den Räumen von Diarbekir, Erzerum, Kars und des Yan-Sees als Zwischenlandeplätze für Flugzeuge dienen könnten, die ihre Hauptbasis in Djezireh hätten.

Der Luftmarschall Mitchell hat mich um die Erlaubnis gebeten, unsere Flugplätze in Djezireh zu erkunden, da die politische Lage des Irak, dessen Unabhängigkeit anerkannt ist, nicht gestattet, die Flugplätze dieses Hoheitsgebietes ohne die Gefahr von Komplikationen zu benützen. Ich beehre mich, Ihnen zu berichten, daß ich dem Wunsch des Luftmarschalls nachgekommen bin. Die Besichtigung wird demnächst von britischen und französischen Offizieren, die beiderseits in Zivil auftreten werden, durchgeführt werden. Es wird dabei der Eindruck erweckt werden, daß es sich um Arbeiten betreffend die Ausbeutung der Erdöllagerstätten dieses Raumes handele.

Weygand

Geheim
Abschrift
Nr. 309 — Cab/D. N.

10. März 1940.

General Gamelin an General Weygand

Antwort auf Ihren Brief 295/3—S vom 7. März.

Ich gebe meine volle Zustimmung zu der Genehmigung, die Sie dem Luftmarschall Mitchell im Hinblick auf die Durchführung der Erkundungen von Fluggelände bei Djezireh erteilt haben.

General Gamelin

Geheim
Abschrift
Nr. 1.236.

Beirut, den 10. März 1940, 16,23 Uhr

General Weygand an General Gamelin

Im Verfolg meines Schreibens Nr. 295/3—S vom 7. März betreffend die englischen Projekte nach Baku beehre ich mich, Ihnen zu berichten, daß mich der General Wavell darüber informiert, daß er einen Brief vom Britischen Kriegsministerium mit der Weisung erhalten hat, die Voraussetzungen etwaiger Aktionen gegen den Kaukasus für den Fall von Feindseligkeiten mit Rußland zu untersuchen.

Das War Office weist darauf hin, daß diese eventuelle Aktion Aufgabe der Armee wäre.

General Wavell rechnet damit, diesbezüglich mit Marschall Tchakmak in Verbindung zu treten, und zwar mit größtmöglicher Vorsicht, um absulutes Schweigen zu bewahren.

Ich antworte ihm, daß ich von Ihnen in dieser Hinsicht keinerlei Mitteilung erhalten habe.

Ich bitte Sie, mir schnellstens Weisungen zu erteilen.

Weygand

General Gamelin an General Weygand

Geheim   Den 12. März 1940.
Abschrift   E n t w u r f
No. Cab./D. N.

Antwort auf Telegramm 1.236

Die meinem Brief 293—Cab./D. N. beigefügte Note vom 7. März *) unterbreitete Ihnen die allgemeine Auffassung, die ich dem Ministerpräsidenten bezüglich der Operationen im Mittleren Orient und im besonderen über die möglichen Operationen im Kaukasus vorgeschlagen habe. Ich bestätige Ihnen, daß meines Erachtens die Operationen im Mittleren Orient von dem britischen Oberkommando und die Operationen im Kaukasus von dem türkischen Kommando geleitet werden müßten; da letztere besonders durch türkische Streitkräfte unter Mitwirkung der Luftwaffe und eventueller alliierter Spezialkontingente durchgeführt werden.

Sie können mit Marschall Tchakmak über diese Frage in Verbindung treten und an allen vorbereitenden Untersuchungen über den Mittleren Orient teilnehmen.

Ich übersende Ihnen durch Kurier eine zusammenfassende Abhandlung über die Aktion im Kaukasus.

General Gamelin

---

*) Liegt nicht vor.

Nr. 26

Der Französische Botschafter in Ankara Massigli an das Französische Außenministerium

Telegramm

(Uebersetzung des Faksimile Seite 234)

Streng geheim

Nr. 529   Ankara, den 14. März 1940

Im Laufe des Besuches, den ich ihm gestern gemacht habe, hat der Minister des Aeußeren mir aus eigener Initiative ein während der Nacht eingegangenes Telegramm vorgelegt, in dem der türkische Vertreter in Moskau über eine Unterredung mit dem Botschafter der Vereinigten Staaten berichtete. Nach Ansicht dieses letzteren sollen die Russen sich über die Gefahren einer Bombardierung und eines Brandes der Oelgegend von Baku derartige Sorgen machen, daß die sowjetrussische Verwaltung amerikanische Ingenieure gefragt hat, ob und wie ein Brand, der durch eine Bombardierung hervorgerufen würde, sich mit Erfolg bekämpfen ließe. Die Ingenieure sollen geantwortet haben, infolge der Art und Weise, wie die Oelfelder bisher ausgebeutet worden seien, sei der Boden derartig mit Oel gesättigt, daß eine Feuersbrunst sich unverzüglich auf das ganze benachbarte Gebiet ausbreiten würde; es würde Monate dauern, bis man sie löschen könnte, und Jahre, bevor der Betrieb wieder aufgenommen werden könnte. Was den Schutz der Bevölkerung angehe, so müsse die Stadt zu diesem Zweck um 50 km weitergerückt werden. „Was halten Sie davon?" sagte Saracoglu zu mir. Ich habe geantwortet, moderne Bombenflugzeuge hätten zweifellos einen ausreichenden Aktionsradius, um Baku von Djezireh oder vom Nordirak aus erreichen zu können; es müßten aber dazu türkische und iranische Gebiete überflogen werden. „Sie fürchten also einen Einspruch Irans?" antwortete der Minister. Deutlicher hätte er mir nicht klarmachen können, daß die Schwierigkeiten nicht von türkischer Seite kommen würden...

Es wäre ungeschickt gewesen, wenn ich ihn genötigt hätte, sich näher auszusprechen, und ich bin deshalb nicht weiter auf die Aeußerung eingegangen. Sie ist aber nichtsdestoweniger sehr bedeutsam, und ich gestatte mir, Euer Exzellenz, ganz besonders darauf aufmerksam zu machen. Ich habe überdies auch meinem britischen Kollegen davon Mitteilung gemacht.

                                             Massigli

Nr. 27

Aufzeichnung des Oberbefehlshabers des französischen Heeres General Gamelin

(Uebersetzung des Faksimile Seite 236)

Strenggeheim
Nr. 325 Cab/D. N. Den 16. März 1940

**Aufzeichnung
über die Kriegsführung**

(endgültige Fassung unter Berücksichtigung der
Aeußerungen der Oberbefehlshaber und des Generals Buhrer)

Da die Auffassungen, die in dem „Kriegsplan für 1940" (1)*) dargelegt sind, die Grundlage unseres Vorgehens bleiben, empfiehlt es sich angesichts der Unterzeichnung des russisch-finnischen Waffenstillstandes, festzulegen, welche Operationen auf kurze Sicht unternommen werden können, um fühlbare, wenn nicht entscheidende Schläge gegen Deutschland zu führen.

Zu Lande erscheint es im Augenblick an den erstarrten Fronten sehr schwierig, wesentliche Resultate zu erzielen. Deshalb muß Deutschland gezwungen werden, aus seiner gegenwärtigen abwartenden Haltung herauszutreten. Das erste, was nötig ist, ist eine Verschärfung der Blockade. Neben den wirtschaftlichen Ergebnissen, die davon zu erwarten sind, müssen folgende Ziele angestrebt werden:

I. Es kann in Deutschlands Interesse liegen, Holland und Belgien zu schonen, denn diese ermöglichen es ihm, die Wirkungen der Blockade weitgehend zu umgehen. Es liegt also auf der Hand, daß eine strenge Kontingentierung der Einfuhr nach Holland und Belgien geeignet sein könnte, Deutschland dahin zu bringen, daß es kurzen Prozeß macht und in die Niederlande und Belgien einfällt, da diese ihm dann in wirtschaftlicher Hinsicht nur noch unbedeutenden Nutzen brächten.

II. Bei den skandinavischen Ländern liegen die Dinge anders.

Belgien und Holland dienen Deutschland hauptsächlich als **Zwischenhändler** nach außen, während Schweden Deutschland einen unentbehrlichen Rohstoff **liefert**, nämlich das Eisen.

Es muß angestrebt werden, eine solche Versorgung zu verbieten.

Ein einfaches Verfahren würde darin bestehen, zu erklären, die Lieferung gewisser wesentlicher Erzeugnisse, wie z. B. des Eisens, durch neutrale Länder, die

---

¹) Schreiben Nr. 280 Cab./D. N. vom 20. Februar 1940 an den Herrn Ministerpräsidenten gesandt.

*) Liegt nicht vor.

an das Reich angrenzen, bedeute einen Beistand in aller Form und würde zu Repressalien führen. Schweden würde also nur noch unter Blockadedrohung sein Erz an Deutschland liefern können; ebenso würde Norwegen nur noch unter dem gleichen Risiko die Durchfuhr bewirken können.

Falls die beiden Länder sich fügen, so ist das Ziel erreicht; andernfalls wäre ihr Seehandel zu sperren.

Angesichts einer solchen Lage könnte Deutschland möglicherweise beschließen, darauf zu reagieren und in Schweden mit den Waffen einzugreifen.

Es müßte uns dann zur Abwehr bereit finden; zu diesem Zweck muß in Frankreich und in England eine erste Staffel von Streitkräften bereitstehen, um nach Skandinavien befördert zu werden, sei es als Gegenschlag oder auch als Präventivmaßnahme.

III. Die Abschneidung der deutschen Einfuhren an russischem Oel (1) aus dem Kaukasus wirft zunächst einmal die Frage einer Eröffnung von Feindseligkeiten gegen die UdSSR. auf.

Ferner ergibt sich dabei das Problem der Mitwirkung oder wenigstens der Zustimmung der Türkei.

Wie bei allem, was im Orient vorgeht, kann dabei die italienische Haltung nicht unberücksichtigt bleiben.

Wie dem auch sei, die Bombardierung der Petroleumanlagen von Baku und Batum aus der Luft könnte Deutschlands Versorgung mit Treibstoffen ganz erheblich behindern.

Nach den z. Zt. angestellten Ermittlungen würden dazu 9 Fliegergruppen benötigt werden. Das Kommando der französischen Luftstreitkräfte nimmt in Aussicht, dafür 4 Gruppen zu stellen, der Rest wäre von der Royal Air Force zu stellen.

Diese Gruppen, die ihre Basis in Djezireh hätten, wo das Gelände dazu vorhanden oder in der Anlage begriffen ist (im nördlichen Teil der französischen Levante), müßten, wenn möglich, auch in der Asiatischen Türkei (2) Stützpunkte haben.

Das Kommando der französischen Luftstreitkräfte könnte also jederzeit nach einer vierzehn Tage bis einen Monat vorher ergangenen Benachrichtigung die Bombardierungsoperationen in Transkaukasien in Angriff nehmen, und zwar mit zwei Gruppen schwerer Bomber, die durch zwei Gruppen mittelschwerer Bomber verstärkt werden könnten; sie wären, wenn die Lage an der französischen Front es zuläßt, aus dem Mutterland zu entnehmen.

Die Operationen in der Luft ließen sich auf folgende Weise wirksam unterstützen:

1) Durch Aktionen der Flotte, die auf die Stillegung des Verkehrs im Schwarzen Meer abzielten. Damit wären grundsätzlich französisch-britische Unterseeboote zu betrauen. Ihre Durchfahrt durch die Meerengen würde die ausdrückliche oder stillschweigende Zustimmung der Türkei voraussetzen, und sie würden eine Basis an den Ufern des Schwarzen Meeres in Kleinasien brauchen.

---

[1]) Die Abschneidung der Lieferung rumänischen Petroleums nach Deutschland läßt sich augenblicklich weder durch die Blockade noch durch militärische Operationen erreichen.

[2]) Diese Gebiete sind z. Zt. Gegenstand von Erkundungen

2) Durch Aktionen zu Lande, die nur durch die Türkei ausgeführt werden können, die übrigens durch gewisse Teile unserer Levante-Truppen dabei unterstützt werden könnte. An der Operation könnte sich auf Betreiben Großbritanniens auch Iran beteiligen.

IV. Bei aller Würdigung der Bedenken, die im Laufe der letzten Sitzung des Kriegsausschusses dagegen erhoben worden sind, besteht Interesse daran, mit dem Einsetzen von Flußtreibminen und dem Abwurf von Minen durch die Luftwaffe so bald wie möglich zu beginnen.

Auf diese Weise würde sich eine teilweise Lahmlegung des Binnentransportwesens Deutschlands erreichen lassen.

Es ist wesentlich, daß die Luftwaffe den Einwand, den sie gegenwärtig gegen die Operation erhebt, sobald wie irgend möglich fallen läßt.

Alles in allem braucht der russisch-finnische Waffenstillstand nichts an den wesentlichen Zielen zu ändern, die wir uns für 1940 setzen konnten; er muß uns aber dazu veranlassen, schneller und tatkräftiger zu handeln.

Durch eine Kombination von Blockademaßnahmen und gewissen militärischen Operationen können wir nicht nur die wirtschaftliche Abschnürung immer enger gestalten, sondern Deutschland auch dazu veranlassen, aus seiner militärisch abwartenden Haltung herauszutreten.

Die Erfahrung von sechs Kriegsmonaten zeigt, daß die Neutralen Deutschland fürchten. Ohne ihnen auch unsererseits ebenso drohend gegenüberzutreten, müssen wir sie unsere Kraft fühlen lassen.

Wohlverstanden muß das diplomatische und das militärische Vorgehen auf den gleichen energischen Ton abgestimmt werden.

Gamelin

Nr. 28

Der Französische Botschafter in Ankara Massigli
an das Französische Außenministerium

Telegramm
(Uebersetzung des Faksimile Seite 241)

Strenggeheim
No. 661

Ankara, den 28. März 1940

Ich beziehe mich auf das Telegramm Euer Exzellenz Nr. 540/541*):

Bei dem Versuche, in meiner früheren Korrespondenz die Haltung der Türkei der Sowjetunion gegenüber klarzustellen (vergleiche besonders meine Depesche Nr. 74 vom 24. Februar und meine Telegramme 433 bis 439 und 461 **), betonte ich, daß es meiner Ansicht nach zwecklos sei, zu versuchen, die Türken gegen die Sowjets aufzuhetzen, aber daß man andererseits hoffen könne, es werde uns unter gewissen Umständen gelingen, sie dahin zu bringen, daß sie in unserem Fahrwasser gegen Rußland Stellung nehmen.

An dieser Meinung, die ich vor dem Zusammenbruch des finnischen Widerstandes ausgesprochen habe, glaube ich heute nichts ändern zu müssen. Der Moskauer Frieden wird gewiß die türkische Vorsicht nur noch steigern; gleichzeitig aber bleibt man hier bei der Ueberzeugung, daß die Rote Armee aus dem Krieg im Norden sehr geschwächt zurückgekommen ist, was wiederum ausgleichend wirkt. Jedenfalls stelle ich keinerlei Annäherungsversuch mit der Sowjetunion fest; im Gegenteil, man gewöhnt sich allmählich an den Gedanken, mit ihrer Feindschaft rechnen zu müssen, was aber nicht besagen will, daß die türkischen Staatsleiter gewillt sind, sich in ein Abenteuer mit ungewissem Erfolg einzulassen.

Wir müssen uns in der Tat Rechenschaft darüber ablegen, daß, wenn die Regierung von Ankara von jetzt ab die Ueberzeugung hat, daß Deutschland über die Westmächte nicht den Sieg davontragen wird, doch viele Menschen in der Türkei nicht davon überzeugt sind, daß diese zur Zeit einen endgültigen Sieg davontragen können. Viele glauben noch immer, daß das Reich von den müde gewordenen Alliierten den Frieden erhalten wird, den es braucht; viele glauben — und die deutsche und die italienische Propaganda bemühen sich, sie davon zu überzeugen —, daß trotz der von den Regierungen in Paris und London bekräftigten Entschlossenheit der Krieg durch einen Kompromißfrieden sein Ende nehmen wird. Dann müßte man hier natürlich darüber nachdenken, was die Zukunft bringen könnte in dem Falle, in dem bei einem künftigen Frieden, der die Völker Frankreichs und Englands in dem Zustand der Unzufriedenheit und Entmutigung lassen würde, die Türkei einem Rußland gegenüber allein dastände, das sich die Lektionen des Finnenkrieges zunutze gemacht haben würde, um seine militärische Macht zu stärken.

Die Regierung kann diesen Geisteszustand nicht vollständig ignorieren: daher rührt auch zu einem großen Teile ihre augenblickliche Vorsicht. Ob

---

*) Liegt nicht vor.
**) Liegen nicht vor.

wir uns morgen in einer wenn auch beschränkten Aktion auf der Westfront entschieden durchsetzen oder ob eine deutsche Offensive im großen Stil gegen unsere Verteidigung zu Lande oder in der Luft zusammenbricht, stets werden wir die Türken mutiger und unternehmungslustiger finden.

Es muß aber leider hinzugefügt werden, daß der Zustand unseres öffentlichen Lebens unabhängig von jedem militärischen Gesichtspunkt hier einige Unruhe hervorgerufen hat; die letzten Sitzungen im Parlament haben einen ungünstigen Eindruck hinterlassen. Man hat sicherlich zu der Entschlossenheit Eurer Exzellenz und der Regierung, die Lage zu bessern und die französische Moral nicht sinken zu lassen, Vertrauen; aber es gibt Menschen, die dem Einfluß der deutschen und italienischen Agenturen und Rundfunksendungen gegenüber nicht unempfindlich gewesen sind, und die noch nicht sicher sind, ob sie nicht in ihren Hoffnungen, die sie mit uns teilen, getäuscht werden.

Man muß den Mut haben, es auszusprechen, daß die Türken in der gegenwärtigen Stunde nicht das Gefühl von unserer unwiderstehlichen Ueberlegenheit haben, wie groß auch ihre Sympathien für uns sein mögen; die Ueberzeugung der meisten läuft darauf hinaus, daß ihr Schicksal mit dem Schicksal der Westmächte verbunden ist; die Regierung ist gewiß zur Einhaltung der mit uns eingegangenen Verpflichtungen fest entschlossen; aber in der öffentlichen Meinung herrscht keine solche Geisteshaltung, die sie ermutigen könnte, Initiativen zu ergreifen, die die Uebernahme eines Risikos einschließen.

Bevor ich der Aufforderung Eurer Exzellenz nachkomme, meine Beobachtungen über die wichtigen Projekte darzulegen, deren große Richtlinien mir durch die Telegramme 540/41 angezeigt wurden, erschien es mir notwendig, diese wichtigen Gedankengänge in Erinnerung zu bringen: sie erklären von vornherein einige der Vorbehalte, die ich aussprechen muß, oder einige der Vorsichtsmaßregeln, auf die ich mit Nachdruck hinzuweisen hätte.

Eine Luftaktion auf Baku und eine Aktion zur See auf dem Schwarzen Meer erscheinen vom türkischen Gesichtspunkt aus technisch wie auch politisch in sehr verschiedenem Lichte.

I.

Ein Luftangriff auf Baku von Djézireh aus bringt eine Ueberfliegung türkischen Gebietes von nicht einmal 200 km mit sich, und zwar handelt es sich um die Ueberfliegung des Bergmassivs, das sich zwischen dem Van-See und dem Ourmiah-See erstreckt, das heißt im Kurdenland, das infolge der sehr strengen Polizeioperationen, die die türkische Armee dort vor 2 oder 3 Jahren durchgeführt hat, stark entvölkert ist. Es würde keinerlei wichtige Siedlungsgruppe überflogen werden, und die Flugzeuge könnten sehr gut unbemerkt passieren. Sollten sie beobachtet werden, dann höchstens von vereinzelten Polizei- oder Gendarmerieposten. Außerdem könnte durch eine Wendung nach Westen und einen Querflug durch den nördlichen Teil des Iran die Ueberfliegung des türkischen Gebiets gänzlich vermieden werden (und noch mehr, wenn die Startbasis nicht in Djézireh, sondern im Irak läge).

Wenn ich diese tatsächliche Lage mit der Bemerkung Saracoglus vergleiche, die in meinem Telegramm Nr. 529*) enthalten ist, komme ich zu dem Schluß, daß eine vorherige Benachrichtigung der Türkischen Regierung und die Bitte um deren Genehmigung — wenigstens um die moralische Genehmigung — zur

---

*) Vgl. Nr. 26.

Ueberfliegung ihres Gebiets sie unnütz in Verlegenheit bringen hieße. Man sollte sie — wenn nicht vor die vollendete Tatsache, so doch wenigstens vor eine Tatsache stellen, die einzutreten im Begriffe ist, und mit der Benachrichtigung der Türkischen Regierung über das, was geschieht (ich meine damit, ihre offizielle Benachrichtigung, denn die vertrauensvollen Beziehungen, die wir mit ihr wie mit dem Oberkommando unterhalten, würden es ja verbieten, daß sie ganz im unklaren gelassen würde), warten, bis die Operation bereits im Gange ist, indem man sich im voraus entschuldigt, wenn Flugzeuge während ihres Fluges genötigt sind, türkischen Luftraum zu benutzen.

Weit entfernt davon, die Türkische Regierung zu verletzen, wird unsere Reserve gerade der Erleichterung ihrer Aufgabe dienen. Sollte die Sowjetregierung einen Protest erheben, dann ist es wichtig, daß Ankara erklären kann, mit der Angelegenheit nichts zu tun gehabt zu haben. Wenn eine Ueberfliegung stattgefunden hat, dann wäre es nicht einmal schlimm, wenn wir einen diskreten Protest erhielten. Sollte sich die Angelegenheit verschlimmern, und sollten die Sowjets durch Kriegshandlungen darauf reagieren, so wäre es tatsächlich notwendig, daß die Türkische Regierung imstande wäre, vor der Großen Versammlung zu erklären, daß die Initiative zum Angriff Moskau zur Last fällt. In diesem Falle muß die Uebereinstimmung der öffentlichen Meinung und des Landes mit der Türkischen Regierung sichergestellt sein.

Aber gerade, weil eine Reaktion der Sowjets vorauszusehen ist, müssen wir darauf bedacht sein, keinerlei Operation dieser Art vom Zaune zu brechen, ohne uns über ihre möglichen Auswirkungen auf die Türkei Rechenschaft zu geben und infolgedessen uns auch über die Lage klarzuwerden, der dieses Land gegenüberstehen müßte. Mir persönlich kommt es nicht zu, mich über diese Frage auszusprechen. Ich muß jedoch bemerken, daß auf der östlichen Hochebene noch der Winter herrscht, und daß das erforderliche Fluggelände noch nicht erkundet und hergerichtet werden konnte. Außerdem muß ich bemerken, daß nach meiner Kenntnis die Abwehr gegen Luftangriffe auf das Kohlenbecken von Zongouldak und gegen die Hüttenwerke von Karabuk noch nicht sichergestellt ist, da das für sie bestimmte englische Material noch nicht geliefert wurde. Meines Erachtens wäre es sehr unvorsichtig, zwei für das türkische Wirtschaftsleben so ausschlaggebende Punkte einem Luftangriff von Sebastopol aus unter diesen Umständen auszusetzen.

Es sollte mich wundern, wenn die militärischen Experten nicht eine Frist von mehreren Wochen für die allerwichtigsten Vorbereitungen verlangten.

II.

Die Frage des Schwarzen Meeres und die Erleichterungen, die die Schiffahrt in seinen Gewässern bei dem verkappten Mitwirken der Sowjets für die Versorgung Deutschlands bietet, hält weiterhin meine Aufmerksamkeit fest. Ich habe mir erlaubt, sofort nach dem Abschluß des englisch-französisch-türkischen Vertrages (Telegramm 1969 vom 23. Oktober 1939*) darauf anzuspielen. Man muß leider anerkennen, daß eine Lösung des Problems nicht leicht zu finden ist.

Nach den Bestimmungen der Meerengenkonvention sind die alliierten Mächte als Kriegführende nur berechtigt, Kriegsschiffe ins Schwarze Meer zu senden, wenn es sich um die Erfüllung einer Entscheidung des Völker-

---

*) Liegt nicht vor.

bundes oder um Anwendung eines im Rahmen des Völkerbundspaktes abgeschlossenen, in Genf registrierten und die Türkei bindenden Beistandsvertrages handelt, oder wenn die Türkei selbst als kriegführende Macht oder sich von einer Kriegsgefahr bedroht fühlend an die alliierten Mächte einen Hilferuf ergehen läßt. Zur Zeit ist keine dieser Bedingungen erfüllt. Unser Eintritt ins Schwarze Meer kann demnach, wie Euer Exzellenz bemerken, nur auf Grund einer wohlwollenden Entscheidung der Türkei erfolgen, die — darüber müssen wir uns klar sein — den von ihr in Montreux übernommenen Verpflichtungen widersprechen würde und die daher einen Protest von einer Macht, welche die Konvention unterzeichnet hat oder der Konvention beigetreten ist, wie z. B. die Sowjetunion oder Italien, hervorrufen könnte. Die zuletzt genannten Mächte könnten in diesem Falle sehr wohl das deutsche Spiel betreiben. Obendrein würde die Sowjetunion selbst in dem Falle, wo keinerlei kriegerische Handlungen gegen ihr Land oder ihre Kriegs- und Handelsschiffe gerichtet sind, eine Oeffnung der Meerengen für die alliierten Kreuzer wahrscheinlich als eine feindliche Manifestation erklären, die ihr selbst das Recht gäbe, Gegenmaßnahmen zu ergreifen.

Die Annahme des Ausbruchs von Feindseligkeiten als einer Folge unserer Initiative ist also keineswegs ausgeschlossen, und dieser Umstand würde uns verpflichten, uns wie in dem bereits untersuchten Falle mit den Rückwirkungen zu befassen, die die geplante Initiative vom Standpunkt der türkischen Verteidigung haben könnte. Es würden sich also die gleichen Vorsichtsmaßregeln und Fristen zwangsweise ergeben, die die Operation gegen Baku mit sich zu bringen scheint.

Wie sollte übrigens die Kontrollaktion auf dem Schwarzen Meer aussehen? Die Zahl der deutschen Handelsschiffe, die in den bulgarischen Häfen Zuflucht genommen haben, ist ziemlich beschränkt (es sind scheinbar 8). Das direkte Vorgehen einer alliierten Kreuzfahrt gegen die Schiffahrt unter deutscher Flagge würde also von kurzer Dauer sein. Es wird sich hauptsächlich darum handeln, die russischen, rumänischen, bulgarischen oder italienischen Schiffe zu kontrollieren und Kontrollbesuchen zu unterziehen, sowie unter den gleichen Bedingungen die russischen und die italienischen Petroleumschiffe anzuhalten und einer Schiffskontrolle zu unterziehen, die zwischen den kaukasischen Häfen und den Donaumündungen oder der bulgarischen Küste hin und her fahren, — alles Operationen, die sich nicht gerade erfolgreich auf hoher See durchführen lassen. Die angehaltenen Schiffe müßten zu einem Flottenstützpunkt gebracht werden, um dort kontrolliert zu werden und die beschlagnahmten Waren auszuladen. Wo sollte dieser Stützpunkt sein, wenn nicht in einem türkischen Hafen? Diskrete Erleichterungen wären unzureichend. . . . Das hieße aber, daß die Türkei direkt mit der Aktion der Alliierten verbunden wäre und Deutschland sie mit Recht als kriegführende Macht ansehen könnte ... Die Türkische Regierung ist nach meinem Dafürhalten zur Zeit aus den eingangs dargelegten Gründen nicht bereit, so weit zu gehen.

Kann man sich Operationen von einer anderen Art vorstellen? Wenn es so gut wie unmöglich ist, daß Kontrolloperationen planmäßig auf dem Schwarzen Meer ohne die aktive Teilnahme der Türkei durchgeführt werden können, so ist es andererseits wohl nicht untersagt, sich vorzustellen, daß U-Boote — ohne daß man von dieser Macht mehr verlangt als die Augen dabei zu schließen — des Nachts durch die Meerengen fahren, um im Schwarzen Meer schnelle Streiffahrten durchzuführen, die den Zweck haben, den Schiffahrtsverkehr zu stören und die deutsche Schiffstonnage, ja sogar die angehaltenen Schiffe nach deutschem Muster zu versenken, von deren Ladung man erkannt hatte, daß sie für Deutschland bestimmt waren. Ich will die Frage nur anschneiden. Wenn die Operation technisch möglich ist, dann würde sie politisch gesehen auf weniger Schwierigkeiten stoßen als eine Intervention alliierter Kreuzer, da sich die Türkei Dritten gegenüber darauf berufen könnte, daß sie über unsere Pläne in Unwissenheit gehalten wurde. Dennoch müssen wir uns unbedingt darüber klar sein, daß selbst eine solche beschränkte Operation die Türkische Regierung in eine heikle Lage bringen würde und wir infolgedessen die Operation nicht unternehmen könnten, ohne an die Rückwirkungen zu denken, denen dieses Land ausgeliefert werden würde. Deshalb müssen wir wieder auf die Ueberlegungen über den Stand der türkischen Rüstungen zurückkommen, die wir bereits oben angestellt haben.

Ich komme zu dem Schluß, daß bei der gegenwärtigen Lage und nach einer von den Experten festzusetzenden Frist die Operation gegen Baku am leichtesten zu organisieren ist, — und zwar in dem Maße, in dem wir die türkischen Bedenken berücksichtigen können. Außerdem würde ihr Erfolg derartige Konsequenzen haben und die russische Aktion derart lähmen, daß die Türkische Regierung bei einem guten Ausgang der Operation sich gerade durch unsern Erfolg dazu ermutigt fühlt, uns die notwendigen Erleichterungen unbekümmert zuzugestehen, damit die Operationen der Schiffskontrolle auf dem Schwarzen Meer unter günstigen Umständen vor sich gehen können.

Massigli

Nr. 29

Entwurf einer französischen Aufzeichnung über das Finnland-Unternehmen*)

(Uebersetzung des Faksimile Seite 252)

Ueber dem Abschluß der russisch-finnischen Feindseligkeiten dürfen wir nicht vergessen, daß unser Ziel bei der Vorbereitung der nordischen Expedition ein doppeltes war. Es handelte sich zunächst darum, Finnland zu retten, aber es handelte sich auch darum, die Versorgung des Reichs mit schwedischem Eisenerz zu unterbrechen. Unmittelbar nach dem Abschluß des Friedens von Moskau hat die Französische Regierung sich auf den Standpunkt gestellt, daß das zweite Ziel noch erreicht werden könne. In einem Telegramm vom 14. März**) an unseren Botschafter in London hat sie betont, daß die Einwände, die die Britische Regierung in einer Note vom 29. Februar gegen die sofortige Ausübung der alliierten Kontrolle in den norwegischen Hoheitsgewässern und gegen die eventuelle Besetzung norwegischer Häfen erhoben hatte, jetzt bedeutungslos geworden seien. Die englischen Einwände gründeten sich nämlich auf die ungünstigen Rückwirkungen, die derartige Operationen auf die Durchführung des von uns geplanten Beistandes für Finnland haben könnten. Die juristische Rechtfertigung des Unternehmens dagegen hat ihre volle Geltung behalten, denn sie stützte sich auf die schon mehrmals festgestellte Unfähigkeit Norwegens, durchzusetzen, daß Deutschland die Neutralität seiner Hoheitsgewässer respektierte. Die Französische Regierung machte außerdem geltend, daß ein kühnes, sofortiges Vorgehen im Norden nötig sei, um den beunruhigenden Rückwirkungen Einhalt zu tun, die die Kapitulation der Finnen auf die Stimmung bei den Alliierten und auf deren diplomatische Lage haben könnte. In den Weisungen, die die Regierung Herrn Corbin erteilte, schnitt sie in allgemeinerer Form das Problem unserer Beziehungen zu den Neutralen an und sprach grundsätzlich aus, daß es unerläßlich sei, unsere Auffassungen in dieser Hinsicht zu revidieren.

Die Britische Regierung nahm den Schritt des Herrn Corbin zunächst zurückhaltend auf. Sir Alexander Cadogan begnügte sich, nachdem er gewisse Vorbehalte gemacht hatte, mit dem Hinweis, daß die Frage dem britischen Kriegskabinett vorgelegt werden würde, ließ aber dabei durchblicken, es bestehe wenig Aussicht darauf, daß die Britische Regierung sich unserer Auffassung anschließen werde. Seitdem scheint die Haltung Großbritanniens sich bis zu einem gewissen Grade geändert zu haben. Das ergibt sich wenigstens aus den Hinweisen, die Lord Halifax am 21. März unserem Botschafter gegeben hat. Der Britische Staatssekretär des Auswärtigen hat erklärt, die Britische Regierung stimme den Erwägungen, die die Französische Regierung in der Note vom 14. März dargelegt habe, grundsätzlich vollkommen zu. Die britische Antwort würde also keines-

---

*) Dieses undatierte Schriftstück dürfte, seinem Inhalt nach zu urteilen, Ende März gefertigt worden sein.
**) Liegt nicht vor.

wegs negativ sein. Sie würde sich im Gegenteil auf einen konstruktiven, praktischen Standpunkt stellen. Herr Chamberlain wünsche mit der Französischen Regierung über die Sache zu sprechen, sobald das neue Kabinett gebildet und zu einem Meinungsaustausch in der Lage sein werde.

Nr. 30

Beschlußentwurf der 6. Sitzung des Obersten Rates vom 28. März 1940

(Uebersetzung des Faksimile Seite 255)

Streng geheim

Der Oberste Rat ist in folgendem übereingekommen:

1. Daß die Französische und Britische Regierung am Montag, den 1. April, der Norwegischen und Schwedischen Regierung eine Note übermitteln, die auf Paragraph 27 des Entwurfs des Aide Memoire beruht, der von der Britischen Regierung vorbereitet worden ist, und zwar:

   a) Die alliierten Regierungen können keinerlei neue Angriffe gegen Finnland, sei es seitens der Sowjetregierung oder der Deutschen Regierung, zulassen. Sollte ein derartiger Angriff doch stattfinden und sollten die Schwedische und Norwegische Regierung sich weigern, die auf Beistand für Finnland gerichteten Anstrengungen der verbündeten Regierungen in entsprechender Weise zu fördern und, mehr noch, sollten diese Regierungen versuchen, eine solche Hilfeleistung zu verhindern, dann würde diese Haltung von den Alliierten als eine Haltung angesehen werden, die ihren Lebensinteressen widerspricht, und eine entsprechende Reaktion hervorrufen.

   b) Jedes exklusive politische Abkommen, das Schweden und Norwegen mit Deutschland abschließen könnte, würde von den alliierten Regierungen als feindliche Handlung angesehen werden, selbst wenn ein solches Abkommen die Verteidigung Finnlands als ausgesprochenes Ziel haben würde. Jedes skandinavische Bündnis, das eine Annahme der deutschen Hilfe in sich schließen würde und die skandinavischen Staaten somit dazu bringe, besondere politische Beziehungen mit Deutschland zu unterhalten, würde von uns als gegen uns selbst gerichtet angesehen werden.

   c) Jeder Versuch der Sowjetregierung, von Norwegen eine Stellung an der atlantischen Küste zu erhalten, widerspräche den Lebensinteressen der Alliierten und würde entsprechende Gegenwirkungen auslösen.

   d) Die alliierten Regierungen müssen entsprechende Maßnahmen ergreifen, um ihre Interessen zu sichern, falls die Schwedische und Norwegische Regierung die Handelslieferungen und die Handelstonnage verweigern, zurückziehen oder beschränken sollten, die die alliierten Regierungen für die Kriegsführung für unbedingt notwendig erachten und die die skandinavischen Regierungen uns zu angemessenen Bedingungen liefern können.

   e) Unter Berücksichtigung der Tatsache endlich, daß die Alliierten den Krieg für Ziele führen, die die Kleinstaaten in dem gleichen Maße wie sie selbst angehen, können die Alliierten nicht zulassen, daß die Weiterentwicklung des Krieges Gefahr läuft, durch die Vorteile geändert zu werden, die Schweden und Norwegen Deutschland gewähren. Infolgedessen erklären sie, daß sie sich das Recht vorbehalten, ihnen nützlich erscheinende

Maßnahmen zu ergreifen, um Deutschland daran zu hindern, in Schweden und Norwegen Hilfsquellen und Kriegsmittel zu erhalten, aus denen es in der weiteren Kriegsführung Vorteile zum Schaden der Alliierten ziehen könnte.

2. Auf diese Note soll am 5. April die Minenlegung in die norwegischen Hoheitsgewässer und das Vorgehen gegen die deutsche Schiffahrt folgen, die so aus den Hoheitsgewässern vertrieben wird.

3. Unter dem Vorbehalt des Einverständnisses des französischen Kriegsausschusses soll die Operation „Royal Marine" am 4. April und die Luftaktion am 15. April beginnen.

4. Es sollen von dem französischen und britischen Generalstab sofort Pläne ausgearbeitet werden, um den deutschen Schiffsverkehr, von Luléa aus herkommend, abzuriegeln, sobald der Bottnische Meerbusen für die Schiffahrt geöffnet sein wird.

5. Man soll die möglich erscheinenden Maßnahmen ergreifen, um die Petroleumlieferungen Rumäniens an Deutschland zu verringern.

6. Eine Untersuchung soll sofort von britischen und französischen Fachleuten eingeleitet werden, um den Plan der Bombardierung des russischen Petroleumbeckens im Kaukasus zu überprüfen. Man soll vor allen Dingen untersuchen:

a) die Möglichkeit, durch diese Operation wirksame Ergebnisse zu erzielen.

b) Die wahrscheinlichen Rückwirkungen der Operation auf Sowjet-Rußland.

c) Die wahrscheinliche Haltung der Türkei.

7. Genaue Pläne sollen von dem britischen und französischen Generalstab festgelegt werden, und man soll von jetzt ab alle vorbereitenden Maßnahmen, die im voraus nur möglich sind, treffen (z. B. Entsendung von Bomben in den Nahen Osten), so daß die Operation unverzüglich losgehen kann, wenn die Entscheidung darüber gefällt ist.

Nr. 31

Aufzeichnung des Oberbefehlshabers des französischen Heeres General Gamelin

(Uebersetzung des Faksimile Seite 258)

114/i

Den 30. März 1940

Geheim

Aufzeichnung
über das Kommando auf dem Balkan und im Mittleren Orient.

1. **Landstreitkräfte**: In seiner an den Ministerpräsidenten gerichteten Aufzeichnung Nr. 290 Cab./DN vom 6. März kam General Gamelin zu folgenden Schlußfolgerungen:

   a) das französische Kommando würde gegebenenfalls mit der Leitung der Operationen bei Saloniki betraut;

   b) die Operationen durch Iran und in Afghanistan würden vom britischen Oberkommando geleitet werden;

   c) außer in Fragen der Seekriegsführung würden wir nicht danach streben, uns in das türkische Oberkommando einzuschalten, soweit die Verteidigung der Türkei in Frage steht.

   Diese Schlußfolgerungen betrafen lediglich die Landkriegsführung.

2. **Seekriegsführung**: Der Standpunkt der Admiralität im Falle von Seekriegsoperationen im Schwarzen Meer ist in der Aufzeichnung der Admiralität Nr. 765 F./3 vom 24. März niedergelegt[1]). Die gegenwärtigen Vereinbarungen der Alliierten haben das Schwarze Meer noch niemandem zugeteilt. Diese Vereinbarungen teilen das östliche Mittelmeer der britischen Admiralität zu. Da diese Vereinbarungen jedoch gegen Italien gerichtet sind, so bedürfen sie, falls die ins Auge gefaßte Möglichkeit eintritt, der Revision. Die Frage des interalliierten Oberkommandos im Schwarzen Meer wäre noch zu prüfen.

3. **Luftkriegsführung**: Für den Fall, daß es zu Operationen in Transkaukasien käme und als Ausgangspunkte die französisch-britischen Stationen der Levante dienen würden, ist die Frage des Oberkommandos noch nicht aufgeworfen worden.

   Man kann in diesem Falle zunächst annehmen, daß dieses Oberkommando den Franzosen oder den Engländern zu übertragen wäre, je nach der Bedeutung der von dem einen oder dem anderen Alliierten eingesetzten Luftstreitkräfte.

---

[1]) Diese Aufzeichnung ist am 26. März an das Ministerium für Landesverteidigung gerichtet worden.

Nr. 32

Der Französische Botschafter in Ankara Massigli an das Französische Außenministerium

Telegramm

(Uebersetzung des Faksimile Seite 260)

Strenggeheim
Nr. 680　　　　　　　　　　　　　　　　　　Ankara, den 1. April 1940

Der Britische Botschafter ist am 26. März vom Foreign Office gebeten worden, seinen Eindruck von der wahrscheinlichen Haltung der Türkischen Regierung im Falle eines interalliierten Angriffs auf Baku mitzuteilen.

In Abwesenheit von Sir Hughe Knatchbull-Hugessen, der damals auf Urlaub war, hat der Geschäftsträger am 27. März mit einem Schreiben geantwortet, dessen Inhalt sich folgendermaßen zusammenfassen läßt:

1. Die Türkische Regierung sei in ihrer Haltung so weit gekommen, daß sie die Eventualität eines Defensivkrieges gegen die UdSSR. ins Auge fasse, aber noch nicht so weit, daß sie bereit wäre, mit den Alliierten die Vorbereitung einer Offensive zu erörtern.

2. Die Türkei werde nicht eher einen Kriegsplan gegen die Sowjetunion erörtern, als bis sie sich mit den Alliierten über die Eventualität eines Krieges gegen Italien geeinigt habe.

3. Die Türkei werde nicht vor Ende des Sommers als frühestem Termin imstande sein, in einen Krieg gegen Rußland einzutreten, und auch das nur unter der Bedingung, daß sie von den Alliierten ein Höchstmaß an Beistand erhält.

4. Es sei daher damit zu rechnen, daß die Türkei eine Beteiligung an einer bevorstehenden Offensivaktion der Alliierten gegen Baku ablehnen würde, daß sie sich einer solchen Aktion energisch widersetzen würde, falls dabei türkisches Gebiet benutzt würde, und daß sie sogar die etwaigen Rückwirkungen eines Angriffs fürchten würde, wenn dabei nicht ihr Gebiet benutzt würde.

5. Wenn ihre Vorbereitungen erst einmal abgeschlossen und die Pläne bezüglich Italiens mit den Alliierten vereinbart wären, werde die Türkei sich nicht ungern an einem interalliierten Angriff auf Baku über iranisches Gebiet beteiligen und werde sich nicht lange bitten lassen, das zu tun; es sei jedoch nötig, die Türkische Regierung zu befragen und ihre Einwilligung einzuholen, bevor ein Angriff unternommen würde, der mit einer Ueberfliegung der Türkei verbunden wäre.

Euer Exzellenz können daraus ersehen, daß die britischen Ansichten weitgehend mit denen übereinstimmen, die ich in meinem Telegramm Nr. 661 *) dargelegt habe.

Mein Militärattaché hält die in Ziffer 3 enthaltene Ansicht über den Zeitpunkt, an dem die Türkei zu einem Feldzug bereit sein würde, für zu pessimistisch.

---

*) Vergl. Nr. 28.

Im übrigen halte ich im Gegensatz zu der Ansicht meines Kollegen aus den Gründen, die ich in meinen Berichten dargelegt habe, an der Auffassung fest, daß es ein taktischer Fehler wäre, die ausdrückliche Einwilligung der Regierung von Ankara für eine Operation einzuholen, die nur mit dem Ueberfliegen eines geringen Teiles ihres Gebietes verbunden wäre. Es dürfte genügen, sie halbamtlich davon zu benachrichtigen.

Massigli

Nr. 33

Der Militärattaché an der Französischen Botschaft in London General Lelong an den Oberbefehlshaber des französischen Heeres General Gamelin

Telegramm

(Uebersetzung des Faksimile Seite 262)

Geheim

London, den 2. April 1940, 19.12 Uhr

A) Die Engländer stellen General Audet 3 Plätze auf einem Kreuzer und 10 Plätze auf einem Transportschiff zur Verfügung.
Der erste Transport wird am Tage J. 1 abfahren, das ist grundsätzlich am 6. April.

B) Der Rest des Vortrupps kann auf dem zweiten englischen Transportschiff Platz finden, das grundsätzlich am 12. April abfahren soll.

C) Es wird gebeten, sofort die französische Truppenstärke, die Marine eingeschlossen, mitzuteilen, die für die beiden britischen Geleitzüge vorgesehen ist.

D) Der General Mackesy bittet, daß der General Audet Paris nicht eher verläßt, als bis der Stichtag J. 1 mitgeteilt wird; ein Verbindungsoffizier des Generals Audet wird indessen schon jetzt in London erwartet.

E) Es wird angenommen, daß die Zusammensetzung der ersten französischen Abteilung mit der im März vorgesehenen übereinstimmt.

Telegramm Nr. 359.

Nr. 34

Niederschrift über Besprechungen im Großen Hauptquartier der Luftwaffe am 5. April 1940

(Uebersetzung des Faksimile Seite 263)

Streng geheim

Der französisch-britische Luftangriff auf das Kaukasus-Petroleum richtet sich ausschließlich gegen die Raffinerien und die Hafenanlagen von Batum — Poti — Grozny — Baku.

Es kann damit gerechnet werden, daß innerhalb der ersten 6 Tage 30 bis 35 vom Hundert der Kaukasus-Raffinerien und der Hafenanlagen zerstört sein werden.

Das verwendete Flugzeugmaterial umfaßt 90 bis 100 Flugzeuge, die aus 6 französischen Fliegergruppen und 3 britischen Geschwadern zusammengestellt werden. Die französischen Gruppen werden so ausgestattet, d a ß s i e B a k u a n d e n v o r g e s e h e n e n D a t e n a n g r e i f e n k ö n n e n. Sie setzen sich aus zwei Gruppen Farman 221 und 4 Gruppen Gleen Martin, die mit Ersatztanks ausgerüstet sind, zusammen. Sie können bei jedem Feindflug insgesamt 70 Tonnen Bomben auf etwa 100 erkundete Raffinerien abwerfen.

Feindliche Gegenwirkung und die vermutliche Anwesenheit deutscher Jagdflieger werden die W i r k s a m k e i t dieser Operation in erheblichem Maße vermindern.

Verladeanlagen. — Man kann annehmen, daß die Zerstörung der Häfen und Bahnhöfe von Batum und Poti unter den gleichen Bedingungen wie im Fall der Raffinerien durchgeführt werden könnte.

Mit der Vernichtung dieser Anlagen würde Rußland Verladeanlagen verlieren, durch die 25 % der Erdölprodukte des Kaukasus gleich 20 % der russischen Gesamtproduktion laufen.

Es muß bemerkt werden, daß es Rußland vielleicht möglich wäre, die Erzeugnisse auf dem Wege über Odessa zu verladen.

Zusammenfassende Aufstellung

Mittel	Dauer d. Aktion	Anzugreifendes Gebiet	Art der Ziele	Ergebnisse gegenüber UdSSR	
6 Gruppen Gleen-Martin	15 Tage	Baku-Grozny Batum-Poti	z. Zt. unangreifbar Produktion (Raffinerien)	Verlust von 10 % der Raffinerieerzeugnisse des Kaukasus	Ersetzbar durch andere Raffinerien
			Verladeanlagen (Hafenanlagen und Bahnhöfe)	Verlust von Verladeanlagen für 25 % der Erdölerzeugnisse des Kaukasus gleich 20 % der Erdölerzeugnisse der UdSSR	Diese 25 % könnten vielleicht den Weg über Odessa nehmen.

Anhang.

1. Die britische Luftwaffe.

Die Briten glauben, daß sie mit 6 „Wellington"-Geschwadern die Raffinerien von Baku und Grozny zerstören können.

Sie sind der Ansicht, daß die Bohrlöcher, die Behälteranlagen und die elektrischen Kraftwerke kein lohnendes Bombenziel abgeben, da die verwundbaren Punkte zu weit verstreut sind.

Diese Aktion würde 90 % der Raffinerie-Erzeugnisse des Kaukasus vernichten.

Die Rohölerzeugung bliebe intakt.

2. Es muß bemerkt werden, daß eine Aktion gegen die Verladeanlagen des Hafens von Batum im Schwarzen Meer durch See-Luftstreitkräfte durchgeführt werden kann, unabhängig von jeder anderen Aktion gegen das Oelvorkommen im Kaukasus.

Auf diese Weise würde ein Erdölstrom ausgeschaltet werden, der z. Zt. 20 % des russischen Erdöls ausmacht und vermutlich das für die Ausfuhr bestimmte Erdöl darstellt.

Nr. 35

Schriftstücke betreffend die Sitzung des französischen Kriegsausschusses vom 9. April 1940

(Uebersetzung des Faksimile Seite 265)

Strenggeheim

a) Niederschrift über die Sitzung

Der Kriegsausschuß ist am 9. April im Elysée unter dem Vorsitz des Präsidenten der Republik Albert Lebrun zusammengetreten.

Zugegen waren:

    Paul Reynaud, Ministerpräsident, Minister des Aeußeren
    Edouard Daladier, Landesverteidigungs- und Kriegsminister
    Campinchi, Minister der Kriegsmarine
    Laurent-Eynac, Luftfahrtminister
    Mandel, Kolonialminister
    General Gamelin
    General Vuillemin
    General Georges.

Der Ministerpräsident gab die letzten Informationen über die Lage. Er ist der Ansicht, daß im Raume von Narvik sofort gehandelt werden müßte, da das Eisenerz für den Ausgang des Krieges kapitale Bedeutung habe. Er verlangt die Beschleunigung der Entsendung der Divison Audet nach Brest und die sofortige Einschiffung der Waffen. Er macht den Ausschuß darauf aufmerksam, daß nunmehr ein Wettlauf zwischen Deutschland und den Alliierten eingesetzt habe.

Admiral Darlan beantragt:

1. in Belgien einzurücken,
2. Flußtreibminen einzusetzen,
3. örtliche Angriffe auf der Nordost-Front durchzuführen.

Der Ministerpräsident ersucht General Gamelin um eine Aeußerung zu diesem Antrag.

General Gamelin erklärt sich für das Einrücken in Belgien.

Der Ministerpräsident macht den General darauf aufmerksam, daß der Feind mit seiner Luftwaffe und seinen Effektiven eine doppelte Ueberlegenheit über uns besitze. General Gamelin verbleibt ausdrücklich bei seiner zustimmenden Antwort und General Georges schließt sich ihr an.

Der Landesverteidigungs- und Kriegsminister gibt ein Gutachten ab, das sich völlig für die Operation ausspricht.

Es ergeht folgender einstimmiger Beschluß:

1. Die Regierung wird versuchen, die Zustimmung der Belgischen Regierung für die Operation in Belgien zu erlangen;

2. Wird die Zustimmung erlangt, so findet die Operation statt;

3. Wird die Operation durchgeführt, so werden Flußminen verwendet werden.

4. Die Regierung wird der Norwegischen Regierung mitteilen, daß sie auf die Unterstützung Frankreichs zählen kann;

5. Der Ministerpräsident, der Landesverteidigungs- und Kriegsminister und Admiral Darlan werden sich heute nachmittag nach London begeben.

b) Schreiben des Generals Gamelin an den Landesverteidigungs- und Kriegsminister Daladier nebst Anlage

Strenggeheim

100 372 Cab. D. N.
Den 9. April 1940

Ueber die Sitzung von heute vormittag, eine Sitzung des Kriegsausschusses, konnte kein vollständiges Protokoll aufgenommen werden, da kein Vertreter des Sekretariats des Obersten Rats für die Landesverteidigung dabei anwesend war.

Angesichts der Bedeutung der gefaßten Beschlüsse erscheint es mir immerhin nötig, eine Niederschrift darüber aufzunehmen.

Ich übersende Ihnen anbei den Entwurf zu einem Protokoll, worin sie kurz dargelegt sind; wenn Sie es für richtig halten, könnte er dem Ministerpräsidenten vorgelegt werden.

Ich lege übrigens Wert darauf, hinzuzufügen — wozu ich heute vormittag nicht mehr die Zeit hatte —, daß es mir wichtig erscheint, die Frage unseres Einmarsches in holländisches und luxemburgisches Gebiet nicht gleich zu Beginn aufzuwerfen, und zwar:

erstens haben wir, besonders um der Geheimhaltung willen, kein Interesse daran, diese beiden Fragen schon im voraus anzuschneiden;

zweitens ist der Einmarsch in Belgien die beste Vorbereitung unseres Einmarsches in Holland, dessen ersten Schritt er bildet;

und endlich hat das luxemburgische Staatsgebiet, abgesehen von der Deckung für das Industriegebiet von Longwy, für die allgemeine Kriegführung nur eine zweitrangige Bedeutung, während es zu Anfang unseren Einmarsch in Belgien deckt.

Wohlverstanden müssen wir bereit sein, diese beiden anderen Probleme sodann unverzüglich zu behandeln.

Gamelin

Entwurf

PROTOKOLL DER SITZUNG DES KRIEGSAUSSCHUSSES VOM 9. APRIL 1940

Streng vertraulich

Nach einer kurzen Prüfung der allgemeinen Lage, die sich aus dem deutschen Angriff auf Dänemark und Norwegen ergibt, ist folgendes beschlossen worden:

I. Der Oberbefehlshaber der Seestreitkräfte hat für die Gesamtheit der französischen Streitkräfte so lange die Leitung der Operationen, bis die Landstreitkräfte gelandet sind und der Befehl zu Lande in der mit den Engländern vereinbarten Weise auf die Befehlshaber zu Lande übergeht.

Das Wichtigste für die allgemeine Kriegführung ist, sobald wie möglich den Hafen von Narvik zu besetzen und die Bergwerke von Gallivare in die Hand zu bekommen. Der Flottenchef wird sich bemühen, die Operationen in diesem Sinne zu beschleunigen, indem er bei der britischen Admiralität vorstellig wird.

II. Um die Initiative bei den Operationen wieder in die Hand zu bekommen, muß Frankreich sich bemühen, von Belgien zu erreichen, daß es einsieht, welch großes Interesse es daran hat, daß das Vorrücken unserer Truppen vor dem deutschen Angriff stattfindet.

Der Oberbefehlshaber der Landstreitkräfte und der Oberbefehlshaber der französischen Landstreitkräfte an der Nordostfront haben sich bereit erklärt, die Operation zu unternehmen. Sie haben nachdrücklich betont, daß es nötig sei, die Sache geheim zu halten, damit man der deutschen Reaktion zuvorkommen könne, besonders auf dem Gebiet der Luftstreitkräfte.

III. Was die Frage der „Flußminen" angeht, so ist Einverständnis darüber erzielt worden, daß sie nur noch eine Nebenfrage sei, und daß es dem Chef des Großen Generalstabes der Landesverteidigung und Oberbefehlshaber der Landstreitkräfte freistehe, diese Maßnahme im gegebenen Augenblick im Rahmen der allgemeinen Operationen zu treffen.

An der Sitzung haben teilgenommen:

Der Herr Präsident der Republik,

der Herr Ministerpräsident und Minister des Aeußeren,

der Herr Landesverteidigungs- und Kriegsminister,

die Herren Minister für die Marine, die Luftfahrt und die Kolonien,

der Oberbefehlshaber, Chef des Großen Generalstabes der Landesverteidigung und Oberbefehlshaber der Landstreitkräfte,

der Admiral der Flotte und Oberbefehlshaber der französischen Seestreitkräfte,

der Oberbefehlshaber der Luftwaffe,

der Oberbefehlshaber der französischen Streitkräfte an der Nordostfront.

Nr. 36

Vorlage einer Meldung der Agentur „Havas" durch den Französischen Generalstab

(Uebersetzung des Faksimile Seite 272)

Der Oberkommandierende der Landstreitkräfte
Großes Hauptquartier
Generalstab
2. Büro
2402/2 FT

Handschriftlicher Vermerk:
General Gamelin

Den 10. April 1940

Geheim

Sonderbericht

(Ueberprüfte Havasmeldung vom 9. April)

Nach Informationen des DNB besitzt das Auswärtige Amt des Deutschen Reichs genaue Angaben über einen vom britischen Secret Service ausgeführten Sabotageversuch von großem Ausmaße.

Diese Aktion sollte mit britischer Militärhilfe auf der Donau durchgeführt werden.

Am 5. April erfuhr man, daß nachstehende Fahrzeuge auf der Donau zu Berg fuhren: Die Schlepper Britannia, Elizabeth, Danubia Shell, King George, Scotland und Lord Byron in Begleitung britischer Motorboote, ferner ein gecharterter griechischer Frachter, Dionysia, mit 4 Schleppkähnen, und der Schlepper Albion mit 5 Schleppkähnen.

Infolge von Indiskretionen britischer Besatzungsmitglieder sind folgende Einzelheiten bekannt geworden:

An Bord der englischen Fahrzeuge befanden sich in großer Menge: Revolver, Signalpistolen, Handgranaten, Maschinengewehre. Schiffsgeschütze, Wasserbomben, Minen und über 100 besonders ausgebildete britische Soldaten, die als Schiffsleute verkleidet und mit besonderen Pässen versehen waren, 5 britische Offiziere. mehrere Luftwaffenoffiziere, sowie technisches Personal englischer Feuerwerks- und Pionierabteilungen.

Die Ladung war als Transitware angemeldet worden. Der Expeditionschef war einer der Leiter des britischen Secret Service in Rumänien, der als „Vize-Konsul" getarnt war.

Diese militärische, in allen Einzelheiten organisierte Expedition hatte die Aufgabe erhalten, die Donau an einigen Stellen für den Handelsverkehr mit Deutschland unbrauchbar zu machen und auf diese Weise den Handelsverkehr zwischen den südosteuropäischen Staaten und Deutschland zu unterbrechen.

Die rumänischen Sicherheitsbehörden hielten auf Grund der ihnen bekanntgewordenen Nachrichten die verdächtigen Fahrzeuge an und verbrachten sie in den rumänischen Hafen von Giurgiu, wo eine Durchsuchung stattfand.

Auf einem einzigen Fahrzeug wurden mehr als 400 plombierte Kisten gefunden, die als Transitware angemeldet waren, in Wirklichkeit aber große Mengen hoch empfindlicher Sprengstoffe enthielten.

Die Fahrzeuge waren mit Maschinengewehren und Schnellfeuergeschützen ausgestattet und erhielten dadurch den Charakter von zu militärischen Operationen bestimmten Kriegsschiffen.

Aus den an Bord vorgefundenen Befehlen und Weisungen ergibt sich, daß für den Fall, daß die Grenz- oder Militärbehörden eines der Südoststaaten die Sprengung der Donau verhindern sollten, ein Landungsmanöver ausgeführt und die Sabotageaktion von diesem Stützpunkt aus durchgeführt werden sollte.

Einzelne Abschnitte des Donauufers und der Donaustromschnellen sollten gesprengt und die Schleppkähne im Schiffahrtskanal versenkt werden*).

(Ueberprüfte Havasmeldung, deutsche Grenze, 8. April.)

(Unterschrift unleserlich)

---

*) *In den „Diplomatischen Informationen", die das Französische Außenministerium dem Oberbefehlshaber des französischen Heeres regelmäßig zustellte, findet sich in der Ausgabe vom 6. April 1940 zu der gleichen Angelegenheit folgende Mitteilung:*

„Bukarest. — Die von der französischen und der britischen Admiralität geplanten Operationen auf der Donau haben soeben zu einem Zwischenfall geführt. Die englischen Vorbereitungen, die erheblich weiter fortgeschritten waren als die unsern, sahen den Transport umfangreichen Materials und gewisser Mengen von Sprengstoff vor. Die rumänischen Behörden haben diese Ausrüstung an Bord von britischen Schleppkähnen entdeckt. Herr Gafencu hat dem Britischen Geschäftsträger seine Erregung zum Ausdruck gebracht und dabei der Furcht Raum gegeben, die Deutschen könnten Kanonenboote in die rumänischen Gewässer entsenden, und „Rumänien könne ein zweites Polen werden."

Nr. 37

Der Oberbefehlshaber der französischen Kriegsmarine Admiral der Flotte Darlan an den Französischen Landesverteidigungs- und Kriegsminister Daladier

(Uebersetzung des Faksimile Seite 274)

Abschrift Nr. 37 F.M.F.O.   Den 12. April 1940.

Geheim und persönlich

Sehr geehrter Herr Präsident!

In dem Brief vom 11. April 1940, den der Ministerpräsident und Außenminister an Sie gerichtet hat mit der Bitte um Weiterleitung an mich, legt der Ministerpräsident unter Zugrundelegung der Unterredung, die er am 10. April mit Ihnen, dem General und Oberbefehlshaber Gamelin und mit mir selbst gehabt hat, die Beschlüsse dar, die er dem französischen Botschafter in Stockholm zugehen ließ.

Vom rein technischen Gesichtspunkt aus veranlaßt mich die Zusammenfassung dieser Beschlüsse zu folgenden Feststellungen:

1. Die in Norwegen eingeleitete Schlacht, die die „Schlacht des Eisens" genannt wird, ist ganz sicher von entscheidender Bedeutung.

Wir sind es nicht allein, die diese Schlacht führen, welche sich in einem Gebiet abspielt, das dem britischen Oberkommando untersteht und bei der wir ohne die Mithilfe des Hauptanteils der britischen Seestreitkräfte nicht wirksam handeln können: Narvik, der „Hafen des Eisens", liegt 3000 km von Brest, unserem nächsten Flottenstützpunkt, entfernt.

Die Untersuchung, die im Rahmen des Interalliierten Ausschusses im Laufe des Monats März gemacht wurde, hat die Rolle festgelegt, die unseren Seestreitkräften im Falle einer Aktion in Norwegen zukommt. Neben der Aufgabe der Eskortierung französischer Geleitzüge haben wir auf die dringende Bitte der britischen Admiralität hin noch die effektive Mitwirkung eines Kreuzers, ferner von 6 Torpedojägern, 3 Torpedoschiffen und zahlreichen U-Booten übernommen, von denen die meisten ab 10. April auf See waren und mit der Homefleet gemeinsam operierten. Auf die Bitte der Britischen Admiralität hin bin ich bereit, in die Nordsee unsere stärkste Hochseestreitmacht zu entsenden: dies geschieht übrigens nicht ohne Bedenken zu einer Zeit, wo beunruhigende italienische Kundgebungen im Adriagebiet vor sich gehen und kriegerische Gerüchte aus Spanien zu unseren Ohren kommen.

Wir können also nicht für die geplante Operation die englische Flotte und ihre Stützpunkte entbehren und infolgedessen können wir nicht den Anspruch erheben, allein die Leitung und das Kommando zur See bei dieser Operation sicherzustellen.

2. Ich habe nicht den Eindruck, daß unser Kommando durch die „deutsche Antwort" überrascht worden ist, und zweifellos muß man in diesem Zusammenhang daran erinnern, daß das deutsche Kommando in Anbetracht der mangeln-

den Diskretion bezüglich der in den interalliierten Zusammenkünften besprochenen Projekte unseren Beschluß kennen mußte. Seine Vorbereitungen hatten seit langem begonnen und seine Kriegsschiffe waren sogar schon auf See, bevor die geplante Minenlegung durchgeführt war.

Die deutsche Antwort wurde von uns bereits seit dem Beschluß vorausgesehen, der am 28 März im Interalliierten Ausschuß gefaßt wurde: Bereits am 30. März wies ich Sie auf diese Möglichkeit hin und schlug Ihnen vor, darauf durch eine schnellstmögliche Zusammenfassung der für ein Expeditionskorps notwendigen Mittel zu antworten.

Am 2. April bat ich Oberbefehlshaber Gamelin, mir die Bedeutung der durchzuführenden Transporte und die einzuhaltenden Fristen auseinanderzusetzen; und als mir die neue Zusammensetzung des Expeditionskorps am 5. April morgens bekannt wurde, wies ich darauf hin, daß es zur Einhaltung der vorgesehenen Daten unbedingt erforderlich wäre, an dem gleichen Tage, 5. April, die notwendigen Schiffe (einen Postdampfer, drei Frachtschiffe) zu requirieren.

Der Oberbefehlshaber Gamelin, der am 5. April um 18.45 Uhr davon in Kenntnis gesetzt wurde, daß die norwegische Operation zur Durchführung kommt, gab mir darüber sofort Nachricht, und ich erteilte unverzüglich den Befehl zur Requisition.

Am 5. April abends setzt uns das britische Oberkommando als Chef der Expedition davon in Kenntnis, daß der erste englische Geleitzug nicht vor dem 8. April auslaufen könnte, was im Rahmen des aufgestellten Zeitenplanes bewirkt, daß die erste französische Abteilung den Einschiffungshafen am 16. April verläßt. Man kann tatsächlich vor einem Hafen keine Transporte sich ansammeln lassen, die dort ihre Passagiere nicht landen lassen können: Da der gewählte Hafen nicht zugleich mehr als 6 Schiffe fassen kann, ohne verstopft zu werden, hatte das britische Kommando zum Zwecke des guten Verlaufes der Operation empfohlen, **daß wir nicht vor dem 26. April landen sollen**.

Gewiß waren am 8. April „unser Expeditionskorps und die Schiffe, die es transportieren, hier und da verstreut und entfernt, statt sich am Einschiffungshafen oder in dessen Nähe konzentriert aufzuhalten."

Wir können uns nicht gestatten, die Kriegs- und Handelsschiffe wochenlang in einem Hafen festzuhalten: Das verbietet uns die Versorgung unseres Landes mit wichtigen Rohstoffen. Diese Frage wurde übrigens am 15. März anläßlich der Entsendung derjenigen Seeinheiten gestellt, die für die erste Finnlandexpedition vorgesehen waren. Die französische Admiralität hatte darauf hingewiesen, daß sie zwei Wochen zu Umgruppierung der notwendigen Einheiten benötigte: Am 18. März war der Beschluß vom Ministerpräsidenten gefaßt worden, die requirierten Schiffe freizugeben.

3. Die vom Ministerpräsidenten ausgesprochenen Wünsche hinsichtlich des Einschiffungstermins für die erste französische Staffel sind bereits verwirklicht: Heute, am 12., wird die erste Staffel von Brest abfahren und die 12 000 Mann der zweiten Staffel werden sich zu den im Operationsplan vorgesehenen Fristen einschiffen.

Jedoch, „mögen nun die Methoden der Aktion auch noch so waghalsig sein", so muß man mit 27 Schiffen zur Beförderung einer Division rechnen. Ich sehe keinen Weg, um plötzlich 81 Schiffe auf einmal zusammen zu bringen, die geeignet wären, 3 Divisionen auf norwegischen Boden herüber zu bringen. Die Untersuchung dieser Lage, die am 10. April 1940 während einer Besprechung in dem Büro des Ministerpräsidenten stattgefunden hatte, führte übrigens zu dem Ergebnis, daß man bei einer Requisition von 20 Schiffen bleiben müsse. Ich fügte hinzu, daß man unter diesen Umständen mit dem Transport einer Division in jedem Monat rechnen müsse.

4. Ich kann dem Ministerpräsidenten für sein Vertrauen nur danken, das er meinem vollen Bewußtsein über die ungeheure Verantwortung zu schenken geruht, die auf dem Admiral der Flotte lastet: Die wirksame Aktion unserer Seestreitkräfte seit 7 Kriegsmonaten habe genügt, um diese Verantwortungen auch ohne große Ueberlegung zu ermessen. Da ich weiß, über welche Mittel ich verfüge, und da ich die Grenzen der Mittel kenne, die ich verlangen kann, kann ich übersehen, welches unsere Möglichkeiten sind, und mit allergrößter Energie unsere Seestreitkräfte für eine bestimmte Operation einsetzen. Dies ist auch bis jetzt geschehen, und zwar besonders für die norwegische Operation, deren Entwicklung ich seit 12 Tagen ständig weiter verfolge.

F. Darlan

Nr. 38

Der Oberbefehlshaber der französischen Streitkräfte im Ostmittelmeergebiet General Weygand an den Oberbefehlshaber des französischen Heeres General Gamelin und den Oberbefehlshaber der französischen Luftwaffe General Vuillemin

(Uebersetzung des Faksimile Seite 278)

Nr. 538/35 Befehlsstelle 601, den 17. April 1940

Die Vorbereitungen für die Bombardierung der Oelfelder des Kaukasus sind so weit fortgeschritten, daß sich die Frist, innerhalb deren diese Operation durchgeführt werden kann, abschätzen läßt.

P o l i t i s c h e V o r a u s s e t z u n g e n : Die Einhaltung einer Frist ist hier nicht geboten. Die Unternehmung braucht nicht zum Gegenstand einer Vereinbarung mit den Türken gemacht zu werden, deren Abschluß sich im übrigen als unmöglich erwiesen hat. Der Französische Botschafter in der Türkei hat der Regierung über diese Frage genau berichtet.*) Gegenwärtig kann von einer Genehmigung für die Ueberfliegung türkischen Staatsgebiets nicht die Rede sein, noch weniger von der Bereitstellung von Flugplätzen, die als Sprungbrett dienen könnten. Auch sonstige Hilfe ist nicht zu erwarten. Der Materialtransport für den gesamten Bedarf geht über die Eisenbahn Aleppo—Nissibine. Eine vorherige Demarche für die Benützung dieser Strecke, soweit sie türkisches Staatsgebiet berührt, ist nicht erforderlich, da unsere früheren Vereinbarungen uns in dieser Beziehung jede Freiheit lassen.

Bei der Schätzung der Fristen sind zu berücksichtigen:

a) die Herrichtung der Flugplätze: in dieser Jahreszeit ist nur geringe Arbeit erforderlich; ihre Dauer wird auf 14 Tage geschätzt;

b) Arbeiten auf der Eisenbahnstrecke und zur Auffüllung der Depots (Weichen, Schienen, Drahtleitungen); Dauer: 14—20 Tage;

c) Transport von Betriebsstoff, Munition, Truppen und Wagenpark nimmt für die französischen Streitkräfte 56 Züge in Anspruch. Dies bedeutet bei Annahme von 4 Zügen in 24 Stunden eine Frist von 14 Tagen. Ebenso lange Zeit ist für die englischen Truppen erforderlich. Insgesamt werden somit 30 Tage benötigt.

Berücksichtigt man, daß a) und b) gleichzeitig ausgeführt werden können, so sind mindestens 45 bis 50 Tage nötig, vorausgesetzt, daß das Eisenbahnmaterial und der britische und französische Nachschub unverzüglich in Marsch gesetzt werden.

Außer diesen Fristen muß auch die Zeit berücksichtigt werden, die für die Instandsetzung und die Anreise der Bombenflugzeuge erforderlich ist.

Bezüglich der französischen Geschwader ist zu bemerken, daß gegenwärtig keines einsatzbereit ist. Aller Wahrscheinlichkeit nach wird die Gruppe der Farman-Nachtbomber, die seit langem in Dienst steht, rasch hier eintreffen

---

*) Vgl. die Nr. 28 und 32.

können. Im Gegensatz hierzu erhält die Gruppe der Bomber, die zur Levante-Luftwaffe gehört, jetzt erst die ersten Flugzeuge des Typs Gleen-Martin; nach den Angaben des Oberkommandos der Luftwaffe selbst sind zweieinhalb bis drei Monate unerläßlich, um die Piloten auszubilden und sie instand zu setzen, an einer Kriegsoperation teilzunehmen, bei der es darauf ankommt, das vorhandene Material im höchsten Grade auszuwerten. Wahrscheinlich befinden sich die übrigen Gruppen des Typs Gleen-Martin, die aus Frankreich oder aus Nordafrika erwartet werden, in ungefähr entsprechendem Zustand.

Der Vize-Luftmarschall und Kommandeur der britischen Luftwaffe im Mittleren Orient war, als er über die von ihm für erforderlich gehaltenen Fristen befragt wurde, um die Antwort sehr verlegen, da er selbst seine Flugzeuge noch nicht erhalten hat.

Es muß bemerkt werden, daß diese Schätzung die technische Vorbereitung des Bombenangriffs unberücksichtigt läßt. Diese Vorbereitung umfaßt die Aufnahme von Luftbildern, die Auswahl der Ziele sowie des geeignetsten Bombenmaterials, schließlich die Herrichtung der Flugzeuge für den besonderen Fall.

Die Vorsicht gebietet daher, die Ausführung der Operation erst für Ende Juni oder Anfang Juli in Aussicht zu nehmen, besonders wenn man an die absolute Notwendigkeit denkt, das Unternehmen erst durchzuführen, wenn alles bereit ist. Nur so kann man entscheidende Ergebnisse mit dem größtmöglichen Machteinsatz und der größten Schnelligkeit erzielen. Die Operation selbst darf nur einige Tage dauern und muß in massierter Bombardierung derjenigen Punkte bestehen, deren Zerstörung durch Spreng- oder Brandbomben als besonders wirksam anzusehen ist.

Die bezeichnete Frist ist übrigens auch für die Türkei nötig, wie Herr Massigli bereits hervorgehoben hat, da die Türkei sich im Laufe dieser Frist in einen Zustand versetzen muß, der ihr erlaubt, jeder feindlichen Gegenwirkung zu trotzen, die infolge der Bombardierung möglicherweise ausgelöst wird.

        Weygand

Nr. 39

Der Französische Botschafter in Ankara Massigli an das Französische Außenministerium

Telegramm

(Uebersetzung des Faksimile Seite 281)

Nr. 796—801　　　　　　　　　　　　　　　　　Ankara, den 25. April 1940, 2.13 Uhr

Vertraulich

Wie ich schon bei meinem Aufenthalt in Paris berichtete, hatte der Präsident der Republik bei meiner Abreise meine Aufmerksamkeit auf die erhebliche Verzögerung gelenkt, die in der Lieferung von Kriegsmaterial eingetreten ist. Der Präsident hatte auf die Notwendigkeit hingewiesen, unter den gegenwärtigen Umständen hier eine rasche Aenderung eintreten zu lassen.

Die genauen Angaben, die mir auf mein Verlangen von unserer hiesigen Militärmission gemacht worden sind, zwingen mich zu der Feststellung, daß die (ein Wort fehlt) des Herrn Inönu begründet sind.

Ich beschränke mich darauf, die wichtigsten Fälle anzugeben.

1. Vom Januar 1940 an sollten monatlich 200 leichte Maschinengewehre mit 2 000 000 Schuß Munition geliefert werden. Am 21. April waren nur 400 leichte Maschinengewehre und 3 500 000 Schuß geliefert worden.

2. Vor Ende April 1940 sollten 350 Panzerabwehrkanonen Kaliber 25 mm geliefert werden. Geliefert wurden nur 190.

3. Vom Januar 1940 an sollten monatlich 50 Minenwerfer Modell (Brandt) 81 geliefert werden. Insgesamt wurden nur 100 geliefert.

4. Es wurden nur 24 Flakmaschinengewehre Kaliber 25 mm statt 40 geliefert.

5. Vor Ende April sollte eine Million Handgranaten geliefert werden. Die tatsächliche Lieferung überschreitet kaum 500 000.

6. 2 Bataillone Kampfwagen Modell R 35 waren vor Ende März versprochen. Nur 1 Bataillon wurde geliefert.

7. 500 leichte Kraftwagen sollten im Laufe des Jahres 1940 geliefert werden. Bisher ist eine Lieferung überhaupt noch nicht erfolgt.

8. Vor Ende April waren 400 000 Gasmasken zu liefern. Die Zahl der wirklich gelieferten Gasmasken beträgt kaum 75 000.

9. Bezüglich des Materials für Nachrichtentruppen — die Lieferung sollte Ende dieses Monats vollzogen sein — sind die Verzögerungen noch bedeutender.

Ich brauche nicht darauf hinzuweisen, welche schwere Folgen sich aus dieser Lage ergeben können, wenn der Krieg auf das Mittelmeer übergreift. Selbst wenn wir von dieser äußersten Möglichkeit ganz absehen und nur berücksichtigen, daß die Mitarbeit der Türkei für uns unerläßlich ist, um auf militärischem wie auf politischem Gebiet den Völkern der Entente einen festeren Zusammenhalt zu geben, dürfen wir nicht aus den Augen verlieren, daß die türkische Haltung in hohem Maße eine Funktion des Vertrauens sein wird, das dieses Land in seine eigene Stärke hat. Ueberdies hat Herr Saracoglou in Belgrad auf seine Kollegen aus dem Balkan starken Eindruck durch seine Behauptung gemacht, daß die Türkei von den Alliierten jede materielle Hilfe erlange, um die sie gebeten hatte. Es wäre sehr bedauerlich, wenn Herr Saracoglou demnächst seinen Kollegen eingestehen müßte, daß das von ihm gezeichnete optimistische Bild nicht der Wirklichkeit entspricht.

Schließlich muß darauf hingewiesen werden, daß der Wert der türkischen Armee um so größer sein wird, wenn dieses Land vor Eintritt in den Krieg über eine längere Zeit verfügt, während deren sich das Heer mit dem neuen Kriegsmaterial vertraut machen kann (zwei Gruppen falsch).

Ich bitte inständigst, daß unverzüglich Anstrengung zur Beseitigung dieses Mißstandes gemacht wird. Dieser Mißstand kann nicht lediglich mit Transportschwierigkeiten erklärt werden. Andererseits (eine Gruppe falsch) die Entwicklung unserer (Fabrikation), (über die) mir der Munitionsminister genaue Angaben gemacht hat, jede Berechtigung.

Massigli

Nr. 40

Französische Aufzeichnung für eine Mitteilung an Winston Churchill*)

(Uebersetzung des Faksimile Seite 287)

(Handschriftlicher Vermerk:) An Churchill

Strenggeheim

Die Norwegen-Expedition ist im wesentlichen deshalb gescheitert, weil niemand das Kommando geführt hat.

Eine Zeit lang hat das „Kriegskabinett", das nach Art eines Aufsichtsrates tagte, Beschlüsse gefaßt, und zwar in einem viel zu langsamen Tempo und ohne das geringste Risiko laufen zu wollen, wie wenn es sich um eine industrielle oder kommerzielle Angelegenheit gehandelt hätte.

Gegenwärtig fällt ein „Ausschuß" die Entscheidungen, der aus Vertretern des War Office, der Admiralität und des Luftfahrtministeriums besteht.

Weder der britische General Massy (von dem einmal die Rede war) noch der französische General Audet erwecken den Anschein, daß sie das Kommando führen.

Wir wissen nicht, was in Narvik vorgeht.

Wir brauchen einen Führer, und zwar einen einzigen, für diese Expedition.

---

*) Diese undatierte Aufzeichnung gehört dem Gegenstande nach in die letzten Tage des April; der in ihr enthaltene Gedanke kehrt in dem Telegramm des Französischen Ministerpräsidenten vom 26. April 1940 (Nr. 42) unter Ziffer 3 wieder.

Nr. 41

Niederschrift über die Sitzung des französischen Kriegsausschusses vom 26. April 1940

(Uebersetzung des Faksimile Seite 288)

Sitzung des Kriegsausschusses
am 26. April 1940
im Palais de l'Elysée um 15 Uhr

Zugegen waren:

Der Präsident der Republik
Der Ministerpräsident und Außenminister
Der Landesverteidigungs- und Kriegsminister
Der Marineminister
Der Luftfahrtminister
Der Kolonialminister
Der Oberbefehlshaber und Chef des Generalstabes der Nationalen Verteidigung
Der Admiral der Flotte und Oberbefehlshaber der französischen Seestreitkräfte
Der Chef des Generalstabes für die Kolonien
Der Oberbefehlshaber im Kriegsschauplatz Nord-Ost
Der Generalsekretär des Obersten Rates für die Nationale Verteidigung

Strenggeheim

Sitzung des Kriegsausschusses am 26. April 1940

Der Ministerpräsident gibt den Zweck der Sitzung bekannt:
Prüfung der Lage in Norwegen.
Es ist den Deutschen gelungen, wichtige Punkte in ihre Hand zu bekommen. Eine Landung für die Alliierten ist schwierig. Die Norweger sind schwer getroffen.
Das Prestige der Alliierten ist gefährdet.
Die Engländer waren indessen seit langem im Bilde, da die Operation am 28. März beschlossen worden ist.
Sie hatten keine Lust dazu, stellt der Landesverteidigungs- und Kriegsminister fest.
Der Ministerpräsident fügt hinzu, daß man einen Großeinsatz bei Drontheim hätte unternehmen müssen. Er fragte General Gamelin nach seiner Ansicht über die Lage
General Gamelin teilt mit, daß die Deutschen die Verbindung zwischen ihren Oslo- und ihren Drontheim-Streitkräften hergestellt haben.

General Lelong hat ihn davon in Kenntnis gesetzt, daß die Engländer die Absicht hätten, ihre für den Angriff auf Drontheim vorgesehenen Truppen wieder einzuschiffen.

General Gamelin legt dar, daß die Lage offensichtlich schwierig ist, insbesondere wegen der Angriffe der deutschen Luftwaffe, daß jedoch die in Namsos (nördlich von Drontheim) gelandeten Truppen erfolgreich Widerstand zu leisten schienen. Es würde übrigens möglich sein, notfalls entlang der Küste, an der die wichtigsten Punkte gehalten werden müßten, eine Verbindungs- und Rückzugslinie zu organisieren.

Er bezeichnet den englischen Wiedereinschiffungsplan als äußerst bedauerlich, und um den Versuch eines Widerspruchs zu unternehmen, bittet er den Ausschuss um die Genehmigung, sich nach London begeben zu dürfen, wohin er bereits den General Mittelhauser geschickt habe, um die Engländer zu überzeugen. Er bittet auch die Regierung, seine Aktion in diesem Sinne zu unterstützen.

Der Ausschuß stimmt zu.

Der Ministerpräsident meint, daß in diesem Gebirgslande der Kampf den Charakter des Guerilakrieges annehmen könne; es sei wichtig, die Straßen abzuschneiden und Widerstandsnester zu bilden.

General Gamelin fährt in seiner Darstellung fort und gibt ein Bild der Lage.

In der Gegend von Namsos hält der Feind die Straße Namsos—Drontheim. Wir haben dort drei Jägerbataillone, zu denen noch eine englische Brigade zu drei Bataillonen hinzukommt — insgesamt 6000 Mann.

Der Hafen ist von der deutschen Luftwaffe sehr stark beschädigt worden: Die Truppe konnte zwar landen, hingegen nicht das schwere Material. Eines der englischen Schiffe, das Flakmaterial transportierte, ist versenkt worden.

Der gegen Drontheim vorgesehene Operationsplan war logisch; es sollten drei konzentrische Angriffe stattfinden, einer von Norden, ein anderer von Süden, der dritte durch die Enge selbst. Es war unmöglich, ihn vollständig durchzuführen: nur der Angriff von Norden, von Namsos her, wurde eingeleitet, jedoch von den Deutschen aufgehalten.

In der Gegend von Narvik ist die Lage unverändert. Die Nachrichten sind spärlich und unsicher.

Es muß festgestellt werden, daß die feindlichen Streitkräfte auf Handelsschiffen transportiert wurden und getarnt waren. Sie sind dem Intelligence Service entgangen.

General Gamelin hat nie verfehlt, auf der Fortführung und Intensivierung der Operationen zu bestehen. Am Morgen des 29. März hatte er den General Ironside darauf aufmerksam gemacht, daß es notwendig sei, alles für eine rasche Besetzung der norwegischen Häfen bereit zu haben. Dasselbe hat er auch Mr. Winston Churchill gelegentlich eines Aufenthaltes in Paris zur Kenntnis gebracht.

Der Ministerpräsident stellt eine Frage nach der Organisation der Führung.

General Gamelin teilt mit, daß General Mittelhauser und General Lelong, die beide besondere Erfahrungen im Gebirgskrieg haben, sich in London befinden.

In Beantwortung einer Frage des Ministerpräsidenten gibt der Flottenadmiral Darlan Einzelheiten über die z. Zt. gelandeten französischen Streitkräfte bekannt: 4000 Mann in Narvik, 4200 Mann in Namsos. In Namsos sind die Landungsoperationen schwierig, da sie nur bei Nacht durchgeführt werden können.

Heute verlassen 4400 Mann Flakartillerie und 1 Flugzeugträger Brest mit Richtung auf die Clyde als vorgesehene Basis.

Er weist den Ausschuß darauf hin, daß ein Angriff auf Drontheim von See aus erfolgen kann.

Der Ministerpräsident fragt, ob nicht Truppentransporte mit zivilen Luftfahrzeugen durchgeführt werden könnten.

General Vuillemin antwortet, daß er einen Offizier zur Prüfung der Frage an Ort und Stelle entsandt habe.

Der Luftfahrtminister fügt hinzu, daß ihm für ein solches Unternehmen nur eine sehr geringe Anzahl von BLOCH 220 zur Verfügung stünden.

Der Landesverteidigungs- und Kriegsminister stellt fest, daß wir die von den Engländern gesetzten Termine unterboten haben, und daß die Clyde von Menschen verstopft sei.

Der Präsident der Republik fragt, wieviel Mann die Engländer z. Zt. in Norwegen haben.

General Gamelin antwortet, daß es 15 000 seien. Sie haben eine Gesamtzahl von 100 000 vorgesehen, während wir unsererseits über 40 000 Mann zu entsenden beabsichtigen. Diese Zahlen stellen ein Maximum dar. Die Briten können schon von der französischen Front, wo sie 5 Divisionen haben, 2 Divisionen herausziehen.

Gegen diese Maßnahme wird von General Georges keine Einwendung erhoben.

Was uns anbelangt, so hängt die Stärke des Expeditionskorps einerseits von den Transportmöglichkeiten und dem Nachschub ab. Hierüber entscheidet die Kriegsmarine, und zwar in erster Linie die britische Kriegsmarine. Andererseits können wir von vornherein die vorgenannte Zahl von 40 000 nicht überschreiten. Der französische Kriegsschauplatz bleibt der Hauptkriegsschauplatz, und bedarf ausreichender Kräfte, nicht nur, um die Front zu halten, sondern auch jeweils die erforderlichen Kräfte in die Schlacht zu werfen. Ferner können wir in Skandinavien Eingeborenentruppen nicht einsetzen, und zwar nicht nur aus moralischen Gründen, sondern wegen des Klimas. Hinsichtlich des Kriegsmaterials ist zu bemerken, daß unsere nicht motorisierten Divisionen für den Einsatz in Skandinavien nicht geeignet sind. Unsere motorisierten Divisionen, deren Zahl gerade für Frankreich ausreicht, können überdies nur in Ländern mit dichtem Straßennetz eingesetzt werden. Die entsandten leichten Divisionen mußten in besonderer Weise ausgerüstet werden. Unsere materiellen Möglichkeiten auf diesem Gebiet sind begrenzt; die britischen Truppen sind in dieser Hinsicht besser ausgerüstet als die unseren. Schließlich ist zu bedenken: wenn es sich darum handelt, nach Belgien einzurücken, um daselbst eine Schlacht sozusagen auf freiem Felde zu schlagen. so sind die französischen Truppen hierzu viel geeigneter als die britischen. Außerdem sind die französischen Truppen die einzigen, die, wenn nötig, zur Verteidigung der Alpenfront befähigt sind.

Aus diesem Grund mussen die Engländer die Hauptanstrengung machen, um so mehr, als die Unternehmung wesentlich auf ihrer Marine und Luftwaffe beruht. Im besten Falle können wir gegenwärtig eine oder zwei leichte Divisionen dazu beisteuern. Schließlich können wir sie moralisch unterstützen, ihnen bei der Leitung helfen, ihnen „die Methode und den Schwung" beibringen.

Zusammenfassend betont der Ministerpräsident die sachliche und moralische Bedeutung der Fortsetzung des Kampfes und der Organisation der Leitung und fügt entsprechend den Feststellungen der vorhergehenden Sitzung des Kriegsausschusses hinzu. daß Drontheim selbst unter Opfern erobert werden müsse.

Der Marineminister schließt sich diesen Ausführungen an.

Auf den Vorschlag des General Gamelin eingehend, regt der Ministerpräsident beim Ausschuß an, General Gamelin nach London zu schicken, um die Aufmerksamkeit des britischen Oberkommandos eindringlich auf folgende Punkte zu lenken:

Beschluß, das Norwegen-Unternehmen fortzusetzen.

Notwendigkeit, die Leitung des Unternehmens zu organisieren.

Vorbereitung des Angriffs auf Drontheim unter Mitwirkung der Seekräfte und der Luftwaffe.

Einstimmige Annahme durch den Ausschuß.

General Gamelin reist sofort nach London ab.

★

Der Kriegsausschuß prüft anschließend die Frage etwaiger Operationen im Raume des Kaukasus und auf dem Balkan.

Bezüglich des zuletzt genannten Kriegsschauplatzes erklärt der Ministerpräsident, daß General Jauneaud im Einverständnis mit General Weygand die Einrichtung von Flugzeugbasen in Rumänien und Griechenland untersucht hat. Die vorbereitende Untersuchung hat einen Voranschlag von 10 Millionen für Rumänien und von 15 Millionen für Griechenland ergeben. General Jauneaud wird die Untersuchung und die Vorarbeiten an Ort und Stelle fortsetzen.

Der Präsident der Republik hob hervor, daß diese Reise vielleicht Aufsehen erregen könnte und daß es vielleicht zweckmäßiger wäre, die beiden Länder durch einen Offizier des Stabes des General Jauneaud aufsuchen zu lassen. Laurent Eynac erklärt, daß die Arbeiten entweder vom Luftattaché oder von einem Offizier des Stabes des Generals in Zivil ausgeführt würden.

Nr. 42

Der Französische Ministerpräsident und Außenminister Reynaud an den Französischen Botschafter in London Corbin
(für den Britischen Premierminister Chamberlain)

Telegramm

(Uebersetzung des Faksimile Seite 296)

Nr. 1443   Paris, den 26. April 1940, 20.30 Uhr

Dringend

Geheim

Bitte übermitteln Sie Herrn Neville Chamberlain dringend folgende Botschaft von Herrn Paul Reynaud:

Mein lieber Premierminister!

Der Kriegsausschuß ist soeben zusammengetreten.

Nach Prüfung der gegenwärtigen Lage in Norwegen haben wir einstimmig folgenden Entschließungen zugestimmt:

1.) Die Räumung des Gebiets von Drontheim würde sowohl moralisch wie materiell sehr ernste Folgen haben. Damit darf man sich nicht abfinden.

Ganz abgesehen von dem Prestigeverlust der Alliierten in den Augen ihrer eigenen öffentlichen Meinung würde die Haltung der Neutralen, der großen sowohl wie der kleinen, durch einen solchen Mißerfolg zweifellos einschneidend beeinflußt werden.

Besonders Schweden könnte dann nicht mehr an die Wirksamkeit und das schnelle Einsetzen eines eventuellen Beistandes der Alliierten glauben. Es würde eine leichte Beute für die Diplomatie des Reichs werden. Es würde dahin kommen, daß Schweden sein Eisenerz gegen uns verteidigte, und dadurch würde sogar Narvik wertlos werden.

Was die Franzosen angeht, so nehmen sie eine solche Räumung nicht vor.

2.) Wir halten die Einnahme von Drontheim nicht für unmöglich, wenn ein Angriff zur See (mit der Artillerie eines alten Kreuzers, der in den Fjord einfährt) und ein massenweiser Einsatz der Luftwaffe miteinander kombiniert werden.

Unserer Ansicht nach bleibt uns nur eine sehr kurze Frist, wenn wir das Unternehmen unter annehmbaren Bedingungen versuchen wollen.

3.) Außerdem nehme ich an, daß Sie mit mir der Ansicht sein werden, daß es nötig ist, die gesamte Verantwortung und sämtliche Befugnisse zur Leitung der Operationen auf dem skandinavischen Kriegsschauplatz in die Hände eines Mannes zu legen. Dieser Mann muß eine Persönlichkeit sein, die fähig ist, zu gegebener Zeit das einheitliche Kommando der alliierten, norwegischen und schwedischen Streitkräfte zu übernehmen.

4.) Unsere Transporte an Mannschaften und Material, Flak, Artillerie und Panzern müssen um ein Vielfaches vermehrt werden.

Wenn die augenblicklichen Landungsmöglichkeiten hinter den Transportmöglichkeiten zurückbleiben, so wären diese Transportmöglichkeiten dazu zu benutzen, um alles, was wir einsetzen können, in Schottland zusammenzuziehen.

Ich bin überzeugt, daß Sie in unserer jetzigen ernsten Lage ebenso wie ich der Ansicht sind, daß wir uns zweierlei immer vor Augen halten müssen:

Man muß nach großen Gesichtspunkten handeln oder überhaupt nicht Krieg führen;

man muß schnell handeln, oder man verliert den Krieg.

Genehmigen Sie, mein lieber Premierminister, die Versicherung meiner freundschaftlichsten Gesinnung.

Paul Reynaud

Bitte teilen Sie den Wortlaut der obigen Botschaft auch General Gamelin mit.

Nr. 43

Der Französische Botschafter in London Corbin
an das Französische Außenministerium

Telegramm

(Uebersetzung des Faksimile Seite 298)

Nr. 517—521 London, den 26. April 1940, 23.00 Uhr

Streng geheim

Unmittelbar nach seinem Aussteigen aus dem Flugzeug ist General Mittelhauser durch den Kommandanten des Generalstabes des Britischen Reiches von den Schlußfolgerungen in Kenntnis gesetzt worden, zu denen das Kriegskabinett heute früh in bezug auf die Expedition nach Drontheim gelangt ist. Angesichts des schnellen Vormarsches der deutschen Streitkräfte im Lauf der beiden letzten Tage (und in) Ermangelung jeglicher Zerstörungen und jedes ernsthaften Widerstandes von seiten der Norweger, angesichts der ständigen (Angriffe) und der gesteigerten Wirkung der deutschen Luftwaffe ist die Britische Regierung der Ansicht, daß die (gegen) Drontheim vorgesehenen Operationen zum sicheren Scheitern verurteilt sind, und daß es besser ist, schon jetzt die Zurückziehung der alliierten Kontingente in Aussicht zu nehmen, die in der Umgegend an Land gesetzt worden sind.

Ich habe den Ständigen Unterstaatssekretär im Foreign Office aufgesucht, um ihm den Besuch des Oberbefehlshabers in London anzukündigen, und habe für den letzteren eine sofortige Unterredung mit dem Premierminister und mit dem Ersten Lord der Admiralität erbeten.

Gleichzeitig habe ich mein Befremden über den plötzlichen Beschluß des Kriegskabinetts ausgesprochen. Ich habe dem Unterstaatssekretär nicht verhehlt, welch verhängnisvollen Eindruck dieser Beschluß in Paris machen würde, und ich habe nachdrücklich auf die unberechenbaren Folgen hingewiesen, die er nach sich ziehen würde, nicht nur in bezug auf Skandinavien, das wir nun als unserem Einfluß entzogen ansehen könnten, sondern auch in bezug auf alle anderen neutralen Staaten, besonders auf dem Balkan, wo alles voller Spannung die Wechselfälle des Kampfes verfolgt, der zwischen den Alliierten und Deutschland im Gange ist. Ich habe hinzugefügt, man dürfe sich keine Illusionen darüber machen, welche Wirkung ein solcher Rückzug, der noch vor der Schlacht beschlossen wird, auf die Haltung Italiens haben würde. Wir riskierten auf diese Weise, im Mittelmeer lahmgelegt und von unseren eventuellen Alliierten abgeschnitten zu werden, außerdem aber weit über Europa hinaus in Mißkredit zu kommen, und zwar in einer Weise, die sogar der Ehre der alliierten Waffen abträglich sein würde. Sir A. Cadogan hat diesen Argumenten nicht widersprochen. (Er hat mir) versichert, das Kriegskabinett habe sich diesen verschiedenen Erwägungen nicht verschlossen; sie hätten aber an seinem Entschluß nichts geändert wegen der praktischen Unmöglichkeit, den deutschen Luftangriffen, die die Landung von Truppen und Material behindern, Widerstand zu leisten. Als ich auf den Versuch zu sprechen kam, nach dem von den alliierten Generalstäben ursprünglich vorgesehenen Plan mit der Flotte den Zugang zum Drontheim-Fjord zu erzwingen, antwortete er, man habe diesen Plan nicht aus den Augen verloren, habe aber schließlich darauf verzichtet, weil es, selbst wenn das Unternehmen gelingen sollte, eine vergebliche Hoffnung wäre, sich in Drontheim halten zu können, (solange) die Deutschen über die Möglichkeiten verfügten, die ihnen der Besitz sämtlicher in Norwegen verfügbaren Landeplätze biete. Die Anzahl der deutschen Kampfflugzeuge, die in Norwegen eingesetzt sind, würde auf über 600 geschätzt, wobei die Transportflugzeuge nicht mitgezählt sind. Außerdem ist es dem Feinde offenbar gelungen, längs des Drontheim-Fjordes Küstenbatterien aufzustellen oder wiederherzustellen, die den Erfolg eines Angriffs zur See ungewiß erscheinen lassen würden.

Sir A. Cadogan hat hinzugefügt, wenn General Gamelin andere Maßnahmen vorschlagen könne, die uns ermöglichten, unserer gegenwärtigen Unterlegenheit abzuhelfen, so würden sie mit größtem Interesse geprüft werden.

Corbin

Nr. 44

Niederschrift über die 9. Sitzung des Obersten Rates, London, den 27. April 1940

Auszug *)

(Uebersetzung des Faksimile Seite 303)

Geheim

Anwesend waren:

von englischer Seite:	von französischer Seite:
Herr Neville Chamberlain	S. E. Herr Reynaud
Lord Halifax	Herr Daladier
Herr Winston Churchill	Herr Campinchi
Sir Samuel Hoare	Herr Laurent Eynac
Herr Oliver Stanley	Herr Corbin
Sir Dudley Pound	General Gamelin
Sir Edmund Ironside	Admiral Darlan
Sir Cyril Newall	General Vuillemin
Sir Alexander Cadogan	General Mittelhauser
Sir Edward Bridges	General Lelong
Oberst Hollis	General Décamp
Hauptmann Berkeley	Kapitän z. See Auphan
	Oberstlt. Villelume
	Oberstlt. Poidenot
	Hauptmann Chollat-Traque
	Erster Kommissar Fatou
	Leutnant de Margerie
	Herr de Charbonnière
	S. E. Graf Raczynski
	S. E Herr Colban

Nachdem Herr Neville Chamberlain die französischen Vertreter willkommen geheißen und daran erinnert hat, daß bei den letzten Beratungen des Obersten Rats am 22. und 23. April eine völlige Uebereinstimmung zwischen den beiden Regierungen in bezug auf die in Norwegen zu treffenden Maßnahmen zutage getreten ist, führt er aus, daß er kurz die Umstände darlegen möchte, die seitdem zu einer völligen Veränderung der Lage geführt hätten und über die Herr Corbin übrigens die Französische Regierung unterrichtet haben werde.

Es sei den Alliierten gelungen, ungefähr 13 000 Mann, darunter die erste Sektion des Alpenjägerkontingents, in Namsos und Andalsnes zu landen, ohne dabei einen einzigen Mann zu verlieren. An der Südfront habe eine Abteilung bis nach Lillehammer vorstoßen und dort den Norwegern die Hand reichen können. An der Nordfront hätten die britischen Kontingente Steinkjer erreicht. Diese Truppenbewegungen seien ausgeführt worden, ohne daß man dabei auf feindlichen Widerstand gestoßen wäre.

---

*) *Von diesem umfangreichen Schriftstück sind nur die auf Skandinavien bezüglichen Seiten wiedergegeben.*

In den Plänen, die ausgearbeitet worden seien, sei die regelmäßige Verstärkung dieser beiden Gruppen vorgesehen, und man hoffe, bei Drontheim ein Einschließungsmanöver ausführen, die Stadt zwischen den beiden Armeen in die Zange nehmen und sich schließlich ihrer bemächtigen zu können.

Vor seiner Abreise nach Paris am vergangenen Montag habe der Premierminister erfahren, daß am Sonnabend zuvor ein Luftangriff auf Namsos stattgefunden habe und daß die Stadt und die Kopfstation der Eisenbahn zerstört worden seien. Diese Nachrichten hätten die Britische Regierung mit großer Besorgnis erfüllt, aber sie habe noch im Lauf desselben Tages zwei andere Mitteilungen erhalten, die entschieden ermutigender gewesen seien. Die erste sei ein von den britischen Behörden aufgefangener Hilferuf des deutschen Befehlshabers in Drontheim gewesen; die zweite habe angekündigt, daß der Transporter „Ville d'Alger" vor Namsos eingetroffen sei und die an Bord befindlichen Truppen habe landen können. Die Britische Regierung habe daraus geschlossen, daß der erste Bericht über die Bombardierung vom Sonnabend wahrscheinlich übertrieben gewesen sei.

Augenblicklich sei die Lage also wohl folgende: In Namsos sei ein gewisser Rückschlag eingetreten. Andalsnes dagegen sei nicht schwer bombardiert worden. Mit andern Worten, im Norden von Drontheim sei unser Vormarsch zu einem gewissen Stillstand gekommen, aber im Süden schiene die Lage sich befriedigend zu entwickeln.

Herr Neville Chamberlain und seine Kollegen hätten immer auf dem Standpunkt gestanden, daß das Unternehmen in Norwegen voller Risiken und Gefahren sei. Sie hätten niemals geglaubt, daß ein Erfolg sicher sei. In der letzten Sitzung des Obersten Rats hätte Herr Chamberlain selbst darauf hingewiesen, daß die Alliierten nicht hoffen könnten, ihre Truppen in Norwegen in ebenso schnellem Tempo zu verstärken wie die Deutschen. Der Erste Lord der Admiralität habe seinerseits ernste Warnungen in bezug auf die Zukunft der Expedition ausgesprochen und erklärt, man dürfe sich nicht verhehlen, daß die Operation außerordentlich gewagt sei.

Nichtsdestoweniger sei man augenblicklich in London keineswegs ernstlich beunruhigt. Man bereite sich darauf vor, die Pläne durchzuführen, die eine Landung neuer Kontingente und die Entsendung von Material, besonders von Flakbatterien, vorsähen. Ein Unglücksfall sei allerdings eingetreten: die Torpedierung eines Schiffes, das Transportmaterial und für Andalsnes bestimmte Bofors-Geschütze beförderte; aber man sei immer darauf gefaßt gewesen, daß hier und da ein Verlust eintreten würde, und man sei von diesem Zwischenfall deshalb nicht übermäßig beeindruckt gewesen.

Leider habe die Lage sich sehr schnell verschlechtert. Am gleichen Abend habe man in London erfahren, daß die Truppen des Generals Carton de Wiart auf deutsche Streitkräfte gestoßen seien und sich unter erheblichen Verlusten hätten zurückziehen müssen. Aus dem Bericht gehe hervor, daß die Engländer allein vorgegangen seien und mit den ebenfalls in Namsos gelandeten französischen Kontingenten nicht Verbindung gehalten hätten. Aus späteren Berichten hätte sich ergeben, daß die Engländer unmittelbar nach der Landung vorgerückt wären, während die Franzosen wegen des Bombardements vom 20., das einen Teil ihres Materials und ihrer Munitionsvorräte zerstört habe, nicht in der Lage gewesen seien, wieder zu ihnen zu stoßen.

Dann sei die Nachricht von wiederholten Luftangriffen an der Südfront; dann die noch beunruhigendere Nachricht, wonach die Brigade, die bis nach Lillehammer vorgestoßen war, sich vor stark bewaffneten deutschen Kräften, die besonders reichlich mit Artillerie und Tanks ausgestattet gewesen seien, habe zurückziehen müssen. Schließlich erfahre man noch, daß längs der östlichen Eisenbahnlinie, die Oslo mit Drontheim verbindet, bedeutende deutsche Streitkräfte vorrückten. Es war ihnen auf dieser Strecke gelungen, in 48 Stunden 70 Kilometer zurückzulegen.

Sämtliche aus London eingegangenen Berichte hätten die zerstörende Wirkung der Luftangriffe, die die Deutschen beständig unternehmen, und den ungeheuren Vorteil betont, den die Luftüberlegenheit den Deutschen sicherte. Diese Ueberlegenheit sei deshalb vorhanden gewesen, weil es für die Engländer unmöglich war, ihre Jagdflugzeuge nach Norwegen zu bringen. Sie hätten nämlich nicht über Landeplätze verfügt, wo sie sich hätten mit Treibstoff versorgen können. Alles, was die königlich britische Luftwaffe habe tun können, sei gewesen, daß sie allnächtlich mit beträchtlichen Kräften die Flughäfen in Stavanger, Oslo oder Aalborg bombardiert hätte, welch letzteres bekanntlich der Ausgangspunkt der deutschen Truppentransportflugzeuge gewesen sei.

Diese Angriffe seien nicht ohne Erfolg geblieben. Die Flughäfen seien erheblich beschädigt und zahlreiche feindliche Flugzeuge seien zerstört worden. Aber man müsse sich darüber klar sein, daß die Anzahl der Bombenflugzeuge, die die Deutschen in Norwegen einsetzen, kaum ein Zehntel ihrer Gesamtstärke ausmachten, während neun Zehntel ruhig in Deutschland blieben. Die britische Luftwaffe dagegen müsse fast die Gesamtheit ihrer Streitkräfte einsetzen und erleide täglich Verluste, die, wenn sie auch für jede einzelne Operation ziemlich gering seien, schließlich doch, wenn man sie addiere, eine Gesamtsumme ausmachte, die anfinge besorgniserregend zu werden.

Mit anderen Worten: es sei von Tag zu Tag klarer geworden, daß Operationen, die im vorigen Kriege verhältnismäßig einfach waren, heute auf fast unüberwindliche Schwierigkeiten stießen, und zwar nicht so sehr wegen der Luftangriffe auf die Truppen selbst, als auf ihre Stützpunkte. Erst heute früh habe die Britische Regierung erfahren, daß bei einem Bombenangriff auf Andalsnes die letzte noch unzerstörte Mole getroffen worden sei; und diese sei, wenn auch nicht völlig zerstört, so doch schwer beschädigt worden.

Es sei wirklich ein furchtbares Unterfangen, wenn man versuche, mit einem Expeditionskorps zu manövrieren, während der Feind den Luftraum beherrsche.

Augenblicklich sei die Lage folgende: An der Namsosfront hätten die Trümmer der britischen Brigade mit den französischen Alpenjägern Fühlung nehmen können. Die Deutschen hätten an dieser Front ihren Vormarsch eingestellt und sich in der Umgebung von Steinkjer verschanzt. An dieser Front sei die Lage also stationär, und es sei dort, wenigstens für den Augenblick, ein fester Punkt. General Gamelin habe Vorschläge gemacht, wie man diesen Umstand am besten ausnützen könne. Besonders plane er, die Front allmählich nach Norden zurückzunehmen, so daß das Gebiet von Narvik geschützt wird. Diese Anregungen würden von militärischen Sachverständigen erörtert werden müssen, sicher aber seien sie einer Prüfung wert.

Im Süden gingen die Engländer längs der westlichen Eisenbahnlinie Oslo—Drontheim zurück. Es sei zu beachten, daß die beiden Bahnlinien, die diese beiden Städte verbinden, durch eine Gebirgskette getrennt seien, und daß die Engländer die östliche Linie gar nicht erreicht hätten. Dagegen werde diese von den Norwegern gehalten, und man hoffe, daß letztere mindestens derartige

Zerstörungen vornehmen könnten, daß der deutsche Vormarsch verzögert werde. Aus irgendeinem Grunde habe es den Anschein, als seien diese Zerstörungen nicht vorgenommen worden und als rückten die Deutschen schnell vor. Sie wären bereits über Röros hinausgekommen, d. h. sie ständen jetzt in der Nähe von Stören, dem Vereinigungspunkt der beiden Bahnlinien. Wenn sie diesen Punkt erst erreicht hätten, so würden sie die Verbindung mit ihren Truppen aus Drontheim hergestellt haben und die Kreuzung bei Dombas bedrohen. Diese Kreuzung werde augenblicklich von den britischen Truppen gehalten, die durch die in Andalsnes gelandete 15. Infanterie-Brigade der regulären Armee verstärkt worden seien. Die Frage sei nun, welche Befehle man diesen Truppen geben solle.

Diese verschiedenen Nachrichten seien erst im Laufe des Donnerstag in London bekannt geworden. Bis dahin habe man nur Bruchstücke von Nachrichten erhalten, aus denen man sich kein genaues Bild der Lage machen konnte. Jetzt dagegen sei es klar, daß die Lage sich von Tag zu Tag verschlechtere. Die Engländer seien entmutigt angesichts des Scheiterns der Anstrengungen, die sie aufgewandt hätten, um den deutschen Luftangriffen zu begegnen. Sie hätten gehofft, einen zugefrorenen See als Startgelände für Jagdflugzeuge benutzen zu können. 18 solcher Flugzeuge hätten dort landen können; sie seien aber von den Deutschen mit Bomben angegriffen worden, ehe sie auch nur angefangen hatten, zu operieren. Die Admiralität habe von sich aus einen verzweifelten Versuch unternommen. Zwei Flugzeugträger seien bis auf hundert Meilen an die norwegische Küste herangeführt worden und hätten 35 Flugzeuge gegen die deutschen Bomber aufgelassen. Sie hätten ihre Aufgabe erfüllt und eine gewisse Anzahl von Feinden abgeschossen, aber 10 von den britischen Flugzeugen seien verlorengegangen, also fast ein Drittel. Es sei selbstverständlich, daß Jagdflugzeuge, die an Bord von Flugzeugträgern eingeschifft würden, nicht die gleichen Leistungen vollbringen könnten wie Jagdflugzeuge, die von einem Bodenstützpunkt aus operierten.

So sei die Britische Regierung zu der Ueberzeugung gekommen, daß es nicht möglich sei, den Erfordernissen der Lage in der Luft gerecht zu werden, wenn man von Stützpunkten aus operiere, die mehrere hundert Meilen entfernt lägen. Denn die britische Luftwaffe werde in Norwegen ungefähr an der Grenze des Aktionsradius eingesetzt, den das Fassungsvermögen der Benzintanks dieser Flugzeuge überhaupt möglich macht. Die einzige Art und Weise, wie man mit gleichen Kräften gegen die deutsche Luftwaffe kämpfen könne, bestehe darin, an Ort und Stelle einen Flugplatz anzulegen. Leider verfügten die Alliierten in Norwegen über keinen Flugplatz, und man könne das Gelände dazu nicht aus der Erde stampfen.

Die Folge von alledem sei, daß es praktisch unmöglich sei, schweres Material zu landen, einmal infolge der Zerstörung der Verladeeinrichtung, und außerdem deshalb, weil die Nächte — die einzige Zeit, wo Operationen vielleicht noch möglich wären — jetzt in diesem nördlichen Gebiet immer kürzer würden. Es sei deshalb nicht mehr möglich, Drontheim einnehmen zu wollen. Er glaube zu wissen, daß General Gamelin diesen Standpunkt teile.

Diese Schlußfolgerung sei entschieden etwas anderes als ein Beschluß zur Räumung. Wenn die Britische Regierung die Einnahme von Drontheim auch für unmöglich halte, so erkenne sie es deshalb doch nicht minder als notwendig an, den Kampf an dieser Front solange wie möglich fortzusetzen. Sie sei sich durchaus klar über die außerordentlich ernsten Folgen, die eine Räumung haben müsse. Sie könne jedoch nicht umhin, skeptisch zu sein in bezug darauf, wie lange man in dieser Gegend Streitkräfte werde halten können. General Gamelin habe Vorschläge in dieser Hinsicht gemacht, die gegenwärtig von den militärischen Sachverständigen geprüft würden. Es sei Sache dieser militärischen Sachverständigen und nicht von Zivilpersonen, im Licht der praktischen Möglichkeiten zu entscheiden, was zu tun sei.

Der Premierminister wiederholt, daß die Wirkung einer Räumungsoperation, ganz gleich ob sie früher oder später unternommen würde, entschieden ganz außerordentlich ungünstig sein würde.

In Narvik sei die Lage ganz anders. Dieser Punkt sei immer als wesentlich angesehen worden, da er den Zugang zu den schwedischen Eisenlagerstätten bilde und die Abschneidung der Deutschen von dieser Versorgungsquelle eins der Hauptziele der Alliierten sei. Für den Augenblick seien die Operationen bei Narvik wegen des Wetters zum Stillstand gekommen, das fürchterlich sei. Tiefer Schnee bedecke das ganze Gebiet und ein Schneesturm folge auf den andern. Trotzdem seien alle Maßnahmen getroffen, um einen heftigen Angriff zu unternehmen, sobald die Wetterverhältnisse es erlaubten. Dieser Angriff werde darauf abzielen, sich der Stadt zu bemächtigen und die Truppen mit Hilfe der französischen Alpenjäger auf die schwedische Grenze zu vorstoßen zu lassen. Die Britische Regierung sei sich darüber klar, daß dieser Angriff sobald wie nur möglich unternommen werden müsse. Denn ein Erfolg der Alliierten bei Narvik in dem Augenblick, in dem wir uns im Süden zurückzögen, würde die Willenskraft und die Stärke der Alliierten beweisen.

Man könne allerdings nicht bestreiten, daß die Lage in Schweden durch das Vorrücken der Deutschen in der schwedischen Flanke bedenklich beeinflußt werde. Es sei schwierig für die Stockholmer Regierung, einem deutschen Druck Widerstand zu leisten. Es sei zu befürchten, daß die Deutschen einen energischen Druck auf die Schwedische Regierung ausüben würden, um sie dazu zu veranlassen, den Alliierten durch Drohungen die Annäherung an das Grubengebiet zu untersagen. Es sei deshalb, selbst für den Fall, daß wir Narvik in unsere Hand bekämen, noch nicht gewiß, ob wir in der Lage sein würden, uns die Eisenerzgruben zu sichern. Ohne jeden Zweifel würde es ein sehr harter Schlag für Deutschland sein, wenn die Alliierten die Verfügungsgewalt über die Erzbergwerke erlangen könnten. Dieser Schlag würde aber nicht so schnell zu einem Ergebnis führen, wie eine Aktion gegen die Erdölversorgungsquellen des Reiches.

Der Premierminister stimmt den Ausführungen völlig zu, die Herr Corbin am Tage zuvor über die politischen und psychologschen Folgen gemacht hat, die sich aus einer Räumung Norwegens durch die Alliierten ergeben würden. Die sichere Folge davon würde eine tiefe Entmutigung bei allen Neutralen sein, ganz gleich, ob es sich um die Niederlande oder um die Balkanstaaten handle. In Bezug auf Italien könne die Wirkung noch ernster sein.

Im Lauf der letzten 24 Stunden habe die Regierung hierüber Nachrichten aus einer Quelle erhalten, die schon manchmal zutreffende Angaben gemacht habe. Nach diesen Nachrichten solle die letzte Sitzung des faschistischen Großen Rates sehr bewegt verlaufen sein, aber schließlich solle Mussolini den Rat für seine Ansichten gewonnen haben, so daß dieser beschlossen habe, Italien solle am 1. oder 2. Mai in den Krieg eintreten, und sein erster Schritt solle ein Angriff auf Malta und Gibraltar sein. Die Anspielung auf den letzteren Punkt lasse außerdem befürchten, ob nicht eine Vereinbarung zwischen Italien und Spanien bestehe.

Es sei also möglich, daß die Alliierten in einigen Tagen nicht mehr nur gegen Deutschland, sondern auch gegen Italien Krieg zu führen hätten.

Man müsse nun aber zugeben, daß die Hilfmittel der Alliierten zur See und zur Luft nicht ausreichten, um gleichzeitig einen Krieg im mittleren Skandinavien und einen anderen gegen Italien zu führen. Der Eintritt Italiens in den Konflikt würde also genügen, um uns zum Verzicht auf die skandinavische Expedition zu zwingen.

Durch die Möglichkeit eines italienischen Angriffs auf die Alliierten würden Fragen aufgeworfen, die auf der letzten Sitzung des Obersten Rats noch nicht geprüft worden seien. In dieser Sitzung habe man ein eventuelles Unternehmen Italiens in Erwägung gezogen, nicht aber kriegerische Handlungen Italiens gegen uns. Man habe sich deshalb darauf beschränkt zu erwägen, wie man auf einen italienischen Angriff gegen Jugoslawien oder Korfu reagieren solle und man habe beschlossen, daß die Alliierten nicht untätig bleiben könnten.

Herr Neville Chamberlain möchte für den Augenblick auf diese neue Seite der Frage nur hinweisen. Die Alliierten dürften die Augen nicht beständig auf ein und denselben Punkt richten. Sie müßten die Lage in ihrer Gesamtheit prüfen. Die Britische Regierung habe das Empfinden, daß, wenn der heutige Oberste Rat beschlösse, daß es nicht möglich sei, die Stellungen der Alliierten im mittleren Skandinavien zu halten, es wesentlich sei, an anderer Stelle einen Gegenschlag zu führen. Dieser Gegenschlag könne in einem Angriff bestehen, der unmittelbar gegen das Herz Deutschlands geführt werde. Der Premierminister macht für den Augenblick keinen bestimmten Vorschlag in dieser Hinsicht. Er beschränkt sich darauf, die Frage anzuschneiden und vorzuschlagen, daß sie geprüft werde. Zu den Zielen, die in Frage kämen, gehörten Deutschlands Erdöl-Versorgungsquellen im Reichsgebiet selbst, die Rheinschiffahrt usw. Man könne sicher einen wirksamen Gegenschlag finden, aber Herr Chamberlain wiederholt, daß er im Augenblick davon absehe, bestimmte Vorschläge zu machen.

Herr Paul Reynaud erklärt, er selbst und seine französischen Kollegen begrüßten es lebhaft, daß sie diese Gelegenheit hätten, eine so ernste Lage, wie die in Skandinavien, offen zu erörtern. Herr Chamberlain habe zunächst diese Lage an und für sich geschildert und dann in ihrer Abhängigkeit von einer italienischen Aktion. In dieser letzten Hinsicht kann der Ministerpräsident nicht umhin, gewisse Vorbehalte zu machen. Bei den Italienern könne man niemals die Möglichkeit eines Bluffs ausschalten.

Was Skandinavien angehe, so hätten die Operationen der Alliierten einen doppelten Zweck: 1. im Gebiet von Drontheim ausreichende Streitkräfte zu landen, um den norwegischen Widerstand zu stärken und eine günstige Wirkung auf Schweden auszuüben. Es handle sich im wesentlichen darum, dort einen neuen Kriegsschauplatz zu schaffen, auf dem die Deutschen ihre Truppen, ihr Material, besonders die Flugzeuge und vor allem ihre Reserven, besonders an Benzin, erschöpfen sollten; 2. die Versorgung Deutschlands mit Eisenerz zu verhindern. In dieser Beziehung bemerkt Herr Paul Reynaud in Beantwortung des vorhin von Herrn Chamberlain Gesagten, er halte das Erdöl nicht für wichtiger als das Eisenerz, und jedenfalls seien die Alliierten nicht so gut in der Lage, in Rumänien etwas zu unternehmen, wie in Skandinavien.

Ein Rückzug der Alliierten aus Mittel-Norwegen würde — man dürfe sich nicht davor fürchten, es auszusprechen — sowohl stimmungsmäßig wie in politischer Hinsicht wirklich verhängnisvoll sein. Seine Wirkung auf die Deutschen, auf die Neutralen und auf die Alliierten selbst sei unberechenbar. Nachdem er jedoch Herrn Chamberlains Ausführungen gehört habe, sei der persönliche Eindruck des Ministerpräsidenten folgender: die Expedition nach dem mittleren Skandinavien, für die die Alliierten nicht nur bedeutende Truppenmengen, sondern auch ihr Prestige eingesetzt hätten, beruhe auf einem technischen Fehler. Es sei unmöglich, sie durchzuführen, ohne über einen bedeutenden Hafen und zugleich über Stützpunkte für die Luftwaffe zu verfügen. Wenn einer dieser Faktoren gefehlt hätte, so wäre das Unternehmen schon schwierig gewesen. Da aber beide fehlten, müsse man sich fragen, ob die Alliierten jemals die geringste Aussicht auf Erfolg gehabt hätten.

Was sei unter diesen Umständen zu tun?

Herr Paul Reynaud ist der Ansicht, daß man versuchen müsse, ein doppeltes Ziel zu erreichen: 1. das Gesicht zu wahren, in dem leider nur sehr geringen Maße, in dem man das Gesicht noch wahren könne. Ob man zu diesem Zweck nicht die deutschen Schiffe, die in Drontheim liegen, zerstören und sich bemühen könne, gemäß den Vorschlägen General Gamelins in dem südlichen Gebirgsmassiv Streitkräfte stehen zu lassen, die den Gegner belästigen und zeigen könnten, daß wir nicht ganz die Flucht ergriffen haben; 2. Narvik zu retten. Die Lage im Norden sei keineswegs verzweifelt. Die Operation müsse vielmehr gelingen. Man müsse sich aber darüber klar sein, daß wir es mit einem sehr schnellen und sehr scharfen Gegner zu tun haben, der, wenn wir in Mittelnorwegen das Spiel aufgeben, sofort seine sämtlichen Streitkräfte nach Narvik werfen wird. Man müsse deshalb einen gewissen Widerstand in der Umgebung von Drontheim durchhalten, sei es auch nur, um das Unternehmen gegen Narvik zu decken. Der Ministerpräsident wirft die Frage auf, ob es wohl technisch möglich wäre, bei Drontheim eine Absperrungsaktion durchzuführen, wie sie im letzten Kriege bei Zeebrügge unternommen worden sei? Außerdem müsse die — übrigens nicht besonders gute — Straße von Drontheim nach Narvik verteidigt werden. General Gamelin sei der Ansicht, daß die nördlich von Drontheim gelandeten Streitkräfte, wenn sie sich nördlich von Namsos schrittweise zurückzögen und sich, wenn sie zum Zurückweichen gezwungen würden, immer wieder von neuem verschanzten, das Vorrücken der Deutschen auf Narvik erheblich verzögern könnten. Es handle sich dabei um eine technische Frage, aber es sei trotzdem erwünscht, sich jetzt schon über die beiden von General Gamelin vorgeschlagenen Formulierungen zu einigen, die sich auf die südlich Drontheim zu versuchende und auf die bei Namsos beabsichtigte Aktion bezögen.

In bezug auf eine Operation gegen die Eisenerzgruben wirft Herr Paul Reynaud die Frage auf, ob es nicht möglich wäre, der Schwedischen Regierung ein ähnliches Angebot zu machen, wie es im letzten Kriege der Rumänischen Regierung gemacht worden sei, und das zur Zerstörung der rumänischen Erdölquellen geführt habe. Man könne Schweden als Entschädigung für die Zerstörung der Eisenerzgruben, zu der wir vielleicht genötigt sein werden, eine gewisse Geldsumme anbieten.

Denn nachdem die Alliierten erfolglos in Skandinavien interveniert hätten, um ein freies Land zu verteidigen, wäre es besonders verabscheuungswürdig, wenn sie nun die Neutralität eines anderen freien Landes ohne weiteres verletzten, und das Angebot einer Entschädigung an Schweden könne dieses Land dazu bringen, uns gegen die Erzgruben vorgehen zu lassen.

Noch eine andere Frage mache der Französischen Regierung Sorgen. Es sei zu befürchten, daß angesichts des Rückzuges der alliierten Streitkräfte die Norwegische Regierung sich entschließen könne, mit Deutschland Frieden zu machen.

Wo halte sich der König von Norwegen jetzt auf? Sei es nicht wünschenswert, ihm vorzuschlagen, daß man ihn sowie seine Regierung bei sich aufnehmen wolle, wie es bei der Polnischen Regierung geschehen sei? Was not tue, sei, daß man zeige, daß es an der Seite der Alliierten eine lebendige norwegische Einheit gebe, und daß man einen Friedensvertrag zwischen Norwegen und dem Reich verhüte.

Endlich dürfe man sich nicht verhehlen, daß eine Räumung Skandinaviens die französische und die britische öffentliche Meinung, die auf einen solchen Rückschlag keineswegs vorbereitet sei, schwer treffen würde. Die Darstellung der Nachrichten in der Presse beider Länder müsse miteinander in Einklang gebracht werden und Herr Paul Reynaud schlägt vor, daß im Hinblick hierauf schleunigst eine Fühlungnahme zwischen den beiden Informationsministern stattfinden solle.

Abschließend erklärt der Ministerpräsident, er sei sicher, daß er nicht nur für sich persönlich, sondern auch für alle seine Kollegen und besonders für Herrn Daladier spreche, wenn er dringend bitte, 1) so sehr wie möglich das Gesicht zu wahren und die Räumung des Südens nicht zu überstürzen, und 2) die Straße nach Narvik energisch zu verteidigen.

Herr Neville Chamberlain beantwortet sofort die drei vom Ministerpräsidenten hervorgehobenen Punkte:

1) Was ein Angebot an Schweden angehe, das dieses Land dazu veranlassen solle, die Eisenerzgruben zu zerstören, so ist der Premierminister der Ansicht, daß es sich nicht um eine Geldfrage handelt. Denn das Ergebnis der Besetzung Norwegens durch die Deutschen werde sein, daß Schweden völlig von der Außenwelt abgeschnitten werde. Es werde nur noch durch Vermittlung Deutschlands mit der übrigen Welt in Verbindung treten können. Deutschland werde ihm die Erzeugnisse liefern, die es brauche, und es sei so gut wie sicher, daß es als Bezahlung dafür Eisenerz verlangen werde. Könne man erwarten, daß die Schweden darauf eingingen, das einzige Tauschmittel zu zerstören, das die Deutschen anerkennen würden? Der Präzedenzfall mit Rumänien liege völlig anders. Die Rumänische Regierung habe die Erdölquellen nach einer deutschen Invasion zerstört. Wenn die Deutschen in Schweden einfielen, so würde Schweden wahrscheinlich einer Zerstörung der Eisenerzgruben zustimmen, aber unter allen andern Umständen sei das zweifelhaft.

2) Herrn Paul Reynauds Vorschlag in bezug auf den König von Norwegen sei ausgezeichnet. Der Premierminister wisse nicht, wo der Herrscher sich aufhalte. Er sei irgendwo im Süden von Drontheim. Jedenfalls sei nichts leichter, als sich mit ihm in Verbindung zu setzen. Die Britische Regierung denke sich die Sache folgendermaßen: wenn König Haakon gemäß seinen öffentlich abgegebenen Erklärungen beschließe, in Norwegen zu bleiben, so werde man ihm anbieten, ihn irgendwohin in den Norden zu bringen, nach Narvik, Tromsö oder anderswohin. Wenn das unmöglich sei, dann werde die Britische Regierung ihm allerdings ihre Gastfreundschaft anbieten. Wie der Ministerpräsident bereits gesagt habe, sei es wirklich wesentlich zu zeigen, daß Norwegen noch bestehe, sei es auch nur dem Namen nach.

3) Die Anregung Herrn Paul Reynauds, die Darstellung der Nachrichten in Großbritannien und in Frankreich miteinander in Einklang zu bringen, sei ebenfalls ausgezeichnet, und der britische Informationsminister werde es sehr begrüßen, sich mit seinem französischen Kollegen über diese Frage in Verbindung setzen zu können. Im übrigen habe die britische Presse schon heute früh begonnen, die öffentliche Meinung vorzubereiten. Diese sei bisher in dem Sinne unterrichtet worden, daß ein Erfolg der Alliierten zu erwarten sei. Aber die heutigen Morgenzeitungen betonten schon die Schwierigkeiten des Unternehmens, und besonders die, die sich aus der Ueberlegenheit des Feindes zur Luft ergebe. Es handle sich nicht nur darum, der Presse Weisungen zu geben, sondern auch dem Rundfunk.

Außerdem werde am Dienstag das britische Parlament zusammentreten und bestimmt eine Erklärung der Regierung fordern. Wenn diese in öffentlicher Sitzung sprechen solle, so werde sie natürlich nur wenig sagen können. Es sei aber wahrscheinlich, daß bei dieser Gelegenheit eine geheime Sitzung anberaumt werden würde, und unter diesen Umständen könne die Regierung sich offener äußern und die wahre Natur der entstandenen Schwierigkeiten schildern. Als das letztemal in Westminster eine Geheimsitzung stattgefunden habe, sei die Geheimhaltung sehr gut durchgeführt worden. Selbstverständlich werde aber der Beschluß in bezug auf die Räumung so lange geheimgehalten werden, bis diese Operation tatsächlich ausgeführt worden sei.

Was die grundlegende Frage angehe, welche Schritte angesichts der Lage in Norwegen zu tun seien, so habe der Ministerpräsident im großen ganzen die gleiche Ansicht geäußert wie Herr Chamberlain. Man müsse erstens das Gesicht wahren und zweitens Narvik retten. Wie solle man nun das Gesicht wahren? Der Drontheim Fjord werde bereits von der britischen Flotte bewacht. Im Innern des Fjords befänden sich übrigens nur ein deutscher Zerstörer und ein deutsches Torpedoboot. Die Vorschläge General Gamelins gehörten zur Zuständigkeit der militärischen Sachverständigen, aber sie entsprächen im ganzen den Auffassungen der Britischen Regierung.

Herr Paul Reynaud beglückwünscht sich dazu, daß eine grundsätzliche Einigung hinsichtlich der Vorschläge des General Gamelin auf diese Weise erzielt sei. Es ist Sache der militärischen Sachverständigen, die Einzelheiten dieser Beschlüsse festzulegen.

Indem er auf eine Anregung zurückkommt, Schweden eine Entschädigung zum Ausgleich für eine eventuelle Zerstörung der Eisenminen anzubieten, bemerkt der Ministerpräsident, daß es sich nicht darum handelt zu erfahren, ob die Schwedische Regierung sich gern zu einem derartigen Vorgehen herbeilassen würde. Die Hypothese, die Herr Paul Reynaud im Auge hatte, war die, daß die Alliierten die Unmöglichkeit feststellen würden, in Narvik zu bleiben und beschließen würden, die Minen selbst zu zerstören. Das Angebot einer Entschädigung wäre dazu bestimmt, die Erschütterung abzuschwächen, welche diese Entscheidung zweifellos bei den Schweden hervorrufen würde.

Die Französische Regierung, schloß der Ministerpräsident, ist sich klar über die Ernsthaftigkeit der Lage. Sie ist der Auffassung, je schwieriger die Lage ist, um so notwendiger ist es, die franko-britische Solidarität eng aufrechtzuerhalten, und sie ist entschlossen, diese Solidarität in Taten umzusetzen.

Herr Neville Chamberlain fragt sodann Herrn Paul Reynaud, ob dieser etwas über die Frage bemerken möchte, die der Premierminister am Ende seiner Ausführungen behandelt hat.

Herr Paul Reynaud sagt, daß er im Augenblick keinen Wert darauf legt.

....

Nr. 45

Der Französische Ministerpräsident und Außenminister Reynaud an den Französischen Botschafter in London Corbin

Telegramm

(Uebersetzung des Faksimile Seite 323)

Nr. 1491—1494 Paris, den 29. April 1940, 13.10 Uhr
Lage in Norwegen
Geheim

Ich habe heute nacht den Britischen Botschafter rufen lassen, um ihm die Nachrichten mitzuteilen, die ich soeben über die Lage im Gebiet von Namsos erhalten hatte.

Diese Nachrichten aus erster Hand, die im Laufe des Freitag an Ort und Stelle eingezogen worden sind, stellen die Lage in einem sehr viel beruhigenderen Lichte dar als die, um die es sich am Sonnabend in London handelte, besonders in bezug auf die Festsetzung und Sicherung unserer Streitkräfte und auf die Landungsmöglichkeiten für Truppen und Material.

Ich habe Sir Ronald Campbell gebeten, diese Nachrichten unverzüglich Lord Halifax zu übermitteln und ihm mitzuteilen, daß ich unter diesen Umständen nicht nur entschieden darauf dringe, daß kein Entschluß gefaßt wird, der die Belassung des Expeditionskorps in Namsos betrifft, sondern auch darauf, daß es mit der erforderlichen Beschleunigung Verstärkungen an Mannschaften und Material erhält.

Aus Ihrem Telegramm 1536/38*) ist ersichtlich, daß in dem Gebiet südlich von Drontheim die Evakuierungsbefehle schon gegeben worden sein sollen, bevor auch nur die gemeinsame technische Prüfung durch die Alliierten ganz abgeschlossen war, von deren Ergebnis nach dem ausdrücklichen Beschluß des Obersten Rats die Evakuierung abhängen sollte.

In bezug auf das Gebiet von Namsos muß unbedingt vermieden werden, daß ein derartiger überstürzter Beschluß gefaßt wird, und daß unter dem Eindruck vorübergehender örtlicher Schwierigkeiten allgemeine Maßnahmen getroffen werden, die unsere gesamte strategische Lage beeinflussen.

Bitte werden Sie in diesem Sinne dringend bei Lord Halifax vorstellig. Machen Sie auch geltend, daß laut Nachrichten aus der gleichen Quelle die Ausführung des deutschen Unternehmens auf viel größere Hindernisse stößt, als wir es uns vorstellen, und daß besonders in der Luftwaffe die Verluste, die allein schon durch die Beschaffenheit des Geländes und die klimatischen Verhältnisse entstehen, verhältnismäßig beträchtlich sind.

---

*) Liegt nicht vor.

Wir müssen uns ebensosehr hüten, die Schwierigkeiten zu unterschätzen, die sich dem Feind entgegenstellen, wie unsere eigenen Schwierigkeiten zu überschätzen. Besonders in Namsos läßt eine kaltblütige Prüfung der verschiedenen Faktoren der Lage die Schlußfolgerung zu, daß es möglich ist, eine Front aufzustellen, die fest genug ist, um jeder Ausdehnung der deutschen Aktion in diesem Gebiet einen Damm entgegenzusetzen und dadurch bis zu einem gewissen Grade die moralischen und strategischen Folgen einer Räumung von Aandalsnes auszugleichen, falls diese sich nach Prüfung als unvermeidlich erweisen sollte.

Paul Reynaud

Nr. 46

Der Französische Botschafter in London Corbin an das Französische Außenministerium

Telegramm

(Uebersetzung des Faksimile Seite 325)

Ganz besonders geheim
Nr. 1548—1551   London, den 29. April 1940, 22.20 Uhr

Ich habe heute nachmittag eine Unterredung mit dem Staatssekretär gehabt und habe unter Berufung auf den Inhalt Ihres Telegramms Nr. 1391—1394*) sehr darauf gedrungen, daß die im Gebiet von Namsos eingeleiteten Operationen mit der erforderlichen Kaltblütigkeit und dem erforderlichen Widerstandsgeist geführt werden, damit jedes deutsche Vorrücken nach Norden solange wie möglich verzögert wird. Lord Halifax hat den wesentlichen Inhalt der (Instruktionen) zu meiner Kenntnis gebracht, die das Oberkommando — offenbar, wie er mir versicherte, auf General Gamelins eigene Empfehlungen hin — erteilt hat. Er hat hinzugefügt, so schmerzlich es auch sein möge, einige der Positionen aufzugeben, die wir jetzt innehaben, so werde doch der Eindruck eines erfolgreich durchgeführten Rückzuges entschieden unendlich viel weniger schlimm sein, als die Nachricht von der Niederlage und Gefangennahme eines Teils der alliierten Kontingente, die nicht ausbleiben würde, wenn die Ausführungsmaßnahmen nicht rechtzeitig getroffen würden.

Kritisch — so fuhr Lord Halifax fort — bleibe die Situation in Aandalsnes, wo sämtliche Kais zerstört seien und man nur noch in kleinen Fahrzeugen landen könne. Ueberdies sei General Paget augenblicklich gerade in eine Schlacht verwickelt, deren Ausgang sich nicht voraussehen lasse. Seine Truppen seien südlich von Dombaas von einem zahlenmäßig weit überlegenen Feind angegriffen worden. (Es sei) infolgedessen ungewiß, ob es ihm gelingen werde, seine Truppen unter Umständen herauszuziehen, die die Durchführung der Wiedereinschiffung ermöglichen. Es unterliege keinem Zweifel, daß unmittelbar nach Beendigung der Schlacht bei Aandalsnes die Operationen sich weiter nach Norden ziehen werden, und es werde schwierig sein, die (neue) Defensivorganisation durchzuführen, die für die Gegend von Namsos vorgesehen sei, wenn wir nicht rechtzeitig damit beginnen.

Ich habe dem Staatssekretär für seine Angaben gedankt und ihn daran erinnert, auf welche ernstlichen Schwierigkeiten die (deutschen) Truppen auch ihrerseits stoßen: dabei habe ich die Notwendigkeit (betont), daß das alliierte Kommando in Norwegen volles Vertrauen in unsere Möglichkeiten und in unsere Widerstandskraft behalten muß, wenn wir bei dem Narvik-Unternehmen, das unser Hauptziel bleibt, einen vollen Erfolg davontragen wollen.

---

*) *Gemeint ist wohl Telegramm Nr. 1491—1494; vgl. Nr. 45.*

Zu diesem letztgenannten Punkt hat der Staatssekretär mir erklärt, Admiral Lord Cork erhielte weiterhin Mannschaften und Material, und sämtliche Maßnahmen würden getroffen, um in den benachbarten Gewässern (eine starke) Luftabwehrsperre zu errichten, bis die Wetterlage den Uebergang zur Offensive möglich macht.

Corbin

Nr. 47

Aufzeichnung des Direktors der politischen Abteilung im Französischen Außenministerium Charvériat

(Uebersetzung des Faksimile Seite 329)

Lage in Skandinavien
Demarche des Norwegischen Gesandten.

30. April 1940, 17,50 Uhr

Der Norwegische Gesandte, der dringend um eine Audienz gebeten hatte, hat dem Ministerium Mitteilung von einem Telegramm gemacht, das der Präsident des norwegischen Stortings Hambro an den Norwegischen Gesandten in London Colban gerichtet hatte.

Gemäß diesen Weisungen war Herr Colban beauftragt worden, unverzüglich „bei der Britischen Regierung die dringendsten und freimütigsten Vorstellungen bezüglich der überaus kritischen Lage zu erheben, die in psychologischer Beziehung in Norwegen herrsche. In Norwegen gewinne man mehr und mehr den Eindruck, daß auf britischer Seite kein Plan vorhanden und daß der britische Beistand ungenügend sei. Wegen dieses Umstandes laufe man Gefahr, daß das Land gezwungen werde, mit Deutschland zu irgendeiner Vereinbarung zu kommen".

„Man wirft England vor, daß die englische Flotte nicht einmal die Westküsten Norwegens verteidige und den Deutschen gestattet habe, Hardanger und Voss zu besetzen. Dies sei trotz der zahlreichen norwegischen Warnungen geschehen. Kein sachlich einwandfreier Rat, den Norwegen erteile, finde in London Gehör."

„In Schweden gewinnt mehr und mehr die Stimmung Raum, daß das britische Versagen ein Abkommen mit Deutschland notwendig mache." Herr Hambro fügt hinzu, „daß Norwegen jede Verantwortung für eine britische Katastrophe in Norwegen ablehnen müsse, da die von Norwegen erteilten Ratschläge nicht befolgt worden seien".

Die Mitteilung des Storting-Präsidenten nimmt weiter Bezug auf ein Memorandum, dessen Inhalt von der Französischen Gesandtschaft in Stockholm nach Paris telegraphiert worden sei (1).

Herr Bachke hat angegeben, daß seine Gesandtschaft beauftragt worden sei, der Französischen Regierung die Auffassung seiner Regierung in Norwegen mitzuteilen.

Herr Bachke fügte hinzu, man müsse begreifen, daß das norwegische Volk sich schlagen wolle, daß es aber auch von den Alliierten unterstützt zu werden

---

(1) Herrn Bachke ist das Datum dieses Memorandums unbekannt. Er hat jedoch angegeben, daß dieses Dokument dem Admiral Evans überreicht worden sei.

wünsche. Seine Landsleute müssen das Gefühl haben, „daß man Fortschritte mache und daß fortgesetzt Verstärkungen ausgeschifft würden". Der Norwegische Gesandte glaubt annehmen zu dürfen, daß General Gamelin den Rat erteilt habe, die Befestigungen von Aandalsnes mit Gewalt zu nehmen; dies wäre zweifellos ein wertvolles Ergebnis. Jedoch glaubt Herr Bachke, ebenfalls annehmen zu dürfen, daß diese Anregung in London abgelehnt worden sei. Was ihn betreffe, so legt er die Aeußerung des Herrn Hambro als Beweis einer gewissen Entmutigung aus.

Der Direktor der politischen Abteilung nahm die Erklärung des Norwegischen Gesandten entgegen, führte jedoch seinerseits zu wiederholten Malen aus, daß, wenn die Kriegsnotwendigkeiten die Alliierten veranlassen sollten, eine Verschiebung von Truppenteilen vorzunehmen, keinesfalls die Rede davon sein könne, daß Norwegen aufgegeben werde. Die Französische Regierung sei weit davon entfernt, ihre Anstrengungen zu verringern, sie sei vielmehr entschlossen, den Kampf mit verstärkten Mitteln fortzuführen.

Herr Charvériat gab Herrn Bachke die Versicherung, daß seine Mitteilung unverzüglich dem Herrn Ministerpräsidenten mitgeteilt werde.

Herr Bachke erklärte dem Direktor der politischen Abteilung bei seinem Weggehen, daß er sich Herrn Paul Reynaud zur Verfügung halte, wenn dieser ihn persönlich zu sprechen wünsche.

Nr. 48

Der Französische Landesverteidigungs- und Kriegsminister Daladier an den Oberbefehlshaber des französischen Heeres General Gamelin

(Uebersetzung des Faksimile Seite 332)

Geheim
Nr. 995 DN.   Paris, den 1. Mai 1940

Betr.:
Operationen im
Mittelmeer

Im Anschluß an das Schreiben der Admiralität Nr. 948 FMS 3 vom 17. April,*) von dem Sie Abschrift erhalten haben, teile ich Ihnen ergebenst mit, daß ich Admiral Darlan's Ansichten über die ganz besondere Wichtigkeit der Besetzungen, die er auf griechischem Gebiet in Aussicht nimmt, völlig teile.

Die Luftabwehr unserer Flottenstützpunkte im Fall von Operationen im östlichen Mittelmeer ist ebenfalls vorzubereiten.

Wollen Sie deshalb bitte:

a) den Oberbefehlshabern der Operationsgebiete in Nordafrika und im Mittleren Osten die erforderlichen Weisungen für die Bereitstellung der Truppen geben, die zu den geplanten Besetzungen nötig sind;

b) der Admiralität umgehend mitteilen, welche Aenderungen sich daraus gegebenenfalls für die Aufstellung des Transportplans ergeben würden;

c) Befehle erteilen, damit gegebenenfalls die 9-cm-Flakbatterien des Gebiets um Paris Zug um Zug mit ihrer Ersetzung durch moderne 7,5-cm-Flakbatterien wieder der Marine zur Verfügung gestellt werden.

                                                        Daladier

---

*) Liegt nicht vor

Nr. 49

Entwurf eines Schreibens des Französischen Ministerpräsidenten und Außenministers Reynaud an den Britischen Premierminister Chamberlain

(Uebersetzung des Faksimile Seite 334)

(Handschriftlicher Vermerk):
In dieser Form nicht abgesandt, als
Telegramm abgegangen am 1. Mai 1940
(Namenszug)

Mein lieber Premierminister!

Als wir vor einem Monat nach langen Erwägungen und eingehenden Erörterungen gemeinsam beschlossen, in den norwegischen Hoheitsgewässern Minen legen zu lassen, verhehlten wir uns weder die Bedeutung dieser Operation noch die weiteren Entwicklungen, zu denen sie führen konnte.

Der Einsatz, um den es ging, war von so großer Bedeutung, daß er unserer Ansicht nach ein gewisses Risiko, ja auch ein schweres Risiko lohnte.

Die ersten Ergebnisse der Seeschlacht, die vor den norwegischen Küsten und später bei Narvik geschlagen worden ist, haben uns recht gegeben. Sie haben den Wert und die Ueberlegenheit der britischen Flotte bestätigt und der Welt den Beweis erbracht, daß die Alliierten fähig waren, die Initiative zu ergreifen, Mut und Beharrlichkeit zu zeigen; und dadurch haben sie das Vertrauen der Neutralen wiederhergestellt, das durch die ungestraften Angriffe Deutschlands erschüttert worden war.

Seit drei Wochen blickt die ganze Welt nach Norwegen. Von dem Ausgang der Schlacht, die in Norwegen geliefert wird, hängen die feindlichen Handlungen ab, die gewisse Länder gegen uns vorbereiten, und ebenso die freundschaftlichen Gesten zu unseren Gunsten, die andere zu tun sich noch fürchten.

Die Stärke der deutschen Luftwaffe hat uns schnell gezeigt, daß diese große Operation schwierig und vielleicht verlustreich sein würde. Trotzdem haben wir, nachdem wir aus den ersten Erfahrungen gelernt hatten, im Obersten Rat vom 22. April beschlossen, sie zu unternehmen und zu einem guten Ende zu führen.

Später haben wir uns auf die Ausführungen des britischen Oberkommandierenden hin im Obersten Rat vom 27. April eine vorsichtigere Formulierung zu eigen gemacht; wir sahen aber immer noch vor, südlich von Drontheim einen „Brückenkopf" zu halten, ein Expeditionskorps in Namsos sich festsetzen zu lassen und schließlich das Gebiet von Narvik endgültig zu erobern. Im übrigen drangen wir darauf, daß es zweckmäßig sei, einen Angriff zur See auf den Hafen von Drontheim zu machen. Diese Maßnahmen sollten es uns ermöglichen, die in Drontheim stehenden feindlichen Truppen ständig zu bedrohen, Schweden einen wirksamen Beistand für den Fall eines deutschen Angriffs zu sichern und schließlich das Prestige unserer Waffen zu wahren.*)

General Gamelin hat mir gestern abend mitgeteilt, das britische Oberkommando habe sich in der Nacht vom 27. auf den 28. April nach neuen Luftangriffen auf Aandalsnes entschlossen, das gesamte Gebiet von Drontheim und vielleicht auch das von Namsos endgültig aufzugeben. Im Lauf einer letzten Unterredung zwischen unseren militärischen Führern hat General Ironside seine Einstellung nicht nennenswert geändert.

General Gamelin versichert, die Lösungen, die er vorgeschlagen habe und die darauf abzielten, die besetzten Stellungen zu halten, seien durchführbar gewesen, wenn auch natürlich dem Kriegsglück unterworfen. Er setzte mir aber auseinander, die britischen Sachverständigen seien durch und durch von dem Bestreben erfüllt, ihre Flotte und ihre Luftwaffe intakt zu erhalten und sie nicht in Operationen aufs Spiel zu setzen, bei denen sie zu Schaden kommen könnten.

Ich verstehe nur zu gut die Empfindungen, die die Britische Regierung beseelen, und ich weiß die Rolle und die Bedeutung der britischen Flotte und Luftwaffe in unserem gemeinsamen Kampf zu gut zu würdigen, um nicht zuzugeben, daß auf diesem Gebiet Ihr Urteil allein ausschlaggebend ist.

Ich möchte Ihnen aber sagen, daß, wenn Sie sich entschließen, den Rückzugsbefehl zurückzunehmen, solange es noch Zeit ist, wir heute ebenso bereit sind wie gestern, Ihnen alles an Mannschaften und Material zu stellen, was es uns ermöglichen könnte, an den von uns besetzten Orten festen Fuß zu fassen.

Sie wissen, daß schon jetzt die ungünstigen Gerüchte über die Schlacht in Norwegen Reaktionen in den neutralen Ländern hervorrufen, in Schweden ebensosehr wie bei den Balkanvölkern. Noch heute hat der Norwegische Gesandte mir nicht verhehlt, daß seine Regierung sich veranlaßt sehen könnte, mit Deutschland zu verhandeln.

Ich fürchte auch — es ist meine Pflicht, es Ihnen zu sagen — eine schwerwiegende Entwicklung in der französischen öffentlichen Meinung.

Das Vertrauen, das sie in die britische Flotte gesetzt hat, war so groß, daß es schwer sein wird, sie von dem Glauben abzubringen:

daß diese Flotte entweder, ohne es zuzugeben, schwere Verluste erlitten hat, die ihre Kraft merklich geschwächt haben,

oder daß diese Flotte zögert, sich in einer Schlacht, von der der Ausgang des Krieges abhängen kann, voll einzusetzen.

Ich werde mit aller Kraft versuchen, diese Tendenzen zu bekämpfen, aber ich bitte Sie im Namen der Freundschaft, die unsere beiden Völker eint, noch einmal über die Schwere des Problems nachzudenken, um das es geht.

---

*) Bis hierher im Originalentwurf gestrichen.

Nr. 50

Der Oberbefehlshaber des französischen Heeres General Gamelin an den Oberbefehlshaber der französischen Streitkräfte im Ostmittelmeergebiet General Weygand

(Uebersetzung des Faksimile Seite 337)

Nr. 911/3. FT.

Streng geheim   Den 10. Mai 1940

Durch die Telegramme Nr. 1429—1432 vom 29. April*) haben Sie die Notwendigkeit betont, den Abwehrwillen der Balkanmächte durch einen möglichst scharfen und sofortigen Beitrag unsererseits zu stärken. Sie haben bei dieser Gelegenheit die Bitte ausgesprochen, den Zeitpunkt auszunutzen, in dem das Mittelmeer noch frei ist, um Ihnen sofort nachfolgende Verstärkungen zu senden:

    2 Gruppen Jagdflugzeuge (mindestens)

    4 „ Bombenflugzeuge

    2te Division Kolonialinfanterie

    2 Bataillone Kampfwagen D

Ich beehre mich, Ihnen mitzuteilen, daß das Kriegskabinett, dem diese Frage vorgelegt worden ist, in seiner Sitzung vom 6. Mai beschlossen hat, die angegebenen Einheiten gegenwärtig nicht an die Levante zu senden. Der Beschluß war begründet wie folgt:

1) Es besteht Veranlassung zu der Annahme, daß Italien, wenn es die Feindseligkeiten gegen die Alliierten beginnt, im voraus die Zusicherung des deutschen Beistandes erhalten hat. Die Schlacht wird sich infolgedessen vermutlich sehr rasch auf die Nordostfront ausbreiten und gegebenenfalls auch auf die Südostfront. Unter diesen Umständen müssen wir die Schlacht in Frankreich gewinnen, für die unser Material überwiegend eingesetzt werden muß.

2) Die vorherige Verstärkung der Levante erscheint nicht als absolut notwendig, denn in dem erwähnten Falle von Feindseligkeiten gegen Italien ist es fast ebenso schwierig, Transporte von der Levante nach Saloniki zu schaffen wie Transporte aus Frankreich oder aus Nordafrika dahin, und zwar einmal wegen der geringen Umschlagsmöglichkeiten des Hafens von Beirut, andererseits, weil wir Gefahr laufen, von Anfang an nicht mehr die freie Verbindung im Mittelmeer und den Schutz der Geleitzüge gegen Luftangriffe garantieren zu können.

Für Sie erhebt sich also die Frage des Dodekanes.

Ein Interesse zur Entsendung einer Division als Verstärkung in den Orient besteht nur, wenn die Türkei die Stationierung dieser Division in Thrazien schon jetzt zuläßt.

---

*) *Liegen nicht vor.*

Wenn ich Ihnen in der gegenwärtigen Lage die verlangten Verstärkungen nicht schicken kann, so ergreife ich doch schon jetzt Maßnahmen, die erforderlich sind zur

a) Beschleunigung der Entsendung der zur Ergänzung Ihres Expeditionskorps bestimmten Kräfte, deren Transport bereits in die Wege geleitet ist,

b) zur Ermöglichung möglichst rascher Entsendung einer mit starken Luftabwehrmitteln ausgerüsteten Vorhut aus Frankreich nach Saloniki.

Die Admiralität hat alle Maßnahmen ergriffen, um drei Transportschiffe an die Levante zu entsenden. Diese werden Ihnen gestatten, eine erste Abteilung Ihrer Streitkräfte nach Mazedonien zu entsenden.

Ich bin mir darüber im klaren, daß diese Maßnahmen Ihnen nicht die Mittel an die Hand geben, auf die Sie mit Fug rechnen dürften. Ich halte es daher für zweckmäßig, Ihnen in der angefügten Aufzeichnung aufs Neue darzulegen, wie ich mir, zumindesten zeitlich gesehen, Ihre Aktion und den Einsatz der Streitkräfte des Expeditionskorps vorstelle, wobei der gegenwärtigen Lage und der Mittel, über die Sie verfügen, Rechnung getragen ist. Ich wäre Ihnen dankbar, wenn Sie mir Ihre Ansichten hierüber bekannt geben wollten.

Ich habe bei der Regierung beantragt, daß Ihnen auf dem Balkan das Oberkommando über die gesamten alliierten Streitkräfte übertragen wird. Ich habe gleichfalls beantragt, daß das Ostmittelmeer zum Befehlsbereich des Oberkommandierenden der französischen Seestreitkräfte geschlagen wird. Ich weiß, daß Ihre Aufgabe überaus schwierig und heikel ist. Ich bin gewiß, daß Sie diese Aufgabe, wie schwer sie auch immer sei, zu einem guten Ende führen werden.

Gamelin

Nr. 51

Verfügung des Oberbefehlshabers des französischen Heeres General Gamelin

(Uebersetzung des Faksimile Seite 341)

Nr. 1028/3. FT. Den 15. Mai 1940

Geheim

Decknamen.

Verfügung

Um Indiskretionen über die für den Fall von Operationen im Ägäischen Meer vorgesehenen Maßnahmen vorzubeugen, ist vereinbart worden, daß von jetzt ab im Brief- und Telegrammwechsel in dieser Angelegenheit folgende Decknamen verwendet werden sollen:

Für	Saloniki	Honduras
„	Kreta	Guatemala
„	Milo	Argentinien
„	Salamis	Chile
„	Navarin	Columbien
„	Argostoli	Bolivien
„	Griechen	Aequator
„	Türken	Brasilien

General Weygand, die französische Delegation beim Interalliierten Militärischen Studienausschuß, die Admiralität und das Oberkommando der Luftwaffe sind von dieser Maßnahme in Kenntnis gesetzt worden.

Im Auftrag

Koeltz

Nr. 52

Der Oberbefehlshaber der alliierten Streitkräfte General Gamelin an den Oberbefehlshaber der britischen Luftwaffe Luftmarschall Newall

(Uebersetzung des Faksimile Seite 342)

Nr. 528 Cab/D.N.   Befehlsstelle, den 15. Mai 1940

Im Nachgange zu dem Ersuchen der Französischen Regierung präzisiere ich, daß die Zahl der Jagdgeschwader, deren unverzügliche Entsendung auf die Flugplätze der britischen Luftwaffe in der Champagne erforderlich ist, 10 beträgt. Hierbei ist zu beachten, daß im Falle des Kriegseintritts Italiens Frankreich gezwungen wäre, einen Teil seiner Jagdgeschwader nach dem Südosten Frankreichs und nach Tunis zu verlegen.

Wir werden das erforderliche Bodenpersonal stellen. Einzelheiten können durch unmittelbare Vereinbarung zwischen General Vuillemin und Marschall Baratt geregelt werden.

General **Gamelin**

Nr. 53

Der Oberbefehlshaber der alliierten Streitkräfte General Gamelin an den Militärattaché an der Französischen Botschaft in London General Lelong (für den Britischen Premierminister Winston Churchill)

Telegramm

(Uebersetzung des Faksimile Seite 343)

Geheim

Nr. 329 Cab/D. N. Befehlsstelle, den 16. Mai 1940

Ich erlaube mir, erneut an Sie heranzutreten, um die sofortige Entsendung der zehn vorgesehenen Jagdgeschwader zu erbitten.

Lage sehr ernst. Natürlich würden diese zehn Geschwader an der unteren Seine stationiert werden, wo sie Schutz haben und von wo Sie sie leicht wieder zurückholen können.

General Gamelin

Nr. 54

Der Oberbefehlshaber der alliierten Streitkräfte General Gamelin an den Militärattaché an der Französischen Botschaft in London General Lelong (für den Britischen Premierminister Winston Churchill)

Telegramm

(Uebersetzung des Faksimile Seite 344)

Nr. 531 Cab./DN. Befehlsstelle, den 16. Mai 1940

Ich erlaube mir, erneut auf die Tatsache hinzuweisen, daß z. Z. die wesentlichste Aufgabe der britischen wie der französischen Luftwaffe darin liegt, auf die feindlichen Truppen einzuwirken, unter besonderer Berücksichtigung derjenigen Punkte, die sie zwangsläufig passieren müssen.

Gamelin

Nr. 55

Der Oberbefehlshaber der alliierten Streitkräfte General Gamelin an den Militärattaché an der Französischen Botschaft in London General Lelong (für den Britischen Premierminister Winston Churchill)

Telegramm

(Uebersetzung des Faksimile Seite 345)

Nr. 533 Cab/D.N.   Den 17. Mai 1940

Für Herrn Winston Churchill bei seiner Ankunft in London.

Unsere Armee Giraud wird seit heute vormittag südlich Maubeuge angegriffen. Die Kämpfe sind sehr schwer. Die Folgen können schwerwiegend sein, und zwar nicht nur für Frankreich, sondern auch für England. Die Richtung bedroht namentlich die Verbindungswege der britischen Armee. Ich fordere erneut den Einsatz der britischen Luftwaffe in jeder Weise als Beitrag zu der Schlacht. Insbesondere wäre die Legung von magnetischen Minen in der Maas sehr wirksam, um Verstärkungen und Nachschub des Feindes zu stören.

General **Gamelin**

Nr. 56

Niederschrift über die französisch-britische Zusammenkunft vom 22. Mai 1940

(Uebersetzung des Faksimile Seite 346)

Streng geheim

Gegen 12 Uhr kam Herr Winston Churchill im Großen Hauptquartier an. In seiner Begleitung befanden sich der Britische Botschafter, der General Sir John Dill, der Vizemarschall der Luftwaffe Pirs*) und General Ismay. Herr Paul Reynaud wird von Hauptmann de Margerie begleitet. General Weygand empfing die beiden Premierminister im Kartenzimmer seines Generalstabs. Er ersuchte Oberst Simon, den Schlachtplan der alliierten Streitkräfte in großen Zügen darzulegen.

Oberst Simon erklärte, daß sich zwei französische Divisionen unter dem Befehl des Generals Fagalde im äußersten Norden an der Schelde und in Seeland befinden. Ihnen folgen die belgischen Truppen bis ungefähr Audenarde. Das britische Expeditionskorps steht weiter im Süden mit 4 Divisionen, zu denen 3 Divisionen in der Gegend von Arras kommen. Zwei britische Ersatzdivisionen befinden sich im Raume von Lille. An sie schließt sich die 1. französische Armee an, an deren Flanke sich das Kavalleriekorps befindet. General Bilotte, der Oberbefehlshaber der französisch-englisch-belgischen Armee im Norden, liegt wegen eines ernsten Autounfalls im Lazarett. Er hat den Oberbefehl an General Blanchard abtreten müssen, der seinerseits von General Prioux ersetzt worden ist. Dieser hat sich an der Spitze des Kavalleriekorps hervorragend geschlagen.

Herr Winston Churchill erklärte, daß eine deutsche Panzerkolonne, die am Morgen des Vortages von Abbeville aufgebrochen sei, den Ort Etaples in Richtung auf Boulogne passiert habe. Ein verwundeter englischer Offizier, der diese deutschen Streitkräfte vorbeifahren sah, habe sie auf 4—5000 Mann geschätzt. Ungefähr die Hälfte dieser Truppeneinheit, die im Vordringen nach Norden begriffen sei, sei gegen 16.30 Uhr von britischen Luftstreitkräften, die in Großbritannien gestartet seien, angegriffen und so in Etaples aufgehalten worden, 2 Gardebataillone — die beiden letzten noch in England verbliebenen Einheiten der aktiven britischen Armee — seien mit 48 Paks in Boulogne gelandet. Ihre Aufgabe sei die Verteidigung dieser Stadt gegen etwaige deutsche Angriffe. Zur Verteidigung von Calais und Dünkirchen seien gleichfalls Maßnahmen getroffen worden. Man könne somit annehmen, daß diese 3 Häfen gegen einen Ueberfall, wie er sich in Abbeville ereignet habe, gesichert seien.

General Weygand bestätigt die Angaben des Premierministers. Er fügt hinzu, daß sich in Calais drei französische Infanteriebataillone befänden, und daß der Kommandant von Dünkirchen ein besonders tüchtiger Admiral sei, der über die erforderlichen Kräfte für die erfolgreiche Verteidigung der Stadt verfüge.

---

*) Der Name lautet richtig: Peirse.

Hieraup fuhr Oberst Simon mit der allgemeinen Darlegung der Lage fort. Die Somme ist offenbar jenseits Ham nicht überschritten worden; die Deutschen besitzen einige Brückenköpfe, einen davon in Peronne und einen anderen südlich von Amiens. Eine französische Armee unter dem Befehl des Generals Frère nimmt den Raum zwischen der Oise und der Somme ein und zieht sich fortschreitend in der Richtung gegen Westen zusammen. Sie umfaßt 8 Divisionen, von denen 4 vollständig sind, während die 4 übrigen noch verladen werden. Diese Armee hat den Befehl, einen Angriff nach Norden auszuführen, um das Sommetal freizumachen.

Weiter im Osten befinden sich die Armeen Touchon und Huntziger.

Was die deutschen Armeen anlangt, so haben sie in der ersten Linie an den kritischen Punkten Panzerdivisionen aufgestellt; hinter diesen Einheiten folgen motorisierte Divisionen, hinter diesen wieder die normalen Divisionen, die auf Pferdekraft angewiesen sind. Es hat den Anschein, als ob eine Anzahl von Infanteriedivisionen im Begriffe sei, sich im Raume von St. Quentin zur Verteidigung einzurichten.

Auf eine Frage des Herrn Winston Churchill erklärt General Weygand, daß bereits große Mengen feindlicher Infanterie in Berührung mit der Armee Huntziger ständen.

Er fügte hinzu: Vor unseren Augen spielte sich und spielt sich noch jetzt ein erster deutscher Angriff ab, der nach einer bisher unbekannten Formel mit neuen Kampfmitteln vor sich gehe. Der General ist der Ansicht, daß diesem ersten Angriff eine Offensive klassischen Stils mit starker Artillerieunterstützung folgen werde. Nach Lösung der ersten Frage werden wir uns sonach mit einem zweiten Problem zu befassen haben, dessen Lösung nicht minder schwierig sei, um so mehr als heftige Vorstöße des Feindes gegen Süden, nämlich gegen die in der Maginotlinie stehenden Heeresgruppen zu erwarten seien.

General Weygand berichtet anschließend in großen Zügen über die Ergebnisse seiner Reise an die Front.

Der Oberbefehlshaber erklärt es für ausgeschlossen, von der englischfranzösisch-belgischen Hauptgruppe, die sich noch im Norden befindet und mehr als 40 Divisionen umfaßt, zu verlangen, sich einfach nach Süden durchzuschlagen und den Anschluß an die französische Hauptarmee zu finden. Ein derartiges Manöver sei zum Scheitern verurteilt und die beteiligten Truppen hätten mit ihrem sicheren Verlust zu rechnen. Die Lage verlangt im Gegenteil, daß die verfügbaren französischen und englischen Streitkräfte unter dem Schutz des belgischen Heeres, das für sie die Deckung gegen Osten und gegebenenfalls gegen Norden übernehme, im Raume von Cambrai und Arras und in der allgemeinen Richtung St. Quentin einen Angriff nach Süden vortragen und auf diese Weise den deutschen Panzerdivisionen, die sich derzeit im Sack von St. Quentin-Amiens befinden, in die Flanke fallen. Gleichzeitig hat die französische Armee des Generals Frère, die südlich der Somme in der Gegend von Beauvais steht, nach Norden vorzustoßen und so den Druck auf die feindlichen Panzertruppen im Raume von Amiens, Abbeville und Arras zu verstärken. Das Wesentliche besteht darin, diese Truppen einem ständigen Druck auszusetzen, ihnen nie die Initiative zu überlassen, sondern sie ständig in Bewegung zu halten, ihnen Verluste beizubringen und ihre rückwärtigen Stellungen zu gefährden.

Nur in dieser Weise kann der Rückzug der in Belgien stehenden Heeresteile mit Erfolg durchgeführt werden.

Am Vortage konnte General Weygand diese Frage leider mit General Gort nicht besprechen, da sich dieser außer Reichweite befand. Jedoch hatte General Weygand eine lange Besprechung mit dem König der Belgier und dessen Generalstab. Ueber die Aufgabe der belgischen Armee bestehen nach dem Oberkommandierenden zwei Auffassungen. Bisher hat sich der König für keine dieser Auffassungen entschieden. Die eine Auffassung, die General Weygand teilt, besteht darin, der belgischen Armee aufzugeben, sich von der Schelde auf die Yser zurückzuziehen und dabei die Deckung der französisch-britischen Streitkräfte, die auf St. Quentin vorgehen, zu übernehmen. Tatsächlich befindet sich die belgische Armee zwischen der Scheldemündung und Gent und Audenarde in einer gefährdeten Lage. Die Unterstützung, die sie den übrigen Heeresteilen der Westfront leiht, kann ebenso gut von der Yser aus mit Hilfe von Ueberschwemmungen durchgeführt werden. (General Weygand hat übrigens das sofortige Einlassen des Wassers angeordnet.)

Die andere Auffassung wurde vom General van Overstraaten, dem Adjutanten des Königs Leopold, vertreten. Nach dieser Auffassung hat die belgische Armee in ihrer bisherigen Stellung zu verbleiben und sich wenn nötig von den übrigen alliierten Streitkräften zu trennen. Ihre Aufgabe ist, die Küste in einem weiten Halbkreis zu schützen. Der Nachschub kann in diesem Fall über Ostende und Dünkirchen gesichert werden. Zur Begründung dieses Planes wies General van Overstraaten auf die Ermüdung der belgischen Truppen hin. Diese haben von Maastricht her ununterbrochene Märsche zurückgelegt. Der belgische General wies auch auf die Moral dieser Truppen hin, die unter diesem langen Rückzug natürlich gelitten hat. Seit der Ankunft der belgischen Armee an der Schelde haben die Truppen nach einer 24stündigen Ruhe wieder Fassung gewonnen und dies am 21. Mai dadurch bewiesen, daß sie zwei deutsche Versuche, den Uebergang über die Schelde zu erzwingen, glänzend abgeschlagen haben.

Von diesen Truppen zu verlangen, erneut zurückzuweichen und das nationale Gebiet fast in seiner Gesamtheit preiszugeben, hieße die Truppe, nach der Ansicht des Generals van Overstraaten, den Gefahren einer neuen Welle der Demoralisierung auszusetzen.

General Weygand hat sich dieser Auffassung mit großer Entschiedenheit widersetzt. Er hat zu bedenken gegeben, daß die Streitkräfte der Alliierten eine Einheit darstellten, daß die Franzosen und Engländer den Belgiern in Belgien zu Hilfe gekommen seien, und daß jetzt die Belgier weiter an der Seite der Engländer und Franzosen den Kampf fortführen müßten. Er hat hinzugefügt, daß der Nachschub für die Armee des Königs unter den vom General van Overstraaten vorausgesehenen Umständen unmöglich durchgeführt werden könne, und daß in diesem Falle sich die belgischen Streitkräfte sehr bald gezwungen sehen würden, zu kapitulieren. Der König hat in die Diskussion nicht eingegriffen. Erst bei seiner Rückkehr zum Großen Hauptquartier, eine Stunde früher, erfuhr General Weygand, daß das belgische Oberkommando sich seiner Meinung angeschlossen habe, Richtung auf die Yser in zwei Etappen zu nehmen, von denen die erstere einen Rückzug bis zur Lys vorsah.

Unter diesen Umständen — fährt der General fort — wird die belgische Armee die Rolle als Deckung spielen, die ich ihr zugedacht habe, während die französisch-englischen Streitkräfte sich nach Süden entfalten werden, wobei sie zu ihrer Rechten durch das französische Kavalleriekorps und durch das belgische Kavalleriekorps verstärkt werden, von denen letzteres zum Teil motorisiert ist. Der König hat vorgesehen, dieses dem französischen Oberbefehl zur Verfügung zu stellen.

Während der Dauer des Vortrages von General Weygand ließen Herr Winston Churchill und General Sir John Dill vielfach ihre Zustimmung erkennen und zeigten durch Fragen und Unterbrechungen, daß ihre eigene Auffassung über die Schlacht genauestens mit der des Generalissimus übereinstimmte, insbesondere wo es sich um die der belgischen Armee zugeteilte Rolle handelte. Der Britische Premierminister wiederholte mehrfach, daß die Wiederherstellung der Verbindung der Nord- und Südarmeen über Arras unerläßlich sei; daß die englischen Steitkräfte unter General Gort nurmehr für vier Tage Lebensmittel hätten; daß der gesamte Nachschub und alles Kriegsmaterial des Britischen Expeditionskorps ab Calais längs der Küste in Richtung auf St. Nazaire konzentriert sei; und daß der Hauptgedanke des General Gort darin gegangen sei, diesen für ihn lebenswichtigen Verbindungsweg offen zu halten. Daher hat er sich seit vorgestern in Bewegung gesetzt, indem er auf seiner rechten Flanke Einheiten hinter diese Linien verlegt hat, um in Richtung auf Arras und Bapaume vorrücken zu können. Es handelt sich hier um eine für die Zukunft des Krieges entscheidende Schlacht, denn die Versorgung der englischen Streitkräfte über die Kanalhäfen ist sehr stark in Frage gestellt, so daß unter diesen Umständen das Gebiet um Cambrai und St. Quentin eine entscheidende Bedeutung gewinnt.

(Herr Winston Churchill teilte etwas später in einer Privatbesprechung dem französischen Ministerpräsidenten und dem General Weygand mit, daß die Beziehungen des Generals Billotte zu dem Oberstkommandierenden des britischen Expeditionskorps nicht vollauf zufriedenstellend seien; insbesondere sei General Gort durch vier Tage hindurch ohne Weisung geblieben. Hierzu teilt General Weygand mit, daß der General Billotte durch einen schweren Automobilunfall verletzt und durch General Blanchard ersetzt worden sei.)

General Weygand stellte die volle Billigung fest, die die Britische Regierung und der britische Generalstab seinen Plänen entgegenbrächten und brachte dann ebenso entschieden und klar wie höflich zwei nach seinem Dafürhalten entscheidende Forderungen vor:

1. Es ist von ausschlaggebender Wichtigkeit für den Erfolg der beginnenden Schlacht, daß die britische Luftwaffe — und zwar Jäger wie Bomber — sich vollauf im Kampfgebiet einsetzt. Sie hat der französischen Armee während der vergangenen Tage sehr große Dienste erwiesen und hat so schon einen äußerst günstigen Einfluß auf den Geist der Infanterie ausgeübt, während sie zugleich viele deutsche Marschkolonnen auf dem Wege zur Front empfindlich gestört habe. Daneben hat sie umfangreiche Aktionen in bestimmten Teilen Deutschlands durchgeführt, und zwar namentlich im Ruhrgebiet und in Hamburg, Bremen und anderen Orten, wo sie gute Erfolge in der Bombardierung von feindlichen Tanklagern und Raffinerien erzielt habe. In Anbetracht der Wichtigkeit unserer Zusammenarbeit hält der Generalissimus es jedoch im Augenblick für erforderlich, daß die englische Luftwaffe vorläufig — nur für einige Tage — ihre Fernflüge einstellt, um dauernd und unmittelbar an der Front selbst oder in der nächsten Umgebung zu wirken. Er fordert

also, daß die britische Luftwaffe den Befehl erhalte, ihre Anstrengungen im Raume der vorgesehenen Operationen zu vervielfachen.

Der Vizeluftmarschall Peirse teilt hierauf seine Ansicht zu dem Thema mit. Er gibt zu bedenken, daß ein Teil der britischen Bombengeschwader (namentlich die Wellingtons) kaum bei Tage eingesetzt werden kann, da die Flugzeuge zu exponierte Ziele darstellen. Es scheint ihm äußerst wichtig, daß andererseits z. B. die Maasbrücken oder die Eisenbahnknotenpunkte in einiger Entfernung von der eigentlichen Operationslinie bombardiert werden, da sie für die Deutschen für den Nachschub während der Schlacht von Bedeutung seien. Nach einem Gedankenaustausch zwischen ihm und General Weygand, an dem auch Herr Winston Churchill teilnimmt, kommt man überein, daß den Wünschen des Generalissimus entsprochen wird und die britischen Luftstreitkräfte des Mutterlandes ausschließlich in der Schlacht eingesetzt werden. Die Bomber, die nicht immer (wie dies in den vorhergehenden Tagen der Fall war) in der Kampflinie selbst genaue Ziele ausmachen können, werden die Verbindungen zwischen der Front und der Maas zu stören versuchen, während die Jäger (die, aus England kommend, sich kaum länger als 20 Minuten im Kampfgebiet aufhalten können) sich in aufeinanderfolgenden Wellen ablösen werden.

2. General Weygand weist sodann nachdrücklich auf die Gefahr für die Landesverteidigung hin, die sich z. Zt. aus dem Flüchtlingsstrom aus den Niederlanden, Belgien und Nordfrankreich ergebe. Die auf den Straßen sich vorwärts bewegenden Massen behindern die Bewegungsfreiheit der Truppen, gestatten deutschen Elementen, sich unter sie zu mengen und üben überdies eine ungünstige Wirkung auf den Geist der Truppe aus. Es ist unbedingt erforderlich, daß diesem Zustrom Einhalt geboten wird, daß niemand mehr auf französisches Gebiet übertreten dürfe und daß die in Bewegung befindlichen Flüchtlingskolonnen von den großen Verkehrsstraßen während gewisser Tageszeiten ferngehalten werden; sie sollen auf den Feldern lagern und nur mit gewissen Einschränkungen weiterziehen dürfen. General Weygand zeigte sich in diesem Punkte gegenüber dem König der Belgier äußerst firm, und er hofft, daß die alliierten Regierungen die gleiche Haltung einnehmen werden.

Herr Winston Churchill und Herr Paul Reynaud äußern ihre volle Billigung zu den vom General vorgetragenen Gesichtspunkten.

Der Generalissimus teilte dann kurz mit, daß er sich während des Abends und in der Nacht mit drei Offizieren des Generalstabs der Armee Giraud habe unterhalten können, die ihm außerordentlich wertvolle Einzelheiten über die von der deutschen Armee in der Schlacht angewendeten Methoden hätten geben können und die auf seine Weisung hin eine kurze Aufzeichnung vorgelegt haben, die verlesen wird.

Herr Winston Churchill schließt daraus, daß unter Anwendung geeigneter Methoden und mit der notwendigen Kaltblütigkeit die Angriffe der deutschen Panzerkräfte, selbst wenn sie von Bombern unterstützt werden, abgewehrt werden könnten, und daß es sich jetzt darum handle, sich überall, wo man sich befinde, bis zum letzten in den Stellungen zu halten. General Weygand fügte hinzu, daß man auch handeln müsse und daß, „wo man angreife, man auch jemand störe".

Die Sitzung wurde um 13 Uhr 15 geschlossen.

17 Uhr

General Weygand sucht den Ministerpräsidenten auf und erläutert ihm an Hand einer mitgebrachten Karte die näheren Umstände, unter denen sich morgen die vorgesehene Offensive abspielen wird.

Herr Paul Reynaud macht ihm bei dieser Gelegenheit von den Gerüchten Mitteilung, die hierüber in politischen Kreisen umlaufen und bittet ihn, allenthalben erneut Weisung zu geben, damit das Geheimnis über die Operationen gewahrt bleibe.

Der Oberbefehlshaber stellt fest, daß die Tatsachen, die er im Laufe des Vormittags Herrn Winston Churchill und Herrn Paul Reynaud mitgeteilt habe, durch eine günstigere Entwicklung ergänzt werden: die Armee des Generals Frère werde morgen zur Stützung der im Norden vorgesehenen Operationen zahlreichere und bedeutendere Einheiten aufweisen, als man es vor einigen Stunden annehmen konnte.

Strengvertraulich

SCHLUSSFOLGERUNGEN

der am 22. Mai 1940 im Hauptquartier des Generals Weygand abgehaltenen Konferenz zwischen dem

Ministerpräsidenten Paul Reynaud, General Weygand

und

dem britischen Premierminister Winston Churchill,

General Dill

Luftmarschall Pierce

Admiral . . . .

Es wurde folgendes vereinbart:

1. Die belgische Armee zieht sich auf die Yser-Linie zurück und hält diese Linie. Die Schleusen sind geöffnet.

2. Die britische und die französische Armee greifen im Südwesten in Richtung Bapaume und Cambrai an, und zwar sobald wie möglich — bestimmt morgen —, mit ungefähr 8 Divisionen.

3. Angesichts der vitalen Bedeutung dieser Schlacht für die beiden Heere und der Tatsache, daß die britischen Verbindungen von der Befreiung Amiens abhängen, leistet die britische Luftwaffe während der Dauer der Schlacht Tag und Nacht jede mögliche Hilfe.

4. Die neue französische Armeegruppe, die auf Amiens vorrückt und die längs der Somme eine Front bildet, stößt nach Norden vor, um die Verbindung mit den nach Süden zu in Richtung Bapaume angreifenden britischen Divisionen aufzunehmen.

Nr. 57

Der Britische Premierminister Winston Churchill an den Französischen Ministerpräsidenten und Außenminister Reynaud
(für den Oberbefehlshaber der alliierten Streitkräfte General Weygand)

Telegramm

(Uebersetzung des Faksimile Seite 360)

Streng geheim   Den 24. Mai 1940

General Gort telegraphiert, daß die Koordinierung der Armeen der drei verschiedenen Nationen an der Nordfront wesentlich sei. Er könne diese Koordinierung nicht bewirken, da er bereits im Norden und Süden kämpfe und seine Verbindungsstraßen bedroht seien. Gleichzeitig höre ich von Sir Roger Keyes, das belgische Hauptquartier und der König hätten bis heute, (23. Mai), 3.00 Uhr nachmittags keinerlei Direktiven erhalten. Wie paßt das zu Ihrer Erklärung, Blanchard und Gort gingen Hand in Hand? Ich unterschätze durchaus nicht die Schwierigkeiten, die zur Aufrechterhaltung der Verbindung zu überwinden sind, habe aber nicht das Gefühl, daß die Operationen im nördlichen Gebiet, gegen das sich der Feind konzentriert, wirksam miteinander in Einklang gebracht werden. Verlasse mich darauf, daß Sie darin Abhilfe schaffen können. Gort sagt ferner, jedes Vorrücken seinerseits könne nur die Form eines Durchbruchsversuchs annehmen, und er müsse Entsatz von Süden her erhalten, da er zu einem ernsthaften Angriff nicht die erforderliche Munition habe.

Nichtsdestoweniger weisen wir ihn an, an der Durchführung Ihres Planes festzuhalten. Wir haben hier nicht einmal Ihre eigenen Richtlinien erhalten und wissen nichts über die Einzelheiten Ihrer Operationen im Norden.

Wollen Sie uns diese bitte sobald wie irgendmöglich durch die Französische Botschaft senden. Die besten Wünsche.

Nr. 58

Der Französische Ministerpräsident und Außenminister Reynaud an den Britischen Premierminister Winston Churchill

Telegramm

(Uebersetzung des Faksimile Seite 362)

Streng geheim

Den 24. Mai 1940

1. General Weygand hat Ihnen vorgestern in meiner Gegenwart in Vincennes einen Plan auseinandergesetzt, dem Sie wie auch Ihre Begleitoffiziere voll und ganz zugestimmt haben.

2. Diesen Plan haben Sie schriftlich zusammengefaßt. General Weygand setzte Sie davon in Kenntnis, daß er dieser Zusammenfassung zustimmte.

3. General Weygand kennt alle Schwierigkeiten der Lage, aber er ist der Ansicht, daß es keine andere mögliche Lösung gibt, als die Durchführung dieses Planes, selbst auf die Gefahr hin, daß man ihn den Schwierigkeiten des Augenblicks anpaßt, indem man z. B. den Marsch nach Südwesten abbiegt, wobei der rechte Flügel unterhalb von Amiens auf die Somme marschiert. Er hat daher heute morgen den Befehl zur Durchführung dieses Planes wiederholt. Die eingeschlossenen Armeen müssen also den verzweifelten Versuch unternehmen, sich mit den französischen Truppen zu vereinigen, die von Süden nach Norden marschieren in dem Bestreben, von der Somme, und zwar besonders von Amiens aus, loszubrechen.

4. Es ist dringend erforderlich, die Armee Gort über Dünkirchen zu verproviantieren, das von den beiden Divisionen Fagalda gedeckt wird.

5. Es ist sehr wünschenswert, daß Sie Truppen in die Häfen entsenden, so wie Sie es gestern für Calais getan haben.

6. General Weygand hat zu seiner Ueberraschung festgestellt, daß im Widerspruch zu diesem Plan die Stadt Arras gestern von den englischen Truppen geräumt worden ist.

7. Die Verbindung des Generals Weygand mit der belgischen Armee ist sichergestellt. Er hat gestern abend erfahren, daß die Belgier kleine Vorstöße zurückgewiesen haben und ihre Moral ausgezeichnet sei.

8. Die Unmöglichkeit, mit Blanchard, dem Oberbefehlshaber der drei Armeen, nämlich der belgischen Armee und der Armeen Gort und Blanchard, direkt in Verbindung zu treten, gestattet dem General Weygand nicht, Ihnen über die fehlende Verbindung zwischen Blanchard und Gort eine Antwort zu geben. Da er aber mit der belgischen Armee direkt in Verbindung steht, hat er die Ueberzeugung, daß seine Befehle Blanchard und, über ihn, Gort erreicht haben. Der Beweis für die Zusammenarbeit zwischen Blanchard und Gort scheint daraus hervorzugehen, daß in der vergangenen Nacht eine französische Division eine englische Division abgelöst hat.

9. General Weygand erfährt soeben von dem Abschub der schweren Einheiten der englischen Armee aus Le Havre, was hinter der Front eine große moralische Verwirrung hervorruft. Wie ich selbst, ist auch er davon überrascht, daß er nicht vorher davon in Kenntnis gesetzt wurde.

10. Sie werden, wie auch ich, die Meinung vertreten, daß sich in diesen schicksalsschweren Stunden die einheitliche Führung mehr denn je zuvor durchsetzen muß und die Befehle des Generals Weygand ausgeführt werden müssen.

11. General Weygand ist davon überzeugt, daß sein Plan nur dann von Erfolg gekrönt sein kann, wenn die belgische Armee und die Armeen Blanchard und Gort von dem fanatischen Willen erfüllt sind, einen Ausfall zu unternehmen, der sie allein retten kann.

Nr. 59

Der Französische Ministerpräsident und Außenminister Reynaud an den Britischen Premierminister Winston Churchill

(Uebersetzung des Faksimile Seite 365)

Geheim

Den 24. Mai 1940

Sie haben mir heute vormittag telegraphiert*), daß Sie den General Gort angewiesen haben, weiterhin den Plan Weygand auszuführen.

Mit einem Telegramm des Generals Blanchard teilt mir nun General Weygand mit, daß die englische Armee, entgegen dem heute früh durch General Weygand bestätigten formellen Befehl, einen Rückzug über 40 km in Richtung auf die Häfen beschlossen und durchgeführt hat, während unsere von der Südfront kommenden Truppen nach Norden zu in Richtung auf die alliierten Nordarmeen Gelände gewannen.

Dieser Rückzug hat natürlich den General Weygand gezwungen, seinen ganzen Aufmarsch zu ändern. Er sieht sich nunmehr gezwungen, auf eine Schließung der Lücke zu verzichten und eine fortlaufende Front zu bilden. Wie schwerwiegend die Folgen sind, die sich hieraus ergeben können, bedarf kaum der Erwähnung.

---

*) Vgl. Nr. 57.

Nr. 60

Der Britische Premierminister Winston Churchill an den Französischen Ministerpräsidenten und Außenminister Reynaud

Mitteilung

(Uebersetzung des Faksimile Seite 366)

Den 25. Mai 1940

Mein Telegramm der letzten Nacht hat Ihnen alles gesagt, was wir hier wissen und daß wir bis jetzt nichts von Lord Gort gehört haben, was ihm widerspricht. Ich muß Ihnen aber mitteilen, daß ein Offizier des Stabes einen Bericht im War Office gegeben hat, der den Rückzug der beiden Divisionen aus dem Raume von Arras bestätigte, den Ihr Fernschreiben erwähnte. General Dill, der sich bei Lord Gort befinden soll, hat den Befehl erhalten, sobald als möglich einen Offizier des Stabes auf dem Luftwege zu schicken. Sobald wir wissen, was geschehen ist, werden wir Sie ausführlich unterrichten. Es ist indessen klar, daß praktisch die Nordarmee umzingelt und ihrer Verbindungen mit Ausnahme von Dünkirchen und Ostende beraubt ist.

(Handschriftlicher Vermerk):
Ueberbracht von Capitaine de Winter, Kabinett des Ministers, 25. 5. 1940, 18.55 Uhr.

Nr. 61

Niederschrift über die Sitzung des Französischen Kriegsausschusses vom 25. Mai 1940

(Uebersetzung des Faksimile Seite 367)
Sitzung des Kriegsausschusses vom 25. Mai 1940.

Zugegen:

>Der Präsident der Republik
>Paul Reynaud, Präsident des Ministerrates
>Marschall Pétain, Vizepräsident des Ministerrates
>Campinchi, Marineminister
>Laurent-Eynac, Luftfahrtminister
>Rollin, Minister für die Kolonien
>General Weygand
>Admiral Darlan
>General Vuillemin
>General Bührer
>Paul Baudouin, Schriftführer des Kriegsausschusses

Die Sitzung wird um 19 Uhr eröffnet.

Der Ministerpräsident gibt bekannt, daß der Kriegsausschuß zur Entgegennahme eines Vortrages des General Weygand über die militärische Lage und zur Prüfung verschiedener in Frage kommender Pläne zusammentrete.
General Weygand hat das Wort.
Er erklärt, einen aus zwei Teilen bestehenden Bericht über die militärische Lage geben zu wollen: Erster Teil: Gebiet im Norden. Zweiter Teil: Uebrige Front von der Somme bis zur Schweizer Grenze.

1. Gebiet im Norden. General Weygand beschreibt in Kürze die Aktion der beiden in Belgien stehenden französischen Armeen. Er geht insbesondere darauf ein, wie nach der Durchstoßung der Front in der Gegend von Maastricht die ersten Truppen den Rückzug antraten und wie hierauf die neunte Armee (General Corap) in Stärke von 9 Divisionen auf die Linie Namur-Sedan zurückwich. Die Reste dieser Armee strömten zum Teil der Armee Huntziger zur Rechten, zum Teil der Armee Blanchard zur Linken zu, zum Teil zogen sie sich auch in Unordnung ins Hinterland zurück. Der Zusammenbruch der Armee Corap öffnete ein großes Loch in der französischen Aufstellung. Die Deutschen stießen sofort in der Richtung gegen das Meer vor. Sie fanden freie Straßen und ihre Panzertruppen begegneten keinerlei ernstlichem Widerstand. Es gelang ihnen, die Armeegruppe Nr. 1 vom Rest der französischen Armee zu trennen. Diese Armeegruppe, die bisher dem Befehl des General Billotte unterstand, wird seit 3 Tagen von General Blanchard geführt und umfaßt: die belgische Armee

mit 20 Divisionen, die englische Armee mit 8 Divisionen, die I. französische Armee mit 8 Divisionen nebst einem Kavalleriekorps, insgesamt somit 38 Divisionen.

Seit Uebernahme des Oberbefehls, am Montagmorgen, versucht General Weygand vergeblich, diese Armeen zu entsetzen. Heute ist die Lage sehr ernst geworden. Die genannte Armeegruppe steht in Berührung mit dem Feind im Osten, im Westen und im Süden, der von ihr besetzte Raum ist so eng begrenzt, daß eine entsprechende Entfaltung der Streitkräfte nicht möglich ist. Der Befehlshaber der Armeegruppe, General Blanchard, bereitet einen Angriff vor. Dieser Angriff soll in der Nacht vom 26. auf 27. vor sich gehen und am Morgen des 27. in der Richtung Bapaume weiter verfolgt werden.

„Die Ergebnisse dieses Angriffs", erklärte General Weygand, „kann ich im voraus nicht angeben. Mein letztes Telegramm, das ich heute nachmittag an General Blanchard geschickt habe, läßt ihm freie Hand für seine Operationen und schreibt ihm vor, vor allem die Ehre der ihm anvertrauten Fahnen zu retten. Ich bin verpflichtet", fährt der General fort, „Sie auf das Schlimmste gefaßt zu machen, d. h. auf den Verlust der Streitkräfte, aus denen die Armeegruppe Nord gebildet ist. Ich habe diese Möglichkeit bereits in meinen Besprechungen mit dem Ministerpräsidenten ins Auge gefaßt."

Ministerpräsident Paul Reynaud unterbricht den General, um ihm Kenntnis von einem heute nachmittag eingegangenen Telegramm des Britischen Premierministers Churchill*) zu geben. Dieses Telegramm bestätigt den Rückzug zweier britischer Divisionen im Raume von Arras. Dieser Rückzug hat die Ausführung des Planes gefährdet, den General Weygand in voller Uebereinstimmung mit dem Britischen Premierminister und dem französischen Regierungschef am letzten Mittwoch festgelegt hat. Churchill, so erklärte Herr Reynaud, erkennt in seinem Telegramm an, daß die Nordarmee tatsächlich eingeschlossen ist und daß sie außer über Dünkirchen und Ostende von ihren Verbindungen abgeschnitten ist.

General Weygand fährt in seiner Darlegung fort und geht nunmehr zum zweiten Teil über, der sich mit der übrigen Front befaßt.

Die von den französischen Truppen besetzte Front umfaßt die Maginot-Linie, die an diese Linie sich anschließenden Befestigungen bis Montmédy, die Aisne, die Ailette, den Crozet-Kanal und die Somme bis zur Mündung.

„Die neue Frontführung", erklärt der General, „war vor meiner Ankunft beschlossen und zum Teil auch ausgeführt worden. Ich kann die Instruktionen, die mein Amtsvorgänger in dieser Hinsicht gegeben hat, nur billigen. Auf diese Weise wurde eine zusammenhängende Front gebildet oder ist vielmehr in Bildung begriffen, denn die meisten Divisionen sind zwischen dem 20. und dem 24. Mai in ihre Stellungen eingerückt. Die neue Verteidigungslinie, die nunmehr entstehen wird, umfaßt ungefähr 280 km. Welche Kräfte stehen der französischen Verteidigung dieser Linie zur Verfügung? 36 Divisionen sind in Stellung, 3 Divisionen sind in Reserve, 9 Divisionen befinden sich auf dem Marsch zu den neuen Stellungen. Wir verfügen somit insgesamt über 48 Divisionen, zu denen noch die 10 Divisionen Festungstruppen hinzukommen, die praktisch aus der Maginot-Linie nicht weggenommen werden können. Darüber

---

*) Vgl. Nr. 60.

hinaus besteht die dem Großen Hauptquartier zur Verfügung stehende Reserve aus 2 nordafrikanischen Divisionen, die sich gegenwärtig im Anmarsch befinden. Die Herbeischaffung einer weiteren Division gleichfalls aus Nordafrika ist Gegenstand einer Prüfung. Eine Division wird den in den Alpen stehenden Streitkräften entnommen. Im Hinterland wird gegenwärtig die Aufstellung von 7 Divisionen betrieben, die zum Teil aus Elementen der Armee Corap bewirkt wird. Diese Divisionen werden zwischen dem 1. und 15. Juni bereitstehen. Insgesamt werden somit am 15. Juni 48 Divisionen plus 11 Divisionen bereitstehen, mithin ungefähr 60 Divisionen."

„Vor uns", fährt General Weygand fort, „stehen 130 bis 150 deutsche Divisionen, darunter 9 Panzerdivisionen. Unsere Aufgabe ist daher, in einem Kräfteverhältnis von 1 zu 3 zu kämpfen. Dazu kommt noch, daß unsere Kampfwagenverbände um vier Fünftel verringert sind. Trotz einer bemerkenswerten Anstrengung auf dem Gebiet der Flugzeugherstellung, der ich meine Anerkennung zolle, verringern sich unsere Bestände an Jagd- und Bombenflugzeugen im Laufe der kommenden Wochen vermutlich in rascher Folge, da uns der Kampf täglich 30 bis 40 Flugzeuge kostet."

„Was können wir unter diesen Umständen tun?"

„Eine kürzere Linie suchen."

General Weygand berichtet darüber, wie er mit General Georges die Frage der Verkürzung der Front geprüft hat. Man habe eine Linie ins Auge gefaßt, die von der Küste ausgehe, Paris einschließe und an der Loire endige. In diesem Fall hänge jedoch der rechte Flügel in der Luft, und man müsse 150 000 Soldaten in der Maginot-Linie aufgeben. Eine andere Linie, die man sich ausgedacht habe, umfasse die Maginot-Linie, hätte jedoch den Verlust von Paris zur Folge.

„Diese beiden Lösungen", so erklärt Weygand, „erscheinen mir undurchführbar. Eine dritte Lösung biete sich in der Herstellung einer Verteidigungslinie, die folgendermaßen verläuft: Untere Seine, Stellung von Paris, Oise, Nonette, Marne, Argonnen, Verdun, Metz und Maginot-Linie. Nach der Schlacht, die sich an der gegenwärtigen Somme-Aisne-Front abspielt, würde sich die Armee hinter der soeben genannten Linie aufstellen, die den Vorteil bietet, daß Paris gehalten wird. Die Nachprüfung, die ich vorgenommen habe, zeigt jedoch, daß wir nicht die erforderlichen Reserven haben werden, um unter dem Druck des feindlichen Nachstoßes einen geordneten Rückzug von der Somme-Aisne-Front auf die Front Untere Seine-Marne durchzuführen. Bei einer derartigen zahlenmäßigen Unterlegenheit besteht keine Möglichkeit zu einem geordneten Rückzug."

General Weygand kommt zu folgender Schlußfolgerung: „Wir müssen die gegenwärtige Stellung Somme-Aisne halten und uns daselbst bis zum äußersten verteidigen. Diese Linie weist zahlreiche schwache Punkte auf, insbesondere den Crozet-Kanal und die Ailette. Die Front dort wird möglicherweise durchbrochen. In diesem Fall bilden die Ueberreste der Armee Dämme. Jeder dieser Teile der Armee muß sich bis zur Erschöpfung schlagen, um so die Ehre des Vaterlandes zu retten."

Der General erklärt weiter, daß Frankreich den ungeheuren Fehler begangen hat, in den Krieg einzutreten, ohne über den erforderlichen Operationsplan zu verfügen. Wahrscheinlich wird Frankreich diesen verbrecherischen Leichtsinn büßen müssen. Wir müssen jedoch an den Wiederaufstieg des Vaterlandes denken. Die Tapferkeit, mit der sich das Land verteidigt, wird ein entscheidendes Element für seinen künftigen Wiederaufstieg sein.

Der Ministerpräsident dankt General Weygand für seine bedeutenden Ausführungen, die sich auf den Gang der Operationen und die allgemeine Kriegsführung erstreckt haben. Was den Gang der Operationen anbelange, so habe sich die Französische und Englische Regierung am letzten Mittwoch mit den getroffenen Maßnahmen einverstanden erklärt. Was die allgemeine Kriegsführung anbelange, so stimmt der Ministerpräsident mit General Weygand überein, daß im Falle des Verlustes der Nordarmeen die Ehre des französischen Heeres gerettet und ein Kampf auf Leben und Tod begonnen werden muß. (Der Ministerpräsident bezeichnet den etwaigen Verlust der Nordarmeen als einen schweren Schlag unter dem Gesichtspunkt der Moral, aber auch im Hinblick auf die tatsächlichen Verluste an Truppen und Material.)

„Mag dies so sein", fährt der Ministerpräsident fort. „es ist nicht gesagt, daß uns der Feind einen sofortigen Waffenstillstand bewilligt. Erscheint es nicht möglich, die Gefangennahme der Regierung zu verhindern, für den Fall, daß der Feind in Paris einzieht?" Der Ministerpräsident richtete an General Weygand die Frage, was er der Regierung im Zusammenhang mit dem Rückzug anrate. Tours ist viel zu nahe. Als beste Lösung erscheine Bordeaux oder die Umgegend.

Der Präsident der Republik greift in die Verhandlung ein, um an General Weygand die Frage zu richten, wie dieser sich die Lage der Regierung vorstelle, wenn die französische Armee gemäß der von ihm geschilderten Möglichkeiten zerstreut und zerstört würde. Inwieweit hätte die Französische Regierung Ermessensfreiheit für die Prüfung etwa an sie gerichteter Friedensangebote? Wäre diese Ermessensfreiheit nicht größer vor der Zerstörung der französischen Armeen? „Gewiß", fährt der Präsident der Republik fort, „wir haben eine Verpflichtung unterschrieben, die uns den Abschluß eines Sonderfriedens untersagt. Wir müssen gleichwohl, falls Deutschland uns verhältnismäßig vorteilhafte Bedingungen anbietet, diese Bedingungen genau prüfen und mit kühler Ueberlegung darüber beraten."

General Weygand hat für den vom Präsidenten der Republik geäußerten Gedanken volles Verständnis. Er erkennt an, daß die Beendigung der Feindseligkeiten eine interalliierte Frage ist. Er erkennt weiter an, daß man die von ihm geschilderte äußerste Lösung, nämlich den Kampf unserer Armee auf Leben und Tod zur Rettung der Ehre, nicht annehmen kann, ohne die Folgen mit England zu prüfen.

Der Ministerpräsident ist der Ansicht. daß im Falle von Friedensangeboten Frankreich zu England sagen müsse: Teilen Sie uns mit, was Sie über diese Angebote denken, mit denen wir uns zu befassen haben!

General Weygand ist angesichts des Ernstes der gegenwärtigen Lage der Ansicht, daß es zweckmäßig wäre, mit der Englischen Regierung in einen Gedankenaustausch über diese verschiedenen Fragen einzutreten. England muß mit der schweren Gefahr rechnen, seine gesamte gegenwärtige Armee zu verlieren, die dazu bestimmt war, das Rückgrat seiner künftigen Armee zu werden. England muß unsere Sorgen verstehen.

Marschall Pétain stellt die Frage, ob bei den gegenseitigen Pflichten zwischen Frankreich und England die Reziprozität gewahrt werde. Jedes Volk hat Pflichten gegenüber einem anderen Volk in dem Maße, in dem das andere Volk dem eigenen Volk Hilfe leistet. Gegenwärtig hat England nur 10 Divisionen in den Kampf geworfen, während auf der anderen Seite 80 französische Divisionen am Kampf beteiligt sind. Der Vergleich darf sich im übrigen nicht nur auf die militärischen Anstrengungen der beiden Länder erstrecken, sondern auch auf die sonstigen Opfer, die sie zu bringen haben.

General Weygand erklärt, daß Deutschland voraussichtlich große Anstrengungen machen werde, in England zu landen. Hiermit müsse England rechnen. Er hält es für zweckmäßig, zwischen der Englischen und Französischen Regierung einen sofortigen Meinungsaustausch betreffend die nächste Zukunft einzuleiten.

Der Ministerpräsident erklärt, daß ihm Herr Churchill in der Nacht vom 16. auf 17. . . . .*) erklärt habe, daß England im Falle einer französischen Niederlage den Kampf gegen Deutschland energisch fortsetzen werde, und zwar mit einer ständig stärker werdenden Luftwaffe. Man werde versuchen, Deutschland auszuhungern. Herr Churchill zeigte sich . . . .*) bereits als Anhänger eines Kampfes auf Leben und Tod in der Erwartung des aktiven Eingreifens der Vereinigten Staaten.

Herr Paul Reynaud hat an Herrn Bullitt die Frage gerichtet, in welcher Weise Präsident Roosevelt hoffe, Frankreich eine entscheidende Hilfe zu bringen. Er hat noch keine genaue Antwort auf diese vor mehr als einer Woche gestellte Frage erhalten.

---

*) *Ein Wort fehlt, da das Original an dieser Stelle schadhaft ist.*

Nr. 62

Der Oberbefehlshaber der alliierten Streitkräfte General Weygand an den Oberbefehlshaber der französischen Streitkräfte im Ostmittelmeergebiet General Mittelhauser

Telegramm

(Uebersetzung des Faksimile Seite 371)

den 27. Mai 1940

Nr. 1219/3. F. T.

Antwort auf Ihr Telegramm No. 53-31 W vom 26. Mai *)

Sendung erster Gruppe Flak 75 und Gegenwert 3 Batterien 25 Flak entsprechend Telegramm No. 579/3*) EMG vom 14. Mai seitens Generals Vuillemin hängt ab von Landung entsprechend meinem Telegramm 860/3 F. T. vom 6. Mai*) und meinem Schreiben Nro. 911/3 F. T. vom 10. Mai*) in Honduras**).

Da diese Operation infolge der gegenwärtigen Umstände grundsätzlich in Frage gestellt ist, kann ich gegenwärtig Ihrem Antrag auf Verstärkung der Flak nicht Rechnung tragen.

Im Auftrag

Doumenc

---

*) Liegt nicht vor.
**) Deckname für Saloniki. Vgl. Nr. 51.

Nr. 63

Der Oberbefehlshaber der alliierten Streitkräfte General Weygand an den Militärattaché an der Französischen Botschaft in London General Lelong

Telegramm

(Uebersetzung des Faksimile Seite 372)

Nr. 565 Cab./D. N.

Befehlsstelle, den 28. Mai 1940

Der Kommandierende Admiral in Dünkirchen betont die Notwendigkeit eines nachdrücklichen Schutzes durch Luft- und Seestreitkräfte zur Sicherung des Nachschubs und der teilweisen Evakuierung der in der Verteidigung des Brückenkopfes Dünkirchen kämpfenden Truppe.

Ich zweifle nicht, daß diese Notwendigkeit von den britischen Behörden verstanden wird. Ich bitte jedoch, erneut bei ihnen vorstellig zu werden, damit alles unternommen wird, um diese Gedanken zu verwirklichen.

General Weygand

Nr. 64

Der Oberbefehlshaber der alliierten Streitkräfte General Weygand an den Militärattaché an der Französischen Botschaft in London General Lelong

(für das britische Oberkommando)

Telegramm

(Uebersetzung des Faksimile Seite 373)

Nr. 1272/3/F. T.   Den 30. Mai 1940

Geheim

    Bitte dem britischen Oberkommando sofort folgendes mitzuteilen:

    Der Leiter der britischen Militärmission hat am 29. Mai dem General Georges mitgeteilt, daß die Britische Regierung beabsichtige, den Kampf in Frankreich an der Seite der französischen Armee fortzusetzen.

    Die Panzerdivision und die 51. Division verbleiben in Frankreich unter dem Befehl des französischen Oberkommandos und werden sobald wie möglich eine Verstärkung erfahren. Die britische Luftwaffe verbleibt in Frankreich.

    Der Oberbefehlshaber Weygand dankt dem britischen Oberkommando für diesen Beweis der Solidarität, er glaubt jedoch, die Aufmerksamkeit der Generalstabschefs auf die Lage der in Frankreich verbliebenen britischen Luftwaffeneinheiten lenken zu müssen.

    Gegenwärtig verbleiben auf unserem Staatsgebiet nur 3 Jagdgeschwader; alle anderen sind nach England zurückgekehrt. Nach der Beendigung der Schlacht in Flandern sind die zuletzt genannten Geschwader außerstande, in die neue Schlacht einzugreifen, die möglicherweise an der Somme-Front, in der Champagne oder an der Maas beginnt.

    Das ganze Gewicht der Schlacht fällt somit auf das französische Heer, das Ungeheures aushalten muß.

    Der Oberbefehlshaber bittet das britische Oberkommando inständig, die Schwere dieser Lage begreifen zu wollen und alle Maßnahmen zu ergreifen, damit sofort ein erheblicher Teil der britischen Luftwaffe insbesondere Jäger als Bereitschaft für die bevorstehende Schlacht in Frankreich stationiert werden können.

Ende

Weygand

Nr. 65

Der Französische Botschafter in London Corbin an das Französische Außenministerium

Telegramm

(Uebersetzung des Faksimile Seite 375)

Geheim
Nr. 2253   London, den 31. Mai 1940, 17.15 Uhr

Ich beziehe mich auf mein Telegramm Nr. 2038—2041 und auf Ihre Telegramme Nr. 2171—2173 und 2201—2202.[*]

Ich habe dem Foreign Office Ihre letzten Weisungen an Herrn Massigli zur Kenntnis gebracht bezüglich der Haltung, die die Türkische Regierung einnehmen soll, falls Italien einen Konflikt zwischen sich und den Alliierten provoziert. Die Weisungen stimmen nach hiesiger Ansicht mit der Einstellung überein, die die Britische Regierung selbst in Voraussicht eines italienischen Angriffs auf die Alliierten (mein Telegramm Nr. 2140 vom 26. Mai[*]) der Türkei gegenüber eingenommen hat. Unter diesen Umständen halten Lord Halifax und seine Mitarbeiter es für das beste, an den Weisungen festzuhalten, die sie Sir Knatchbull-Hugessen bereits erteilt haben.

Diese Weisungen sind jedoch schon in einem wichtigen Punkt abgeändert worden. Die Worte „und, wie in Aussicht genommen, den Dodekanes besetzen" sind gestrichen worden. Der Britische Botschafter in Ankara ist davon in Kenntnis gesetzt worden mit der Bitte, den Eingang dieser neuen Instruktion zu bestätigen. Ebenso ist ihm mitgeteilt worden, daß sein französischer Kollege (sehr) wahrscheinlich eine entsprechende Instruktion erhalten würde.

Die Britische Regierung (hat) beschlossen, jede Erwähnung des Dodekanes zu streichen, damit die Türken nicht dadurch veranlaßt werden, schon vorher einen militärischen Beistand (der Alliierten) zu fordern, den diese unter den augenblicklichen Umständen nicht zu leisten (in der Lage) sind.[**]

[*] *Diese Telegramme liegen nicht vor.*

[**] *Bezieht sich auf Artikel 3 des englisch-französisch-türkischen Militärvertrages vom 19. Oktober 1939, der lautet:*

Die vertragschließenden Teile erklären es für zweckmäßig, für den Fall eines Konflikts, der die Bestimmungen dieses Vertrages zur Auslösung bringt und eine feindliche Aktion Italiens zur Folge hat, die Inseln des Dodekanes so schnell wie möglich zu unterwerfen.

Die zur Durchführung dieser Bestimmung auszuführenden Operationen werden von den türkischen Streitkräften unter Mitwirkung der See- und Luftstreitkräfte geführt, die von den beiden anderen Vertragsteilen zur Verfügung gestellt werden können. Den genannten Operationen werden nach Maßgabe des Möglichen See- und Luftkriegs-Aktionen vorausgehen, die den Zweck verfolgen, die See- und Luftvorherrschaft zu erringen, die genannten Inseln zu isolieren und ihre Garnison zu lähmen.

Die für diese Operationen in Frage kommenden Pläne (Einrichtung des Oberkommandos — aufeinanderfolgende Operationsabschnitte und was damit zusammenhängt — einzusetzende Truppenteile — Aufbringung und Beischaffung der erforderlichen Transportmittel — Schutzmaßnahmen bei den Landungen usw.) werden in Besprechungen aufgestellt, die nach Inkrafttreten dieses Militärabkommens zwischen den beteiligten Generalstäben stattfinden werden.

Die Beteiligung Frankreichs umfaßt die Gestellung von Luftstreitkräften, die dem Levantekorps entnommen werden; die Stützpunkte für diese Flugzeuge werden in Friedenszeiten auf türkischem Hoheitsgebiet eingerichtet.

Ich glaube im Foreign Office sagen zu können, daß die Französische Regierung, um Zeit zu gewinnen, davon absehen würde, über diese Auffassung zu diskutieren, und daß sie Herrn Massigli die gleichen Instruktionen schicken würde, die morgen früh sein englischer Kollege erhalten wird. Allgemein gesprochen, sind die Mitarbeiter von Lord Halifax ebenso wie wir der Ansicht, daß die Türkische Regierung von Anfang des Konfliktes an eine (völlig) unzweideutige Haltung einnehmen muß. Obgleich den Botschaftern in Ankara ein gewisses Ermessen zugestanden wird, glaubt man unter diesen Umständen hier nicht, daß die Türkei den Alliierten alle die Dienste leisten kann, die in dem Dreierpakt mit seinen Verpflichtungen vorgesehen sind, und daß sie unsere Streitkräfte zu Lande, zur See und in der Luft unterstützen kann, ohne ihrerseits Italien den Krieg zu erklären. Diese unvermeidliche Folge der Verpflichtungen, die die Türkei eingegangen ist, müßte sich nach Ansicht des Foreign Office so schnell wie möglich auswirken.

Corbin

Nr. 66

Der Französische Botschafter in Ankara Massigli
an das Französische Außenministerium

Telegramm

(Uebersetzung des Faksimile Seite 378)

Nr. 1216—17   Ankara, den 1. Juni 1940, 1.43 Uhr

Ich beziehe mich auf Ihr Telegramm Nr. 1131—33.[*]

Im Sinne der Erwägungen, die wir geltend machen können, um die Balkanregierungen zur Festigung ihrer Solidarität mit der Türkei und mit uns selbst zu veranlassen, wenn sich Italien gegen uns stellt, halte ich es für nicht schlecht, wenn zum Zwecke der Erzielung einer Reaktion gegen den Schrecken, den die deutsche Macht weiterhin einflößt, gezeigt werden kann, daß die seit 3 Wochen tobende Schlacht die Möglichkeiten einer deutschen Offensive in anderen Gebieten in großem Umfange verringert hat.

Wenn ich in die Lage versetzt würde, hier unter Hinweis auf den Verbrauch der deutschen Reserven und damit in Verbindung auf die Verringerung der Truppenkontingente an den Grenzen Jugoslawiens und an den deutsch-ungarischen Grenzen konkrete Mitteilungen zu geben, würde sich die Türkische Regierung zweifellos dieser Tatsachen bei ihren Verbündeten bedienen.

Ebenso wie mein englischer Kollege bleibe ich bei der Ansicht, daß die Türkische Regierung ihren Verpflichtungen nachkommen wird. Es stimmt andererseits, daß die Disharmonie, die sich anscheinend auf der Haifa-Konferenz wegen der Aktionsmöglichkeiten im Dodekanes ergeben hat, die Türkische Regierung in der Frage zögern läßt, ob es ratsam ist, von Anfang an eine zu scharfe Haltung einzunehmen.

                                                 Massigli

---

[*] *Liegt nicht vor.*

Nr. 67

Der Französische Botschafter in London Corbin an das Französische Außenministerium

Telegramm

(Uebersetzung des Faksimile Seite 380)

G e h e i m

Nr. 2274- 2278					London, den 1. Juni 1940, 21 Uhr 25

Im Nachgang zu der gestern in Paris zustande gekommenen Vereinbarung über Narvik hat das Foreign Office heute die Frage geprüft, welches Verfahren am besten gegenüber der Norwegischen Regierung bezüglich der Räumung eingeschlagen würde.

Sir Cecil Dormer (wurden) (Weisungen) (zugeleitet), die dieser dem Englischen Gesandten in Harstadt überreichen wird.

Die Weisungen (beziehen sich) auf folgende Punkte:

1 Es wird auf die Umstände Bezug genommen, unter denen Frankreich (und) England gezwungen sind, an der West(front) eine außerordentliche Anstrengung zu machen, und unter denen es ihnen unmöglich ist, die erforderlichen Mittel zur Verteidigung Norwegens (gegen) neue deutsche Angriffe beizuschaffen. (Dies gilt insbesondere für neue Sendungen von Flugzeugen und Kriegsschiffen, zumal die englische Flotte in den skandinavischen Gewässern abgelöst werden muß.)

2. Es steht fest, daß die Zukunft der (Norweger) in letzter Linie von der Widerstandsfähigkeit Frankreichs und Englands gegen neue (deutsche) Angriffe (abhängt).

3 Die französischen und englischen Truppen, die sich gegenwärtig in Norwegen befinden, müssen rasch evakuiert werden. Die Britische Regierung (ist) bereit, Maßnahmen für die Evakuierung des Norwegischen Königs, seiner Regierung (und der) noch im Kampf gegen die Deutschen stehenden norwegischen (Truppen) zu treffen.

4. Sir Cecil Dormer hat diese Mitteilung so schnell wie möglich der Norwegischen Regierung zu überbringen. Die Reaktion der Norwegischen Regierung, als sie die Nachricht von der Räumung von Bodo durch die britischen Truppen erfuhr, war derart, daß man seitens dieser Regierung lebhaften Protest und sogar Androhung direkter Verhandlungen (2 falsche Gruppen) mit Deutschland voraussehen darf. Es empfiehlt sich, die Regierung ohne weitere Verzögerung über die französisch-englische Entscheidung, die von der Norwegischen Regierung seit vorgestern vorhergesehen wurde, aufzuklären, mit dieser Regierung über die gegenwärtige Lage zu sprechen und nicht zu warten, bis die ersten Räumungsmaßnahmen getroffen worden (sind) und von der Norwegischen Regierung als eine Tatsache betrachtet werden, die sie von jeder Verpflichtung gegenüber den (Alliierten) befreit.

5. Sir Cecil Dormer muß hinzufügen, daß die Britische Regierung keine Bedenken hätte, wenn die Norwegische Regierung versuchen würde, mit Deutschland zu einer Vereinbarung auf der Grundlage des Planes Mowinckel zu gelangen. Alle Angaben jedoch, die den Deutschen (2 falsche Gruppen) hinsichtlich des Räumungsplanes der Alliierten gäbe, beseitigen jede Hoffnung der Regierung des Königs Haakon, den Versuch der Vereinbarung durchzusetzen.

Die Weisungen für Sir Cecil Dormer enden mit dem ausdrücklichen Hinweis auf die sehr kurze (Frist), innerhalb deren die Alliierten in der Lage sind, unter günstigen Bedingungen abzuziehen.

Es kann keine Rede davon sein, die Pläne, deren Ausführung bevorsteht, wegen der Unterhandlungen mit der Norwegischen Regierung aufzuschieben.

Allgemein gesehen sind die Engländer (sehr) dafür eingenommen, daß eine von Deutschland unabhängige Norwegische Regierung (fortbesteht). Sie legen Wert darauf, daß Norwegen die absolute Kontrolle nicht nur über die (eigene) (Handelsmarine), sondern (auch) über die Besatzungen behält, die für die Verwendung (der) gegenwärtig den Alliierten zur Verfügung stehenden Handelsschiffe gebraucht werden. Diese Schiffe wären in der Tat sehr schwer verwendbar, wenn an die Stelle der norwegischen Besatzung alliierte Mannschaften treten müßten. Die Britische Regierung gibt daher lebhaft der Hoffnung Ausdruck, (daß die) Norwegische Regierung für sich das ihr von der Londoner Regierung gemachte Angebot des Abtransportes annimmt.

Corbin

Nr. 68

Der Oberbefehlshaber der alliierten Streitkräfte General Weygand an den Militärattaché an der Französischen Botschaft in London General Lelong (für das britische Oberkommando)

Telegramm

(Uebersetzung des Faksimiles Seite 385)

Nr. 1328/3. F.T.   Den 2. Juni 1940

Bitte sofort beim britischen Oberkommando zwecks nachfolgender Mitteilung vorstellig zu werden:

„Admiral Nord hat heute morgen telegraphiert, daß außer den 25 000 Franzosen, die Brückenkopf Dünkirchen verteidigen, noch ungefähr 22 000 weitere Franzosen verbleiben. Alle Engländer werden heute abend abtransportiert. Da zu hoffen ist, daß in der folgenden Nacht diese 22 000 Mann abtransportiert werden können, verbleiben morgen früh noch 25 000 Verteidiger.

Aus diesen Gründen hat Admiral Nord erklärt, daß er in Dünkirchen bleibe und die Sperrung der Hafeneinfahrt aufschiebe. Er verlangt, daß ihm morgen — Montag — abend sämtliche britischen Wasser- und Luftfahrzeuge zur Verfügung gestellt werden, um die 25 000 Mann abzutransportieren, die durch ihr Ausharren die Einschiffung der letzten britischen Kontingente ermöglicht haben."

Bitte in der dringendsten Form namens des Oberbefehlshabers für die Erfüllung der Bitte des Admirals Nord einzutreten. Weiset darauf hin, daß die Solidarität der beiden Armeen erfordert, daß die französische Nachhut nicht geopfert werden darf.

Ende

Nr. 69

Entwurf eines Telegramms des Französischen Ministerpräsidenten Reynaud an den Britischen Premierminister Winston Churchill (undatiert)

(Uebersetzung des Faksimile Seite 386)

Von der gegenwärtig an der Somme und der Oise abrollenden Schlacht hängt nicht nur das Schicksal Frankreichs, sondern auch Großbritanniens ab.

Es wäre nicht angängig, die Streitkräfte der beiden Länder in dieser Schlacht nicht in ihrer Gesamtheit einzusetzen.

Geht das Spiel jetzt verloren, so haben die Rüstungsanstrengungen des Vereinigten Königreichs keinen Sinn mehr. Ich kann unter diesen Umständen nicht begreifen, warum Sie den größten Teil Ihrer Luftstreitkräfte zum Schutze Ihrer Industrie weiterhin in England zurückhalten.

Ich ersuche Sie dringendst, sofort 500 Jagdflugzeuge nach Frankreich zu entsenden. Die französischen Flugplätze sind zur Aufnahme dieser Flugzeuge bereit.

Weiterhin spreche ich die Bitte aus, Ihre gesamten Bombenflugzeuge in die Schlacht zu werfen und auf Unternehmungen zu verzichten, wie sie die Royal Air Force soeben an der Ruhr durchgeführt hat, während die französische Infanterie, die allein in der Schlacht steht, auf die Hilfe der britischen Bombenflugzeuge dringend angewiesen ist.

Nr. 70

Der Oberbefehlshaber der alliierten Streitkräfte General Weygand an den Französischen Ministerpräsidenten und Außenminister Reynaud

(Uebersetzung des Faksimiles Seite 388)

Nr. 582—Cab/DN   Den 3. Juni 1940

Herr Präsident,

Ich erlaube mir, Ihnen heute noch einen Brief zuzuleiten, den mir General Vuillemin geschrieben hat und den er als äußerst dringlich bezeichnet.

Dieser Brief unterstützt den dringlichen Appell, den Sie Herrn Winston Churchill zugehen ließen. Seine Schlußfolgerung ist keineswegs übertrieben. Sollen unsere Truppen nicht mit zu ungleichen Waffen morgen in die Schlacht gehen, so brauchen sie die Unterstützung einer starken Jagdluftwaffe. Keiner, der an den letzten Schlachten teilgenommen hat, wird dies bestreiten.

Unsere eigene Luftwaffe ist nicht in der Lage, unseren Truppen diese unerläßliche Unterstützung zu gewähren. In Anbetracht des Ernstes der Lage bitte ich Sie, noch einmal auf den Britischen Premierminister einwirken zu wollen.

Der Brief des Generals Vuillemin ist bereits dem Oberbefehlshaber der britischen Luftwaffe in Frankreich und dem Chef der französischen Mission beim Britischen Luftfahrtministerium zur Kenntnis gebracht worden.

Genehmigen Sie, Herr Präsident, usw.

Weygand

Abschrift

Anlage

Der Oberbefehlshaber der Luftwaffe
Generalstab 3. Büro

Nr. 3987—2/O. S.   Großes Hauptquartier, den 3. Juni 1940
Eilt sehr
Streng geheim

General Vuillemin als
Oberbefehlshaber der Luftwaffe
an den
Oberbefehlshaber und Chef des
Generalstabes der Landesverteidigung
Oberbefehlshaber auf allen Kriegsschauplätzen
(Kabinett — Generalstab — 3. Büro)

Mit Schreiben Nr. 3906—3/O. S./E. L. G. vom 31. Mai 1940*) habe ich Sie gebeten, auf das dringlichste bei den obersten britischen Behörden vorstellig zu werden, um von ihnen einen massierten Jagdfliegereinsatz in Frankreich zu erreichen.

Die Entwicklung der Ereignisse, die z. Zt. in Richtung auf ein Eingreifen starker deutscher Bomberverbände im Südosten und die Möglichkeit des unmittelbar bevorstehenden Kriegseintritts Italiens geht, verstärkt noch den kritischen Charakter der Situation, die ich Ihnen beschrieben habe.

Ich beehre mich, meinen Gedankengang zu diesem Thema wie folgt darzulegen: Wenn der Feind, wie zu erwarten steht, binnen kurzem einen neuen massierten Panzer- und Luftwaffeneinsatz gegen die z. Zt. im Aufbau befindliche neue Defensivfront durchführt, so steht durchaus zu erwarten, daß er von neuem unsere Stellung eindrückt und einen schnellen und tiefen Einbruch durchführt, den wir nicht mehr aufhalten können, wenn wir nicht in der Lage sind, schon zu Beginn des Angriffs die feindlichen Bomberkräfte durch einen massierten Einsatz der alliierten Jagdfliegerverbände auszuschalten.

Ein derartiger massierter Einsatz setzt die Unterstützung mindestens der Hälfte der auf englischen Flughäfen stationierten Luftwaffe voraus.

Dies ist um so notwendiger, als die deutsche Aktion im Südosten und der mögliche Kriegseintritt Italiens mich in Anbetracht der außerordentlich schwachen Mittel im Südosten und in Nordafrika bereits gezwungen haben, Teile der Luftwaffe nach dem Südosten abzukommandieren. Diese im Verhältnis zu der möglichen Gefahr lächerlich geringen Kommandos würden nach dem Kriegseintritt Italiens verstärkt werden müssen, wenn nicht unser ganzer Südosten ohne Verteidigung einer italienischen Aktion ausgeliefert

---
*) Liegt nicht vor.

werden soll; eine solche Aktion könnte ebenfalls Angriffe mit Panzerwagen und Luftwaffe zugleich umfassen und könnte gut denselben Erfolg haben wie der deutsche Angriff im Nordosten.

Ich brauche den Ernst der oben geschilderten Gesamtlage nicht zu unterstreichen. Wenn wir von den obersten britischen Behörden die geforderte Unterstützung nicht vollständig und unverzüglich erhalten, so ist es wahrscheinlich, daß die französischen Kräfte geschlagen werden und der Krieg für Großbritannien und für Frankreich verlorengeht.

Da der Feind sich den Zeitpunkt des Angriffes aussuchen kann, so kann die geforderte Unterstützung nur dann als unmittelbar bezeichnet werden, wenn die britischen Jagdfliegerverbände im voraus in Frankreich stationiert werden.

Ich habe daher die Ehre, Sie zu bitten, bei den obersten britischen Behörden vorstellig zu werden, damit die Unterstützung nach folgenden Gesichtspunkten erfolgt.

1. Vorherige und **sofortige** Entsendung von 10 britischen Jagdgeschwadern, die in der Gegend von Evreux-Dreux stationiert werden sollen und zur Unterstützung der Landstreitkräfte westlich des französischen Aufmarsches zwischen der Linie Pontoise-Peronne und dem Meer eingesetzt werden können.

Dies würde mich in die Lage versetzen, stärkere Kräfte für die übrige Front bereit zu halten, wobei auch die nach dem Südosten zu kommandierenden Einheiten zu berücksichtigen sind.

2. Vorbereitung für die stark beschleunigte Entsendung von weiteren 10 Jagdgeschwadern nach Frankreich, die vom 1. Kampftage ab auf dem schon von den Briten besetzten Gebiet zu stationieren wären.

3. Da diese Geschwader auf bereits von den Briten und Franzosen besetzten Stützpunkten zu stationieren wären, brauchte ihr Nachschub keine Bewegungen vorzunehmen. Wenn tatsächlich der Feind den strategischen Fehler machen sollte, Großbritannien ohne vorherige erneute Offensivhandlungen gegen Frankreich anzugreifen, so könnten diese Geschwader noch am gleichen Tage auf ihre englischen Stützpunkte zurückkehren; außerdem würden sie auf diese Weise vermutlich der planmäßigen Bombardierung der Jagdfliegerstützpunkte in England entgangen sein, mit denen der Feind sicherlich seine Operationen gegen England einleiten wird.

Ich möchte noch einmal betonen, daß es für Großbritannien wie auch für Frankreich eine **Frage von Leben oder Tod** ist, ob diese Forderungen **unverzüglich** erfüllt werden.

Der Oberbefehlshaber der Luftwaffe

Vuillemin

Durchschlag an:

den Oberbefehlshaber der britischen Luftstreitkräfte in Frankreich
den **Chef** der französischen „A"-Mission beim Britischen Luftfahrtministerium.

Faksimile

Schlüssel für häufig wiederkehrende Abkürzungen und Telegrammanschriften

a) Abkürzungen

A. F. N.	Afrique Française du Nord	Französisch Nord-Afrika
A. G.	avant-garde	Vorhut
Al	amiral	Admiral
A. M.	auto-mitrailleuse	Panzerspähwagen
A. S.	au sujet	betrifft
B. E. F.	British Expeditionary Force	britisches Expeditionsheer
Cab	cabinet	Kabinett
Cdt	commandant	Befehlshaber
C. E. C.	commandant en chef	Oberbefehlshaber
C. E. M.	chef d'état-major	Chef des Stabes
C. E. M. I.	Comité d'études militaires interallié	Interalliierter Militärischer Studienausschuß
D. C. A.	défense contre avions	Flak
D. I.	division d'infanterie	Infanteriedivision
D. I. C.	division d'infanterie coloniale	Koloniale Infanteriedivision
D. I. N. A.	division d'infanterie nordafricaine	Nordafrikanische Infanteriedivision
D. N.	défense nationale	Landesverteidigung
E. M.	état-major	Generalstab, Stab
E. M. A.	état-major de l'armée	Generalstab des Heeres
E. M G.	état-major général	Generalstab
F. M. F.	forces maritimes françaises	französische Seestreitkräfte
F. T.	forces terrestres	Landstreitkräfte
fx	faux	falsch
Gal	général	General
G. Q. G.	grand quartier général	Großes Hauptquartier
G. Q. G. A.	grand quartier général des forces Aériennes	Großes Hauptquartier der Luftwaffe
gr	groupe	Gruppe
P. A.	par autorisation	Im Auftrag
P. C.	poste de commandement	Befehlsstelle
P. O.	par ordre	Auf Befehl
P. T.	poste télégraphique	Telegraphenstelle
R. A. F.	Royal air force	britische Luftwaffe
R. T. A.	régiment de tirailleurs algériens	algerisches Schützenregiment
R. T M.	régiment de tirailleurs marocaines	marokkanisches Schützenregiment
R. T. S.	régiment de tirailleurs sénégalais	senegalesisches Schützenregiment
R. T. T.	régiment de tirailleurs tunisiens	tunesisches Schützenregiment
S	section	Abteilung
S	secret	geheim
SP	spécial	Sonderdienst
S. R.	service de renseignements	Feindnachrichten- und Erkundungsdienst
T. O. E.	théâtre d'opérations extérieur	auswärtiger Kriegsschauplatz
T. O. M. O.	théâtre d'opérations de la Méditerrané Orientale	Operationsgebiet Ostmittelmeer
T. S. F.	télégraphie sans fil	Funktelegraphie
U. R. S. S.	Union des Républiques Socialistes Soviétiques	Sowjetunion

b) Telegrammanschriften

Albatros	Oberkommando der Orientarmee
Arcole	Großes Hauptquartier (der Oberbefehlshaber) (General Weygand)
Berlioz	Großes Hauptquartier (Generalstab) (General Gamelin)
Brumaire	Französischer Militärattaché in London (General Lelong)
César Franck	Oberkommando der Orientarmee (General Weygand)
Debussy	Großes Hauptquartier (General Gamelin)
Diplomatie	Französisches Außenministerium
Guerre	Französisches Kriegsministerium

**AMBASSADE DE FRANCE
A
LONDRES**

L'ATTACHÉ MILITAIRE

N° 191.

Exemplaire No. 1

OBJET :
Deuxième Phase des
Conversations d'Etats-
Majors franco-
britanniques.-

Londres, le 5 mai 1939.

Le Général Lelong,
Attaché Militaire a l'Ambassade
de la République Française a Londres
à Monsieur le Général
Chef d'Etat-Major Général de la
Défense Nationale,
PARIS.-

   J'ai l'honneur de vous adresser ci-joint le dossier de la deuxième Phase des Conversations qui se sont déroulées à Londres, du 24 avril au 4 mai 1939.

   Les entretiens ont eu lieu, soit dans des séances plénières réunissant les délégués de tous les Départements Ministériels de Défense Nationale, soit dans des Séances ne réunissant que les représentants des Départements intéressés.

   Seuls, les premiers ont fait à la fois l'objet de Procès-Verbaux et de Notes de conclusions; les seconds n'ont donné lieu qu'à des conclusions écrites.

   Comme dans la première Phase, toutes les discussions ont été franches et cordiales.

I.- QUESTIONS COMMUNES.

Conditions initiales d'emploi de la Field Force sur le Continent.-

Les conditions générales d'emploi initial des Forces britanniques sur le Continent n ont pas été discutées en Séance. Votre Note du 22 avril a été remise au Général GORT le 25 avril, puis rendue par le Général POWNALL. Le Général GORT a donné son accord à cette Note; l'emploi de la Field Force en avant de sa base de concentration sera étudié sur place, au cours d'un prochain voyage en France du Général DILL et du Général POWNALL, voyage au cours duquel ils rencontreron le Général BLANCHARD

Le Gouvernement britannique poursuit la réalisation d'un projet, qui ne sera pas intégralement applicable avant un minimum de 18 mois et qui vise à envoyer:

- l'Armée Régulière, c'est-à-dire 4 D.I. et deux Divisions Mobiles en France, au cours des six premières semaines.

- les 10 premières Divisions Territoriales, là où il serait nécessaire, au cours des 4ème, 5ème et 6ème mois.

- les 16 dernières Divisions territoriales, là où il serait nécessaire, entre le 9ème et le 12ème mois.

L'emploi des Divisions Territoriales ne fait cependant l'objet d'aucun engagement ferme: il serait fixé après consultation du Gouvernement français "au mieux des intérêts de la cause commune prise dans son ensemble".

Intervention de la Pologne.

Les considérations exposées par écrit par la Délégation française ont été admises par la Délégation britannique. Il a été, en particulier, reconnu que l'intervention de la Pologne ne pouvait revêtir toute sa valeur que si elle entraînait, du fait de l'entrée en ligne d'autres Alliés, la constitution d'un front oriental étendu, solide et capable de durer.

La Délégation britannique a signalé que les renseignements qu'elle possédait sur l'Armée roumaine étaient peu encourageants.

Intervention japonaise.

La discussion des conséquences d'une intervention japonaise a immédiatement amené les deux Délégations à confronter leurs points de vue en ce qui concerne le renforcement des forces navales alliées en Extrême Orient. La Délégation française a soutenu la nécessité d'adopter en Extrême Orient une attitude défensive, tant que la question italienne ne serait pas réglée ; elle a appelé toute l'attention de la Délégation britannique sur les incidences graves que pourrait avoir, sur l'issue de la guerre en Europe, la perte de la maîtrise de la Méditerranée Orientale.

Les Britanniques, tiraillés entre les garanties qu'ils ont données aux puissances de la Méditerranée Orientale et leurs engagements vis-à-vis de l'Inde et des Dominions d'Extrême Orient, ont admis que l'affaiblissement de leur Flotte en Méditerranée Orientale "ne saurait être entrepris à la légère". Ils ont insisté sur le fait que Singapour n'a que trois mois d'approvisionnements.

Tout en reconnaissant qu'il est indispensable avant tout de gagner la guerre en Europe et, par consequent, au début d'une guerre, d'adopter une attitude strictement défensive en Extrême Orient afin de conserver la maîtrise de la Méditerranée Orientale, la Délégation britannique ne croit pas pouvoir exclure l'hypothèse où, dans le cas où les Etats-Unis et la Russie resteraient neutres et n'adopteraient pas une attitude restreignant l'activité japonaise, un renforcement des forces navales d'Extrême Orient deviendrait nécessaire au détriment des forces des autres théâtres.

Le moment venu, la question devrait faire l'objet de consultations entre le Gouvernement britannique et le Gouvernement français.

Par ailleurs, il y a eu accord sur les points suivants:

- Importance de l'attitude des Etats-Unis et de l'U.R.S.S.

- Nécessité de retenir en Chine le maximum de forces japonaises qui y seront engagées et d'aider les Chinois par tous moyens (envoi d'armes et de munitions amélioration de leur encadrement). Un plan d'action commun est à établir à ce sujet par les Commandants en Chef français et anglais en Extrême Orient.

- Intérêt d'une offensive partant d'Indochine et visant la conquête de la Chine du Sud en vue de dégager Hong-Kong et Canton.

- Nécessité d'adopter en Chine une politique commune en ce qui concerne les garnisons françaises et anglaises des Concessions: si possible évacuer avant l'attaque japonaise et, dans le cas contraire, faire

....

rejoindre à ces garnisons les Armées chinoises.

Gibraltar.-

Il a été admis que l'attaque du Maroc Espagnol constituait la meilleure riposte à une action sur Gibraltar et que l'étude de cette attaque ne pourrait être faite utilement qu'après réception des rapports relatifs aux prochaines Conversations entre le Général NOGUES et le Commandant en Chef britannique en Méditerranée.

La Délégation française a toutefois signalé que:

1°)- les opérations du Sud Tunisien contre la Tripolitaine ne pourraient avoir leur plein développement qu'après suppression de la menace émanant du Maroc Espagnol.

2°)- la conquête du Maroc Espagnol se présentait sous un jour différent depuis le renforcement des troupes et des organisations défensives adverses.

Liaison interministérielle en temps de guerre.-

La Note remise par la Délégation française a proposé la solution suivante:

Envoi en Grande-Bretagne, en temps de crise ou de guerre, d'une Mission de liaison française comprenant un Officier Général (ou Colonel) de chaque Département de Défense Nationale.

Cette mission serait chargée de l'étude des questions afférentes à la conduite supérieure des opérations et à la préparation des décisions communes à prendre par le Haut Commandement.

. . . .

La Délégation britannique fera connaître ultérieurement son point de vue sur la question.

Echange de Renseignements.-

Les Etats-Majors des différents Départements ont été autorisés à échanger au maximum, en temps de paix, les renseignements recueillis par les 2èmes Bureaux.

- La question est au point pour la Marine.
- Les contacts et l'étendue des domaines de recherche doivent être élargis en ce qui concerne l'Air - et surtout la Guerre.
- Une Note spéciale envisageant les questions à traiter en temps de paix par les 2èmes Bureaux (S.R.) Guerre, franco-britanniques, sera remise par l'Etat- Major britannique.
- L'attention des délégués du War Office a été appelée sur le fait, qu'en France, les renseignements concernant les théatres d'opérations coloniaux sont centralisés par le 2ème Bureau de l'Etat-Major des Colonies (Ministère des Colonies).

Collaboration économique et industrielle.-

La Note remise par la Délégation française a fait le point sur cette question.

Les Britanniques ont exprimé le désir de voir un représentant français qualifié rencontrer le Directeur britannique de l'organisation industrielle. L'échange de vues porterait sur la production des munitions et le ravitaillement en matières premières. Il a été répondu que le nom du délégué français serait fourni dès le retour à Paris de la Délégation française.

II.- QUESTIONS TERRESTRES, AERIENNES et COLONIALES.

Intervention en Belgique.-

Le caractère d'incertitude qui pèse sur les conditions de notre intervention éventuelle en Belgique a été facilement reconnu par la Délégation britannique. Il a été admis que, sous réserve d'éviter une bataille de rencontre dans les plaines belges, nous devions envisager l'organisation de notre défense au minimum sur l'Escaut belge et au mieux sur le Canal Albert.

A la demande de la Délégation britannique, on a envisagé:

1°)- L'éventualité d'une intervention sur une position ANVERS - BRUXELLES - NAMUR, dans l'hypothèse où il aurait été possible d'organiser une telle position en temps utile.

2°)- L'intérêt que présente la possession des territoires belge et hollandais comme base de départ pour une reprise de l'offensive contre l'Allemagne.

Quelle que soit la profondeur de notre intervention, il a été admis que l'Aviation franco-britannique devrait s'employer en première urgence, au moment du besoin, à l'attaque des colonnes allemandes pénétrant en Belgique et en Hollande; que cette Aviation soit basée en territoire français ou en territoire britannique.

Dokument Nr. 2

MINISTERE
DE LA DEFENSE NATIONALE
ET DE LA GUERRE

ETAT-MAJOR DE L'ARMEE

1er Bureau

N° 8.636 1/E.M.A.

REPUBLIQUE FRANCAISE.
Par avion

PARIS, le 19 Juillet 1939.

TRES SECRET

LE PRESIDENT DU CONSEIL
MINISTRE DE LA DEFENSE NATIONALE
ET DE LA GUERRE

à Monsieur le GENERAL Commandant Supérieur des
Troupes du LEVANT

OBJET :

Corps expéditionnaire
- - -

à BEYROUTH.

Référence : lettre 1382/3 du 4 Juillet 1939.

I.- Comme suite à ma Dépêche 3.106 3/E.M.A-P. du 1°
Juillet 1939, j'ai l'honneur de vous faire connaître la
composition du Corps expéditionnaire dont j'envisage la constitution au LEVANT.

Cette organisation fait l'objet du tableau I
ci-joint.

II.- Je fais diriger, dès maintenant, sur le LEVANT
les diverses formations en provenance de la métropole ou de
l'Afrique du Nord, devant entrer dans la composition du
Corps expéditionnaire.

De plus, je fais également mettre à votre disposition, les unités suivantes, destinées à renforcer les
troupes au LEVANT, en cas de départ du Corps expéditionnaire

./...

CONSEIL SUPERIEUR DE LA GUERRE
Etat Major du Vice Président
Arrivé le 24 JUIL 1939
Enregistrement 1293/S
E.M.A. 1

- 1 Bataillon de Légion Etrangère, prélevé sur l'Afrique du Nord,
- 1 Bataillon de Tirailleurs Sénégalais, provenant de la Métropole,
- 1 Bataillon de Tirailleurs Sénégalais, à prélever sur Djibouti et dont le transfert est demandé au Département des Colonies.

Vous recevrez, sous le timbre des organes intéressés de mon Administration Centrale, toutes indications relatives aux effectifs détaillés et aux conditions d'arrivée au LEVANT de l'ensemble de ces éléments.

Je vous adresse, par ailleurs, des instructions concernant les modalités actuellement envisagées pour la mise sur pied, la concentration, les conditions d'emploi ainsi que pour l'organisation des services et des communications du corps expéditionnaire.

Pour LE MINISTRE et par son ordre
et pour LE GENERAL
Chef d'Etat-Major Général de l'Armée
LE GENERAL
Chef de l'Etat-Major de l'Armée

Signé : COISON.

TRES SECRET

TABLEAU N° I

joint à la D.M. N° 8.636 - 1/E.M.A. du 19 Juillet 1939

-:-:-:-:-:-

Eléments	Provenance
- E.M. du Corps expéditionnaire	France et Levant
E.M. de la 1ère Brigade	
Infanterie (Rgt de marche d'Infanterie (Coloniale (E.M.- 3 Btn.)	France
(16° R.T.T. (E.M.- 2 Btn.)	Levant
(1 Cie antichars à 2 sections (de 5 canons de 25	France (3° D.I.N.A.)
Artillerie (2 Bies de 75 H	France (Art. Coloniale)
1 groupe (1 Bie de 155 C H	France (3° D.I.N.A.)
(1 Section antichars de 47	France
Cavalerie (1 Escadron à cheval	Levant
(1 peloton A.M.	Levant
Génie (Détachement de Sapeurs mineurs	France et Afrique du Nord
(Détachement de Sapeurs télégraphistes et radiotélégraphistes	France et Afrique du Nord
Train - Santé - Intendance	Levant.

Tableau I (suite)

Eléments	Provenance
E.M. de la 2° Brigade.	France et Levant
Infanterie: (17° R.T.S. (E.M. - 3 Btns)	Levant
(1/2 Brig.Algéro-Marocaine(4/6 RTA-4/1 RTM)	Levant
(1 Section anti-chars de 3 canons de 25.	France (3° D.I.N.A)
Artillerie: (2 Batteries de 65 M	Levant
1 groupe (1 Batterie de 155 C.H	France (3° D.I.N.A)
(1 Section anti-chars de 47	France
Cavalerie : (1 Escadron à cheval	Levant
(1 peloton d'A.M.	Levant
Génie (Détachement de Sapeurs-mineurs	France et A.F.N.
(Détachement de Sapeurs télégraphistes et radiotélégraphistes.	-d°-
Train - Santé - Intendance.	Levant
Eléments non embrigadés :	Artillerie Métropolitaine
1 Batterie de D.C.A.	France
1 Parc d'Artillerie divisionnaire	France et Levant

NOTA : a/- les unités d'Infanterie seront du type "sur bâts"

b/- les éléments du Génie envoyés en renfort au Levant comprendront:
    1 Cie de Sapeurs-mineurs à 3 Sections,
    1 Cie de Sapeurs télégraphistes et radiotélégraphistes
                      à 3 Sections.

Leur répartition entre les Brigades sera faite par vos soins.

Dokument Nr. 3

Le GÉNÉRAL
CHEF D'ÉTAT-MAJOR GÉNÉRAL
DE LA DÉFENSE NATIONALE,
COMMANDANT EN CHEF
LES FORCES TERRESTRES.

PARIS, le 1o ~~31 août~~ 1939.
10 sept.

N° 4/Cab. ST

Très SECRET

Remis à Col Casanova (Cab. du ministre) le 1° sept 39 à 9h45 pour le Gal Colson(?)
1 ex. Gal Bineau
1 ex. Gal Georges

Le Général G A M E L I N

Chef d'État-Major Général de la Défense Nationale,

Commandant en Chef les Forces terrestres,

à Monsieur le PRÉSIDENT DU CONSEIL,

MINISTRE DE LA DÉFENSE NATIONALE ET DE LA GUERRE.

      Je crois de mon devoir de vous exposer par écrit le point de vue, que j'ai eu l'honneur de développer devant vous verbalement, en ce qui concerne la question de la neutralité de la BELGIQUE et du LUXEMBOURG (et accessoirement de la HOLLANDE).

      Certes, je comprends le point de vue auquel s'est arrêté le Gouvernement Français et qui a été précisé dans les dernières conversations avec les Gouvernements de ces trois pays. Garantie de leur neutralité, garantie que nous ne pénétrerons dans leur territoire qu'appelés par eux, la FRANCE ne pouvait, du point de vue moral, avoir une autre attitude. Et elle ne peut que respecter ses engagements.

      Il n'en est pas moins nécessaire de se rendre compte que l'attitude actuelle de la BELGIQUE joue entièrement en faveur de l'ALLEMAGNE.

Au point de vue d'une action offensive de la FRANCE contre l'ALLEMAGNE, alors qu'entre RHIN et MOSELLE nous nous heurtons, sur un front de 125 kilomètres environ, à un très puissant système fortifié, nous aurions entre MOSELLE et MEUSE, un front de plus du double (surtout si nous pouvions passer par le territoire hollandais de MAESTRICHT). Nous y trouverions comme directions d'attaque des terrains beaucoup plus favorables, des fortifications moins puissantes, à peine ébauchées dans certaines parties, et des objectifs bien plus intéressants. L'utilisation de la BELGIQUE nous donnerait, en aviation, des bases favorables contre les provinces du RHIN inférieur, centres industriels et, éventuellement grandes villes. C'est uniquement par cette voie que nous pourrions apporter un secours puissant *certainement efficace* et relativement rapide à la POLOGNE, car ne fût-ce qu'en étendant notre front d'attaque, nous retiendrions des forces plus nombreuses.

Or la neutralité de l'ESPAGNE, et surtout celle de l'ITALIE, nous laisseraient, sans même attendre le concours anglais, des moyens suffisants pour agir puissamment par cette voie.

Faut-il ajouter que, même au point de vue défensif, au cas d'une action ultérieure de l'ALLEMAGNE vers nous, en passant par la BELGIQUE et la HOLLANDE, nous aurions intérêt à aller appuyer les forces belges dans la défense de ces importants obstacles que sont le Canal ALBERT, la place de LIÈGE, la MEUSE et même, en avant de la ligne de la MEUSE, par le terrain facile à défendre qui est jalonné de LIÈGE à la MOSELLE par la zone difficile de MALMEDY et, si possible, les cours encaissés de l'OUR et de la SAUER. Cette position nous conserverait tout l'avantage de la base aérienne belge et écarterait la guerre des frontières françaises, particulièrement de nos riches provinces du Nord. Par contre, si les Belges ne nous appelaient qu'au moment où ils seraient attaqués par les Allemands, nul doute qu'ils n'aient pas les moyens (en nombre et en puissance) de défendre efficacement leur front avant qu'il ne soit enfoncé, et nous aurions à courir tous les aléas d'une bataille de rencontre avec la difficulté de soutenir des armées en retraite, tâche difficile avec les moyens motorisés et l'aviation modernes.

A un homme comme le Roi ALBERT, qui avait fait ses preuves, on eût pu tenir ce rude langage. Y a-t-il en BELGIQUE des gens capables de l'entendre, je ne dis pas tout de suite, mais au moment voulu ? Je n'en sais rien. Mais il serait regrettable qu'il ne s'y trouve pas des hommes conscients du destin de leur pays et ne pouvant douter que, si l'ALLEMAGNE sortait victorieuse de la guerre, la BELGIQUE serait, à tout le moins, étroitement asservie au Reich.

Il m'a paru nécessaire que le Gouvernement Français connaisse, sur ce point, la position du Commandement.

Signé Gamelin

ETAT MAJOR de L'ARMÉE

SECTION DU CHIFFRE
et
de la Correspondance Télégraphique

Dokument Nr. 4

DÉMARQUÉ

SECRET

— CHIFFRE

REÇU LE 8 SEPTEMBRE 1939 à 23 h 25

BEYROUTH le 8 Septembre 1939 à 20 H

TROUPES LEVANT à
GÉNÉRAL CDT EN CHEF DES FORCES TERRESTRES

N° 597

Corps expéditionnaire prévu par décision ministérielle huit mille six cent trente six I/EM du 19 Juillet sera complètement mis sur pied avant dix septembre. En raison arrivée prochaine 86° division il importe fixer appellation dès maintenant pour éviter confusion et faciliter organisation du commandement.

Propose réserver nom de corps expéditionnaire à ensemble grandes unités dont emploi envisagé actuellement à l'extérieur état sous mandat.

RÉPARTITION

4 Général Chef de Cabinet
4 E M A
4 Général Cdt Chef des F.T
4 G Q G

ETAT-MAJOR de L'ARMEE

SECTION DU CHIFFRE
et
de la Correspondance [illisible]

DEMARODE

TRADUCTION D'UN TELEGRAMME CHIFFRE
Reçu le 8 Septembre 1939 à 23 heures 25

BEYROUTH, le 8 Septembre 1939 à 20 heures

SECRET

Général WEYGAND,
à GUERRE-PARIS

REPARTITION :
- Général Chef de Cabinet
- E.M.A.
- Général Cdt en Chef F.T.
- G.Q.G.

N° 598

(Suite du 597 de ce jour.)

Fraction de ce corps expéditionnaire déjà organisé au Levant ayant approximativement effectif d'une division serait appelée " Division de Marche du Levant ".

Elle comprendrait deux brigades mixtes pour respecter le principe de divisibilité prescrit par Décision Ministérielle 3643 E.M.A. -F du 25 août.

Cette solution réserve même nom à unités comparables.
Vous demande réponse d'urgence.

Signé WEYGAND.

[Annotations manuscrites]

Général Gamelin
Cabinet 4 ex

Rappeler que je proposais [...]
Donner le nom de Division [...]
[...] nom de B[de] [...]
[...]

GRAND QUARTIER GÉNÉRAL
Bureau du Courrier
Sortie le **9 SEPT 1939**
N°

Ct Communiqué à ~~Beyrouth~~, le 5.III.39   TOF
~~Mon cher Gamelin~~

Je profite d'un courrier aérien partant
demain pour vous adresser un très court
rendu.

En arrivant ici j'ai trouvé tout en ordre :
armée en état ; pays calme.

Le passage au régime de guerre et ma
prise de commandement ont été bien accueillis
par les populations.

Nous achevons de mettre sur pied le corps expéditionnaire. J'attends naturellement avec
impatience les compléments nécessaires an-
noncés ou encore en discussion (air principale-
ment). Le Gal Caillault s'emploie à tout
avec une intelligence, une activité, un esprit de prévision remarquables.

Vous connaissez les causes du retard de
ma visite à Ankara. Un télégramme de
Massigli me fait espérer aujourd'hui une
prompte solution des difficultés encore non
aplanies. Il me dit aussi que l'E. M. Turc
ne peut pas encore souhaiter ma
visite, mais qu'il enverra un officier
avec lequel je pourrai avoir un entretien
secret. Tous ces retards et précautions, que
je comprends, me sont très désagréables, parce
qu'ils brouillent la question de Salonique.
Je pense à ce sujet que, si la situation politique actuelle vis-à-vis de l'Italie ne permet
pas une installation immédiate de ~~troupes~~
alliées à Salonique, du moins on peut

2

demander à la Grèce d'accepter qu'une préparation très poussée de cette occupation soit
faite — en particulier par l'envoi de
spécialistes de tous en des ravitaillements,
et peut-être même, grâce à l'exécution par les Grecs eux-mêmes de
certains travaux de voirie ou de réfection. C'est
ce que je vais essayer d'obtenir dans le premier contact que je prendrai avec le Grec
à Ankara.

En ce qui concerne la préparation du
transport du Corps Expéditionnaire, je crains
fort que les chemins de fer turcs soient d'un
t. faible rendement, et qu'un transport de
bout en bout par ce moyen soit impossible.
Il faudra en venir à un transport par
mer qui serait à la fois moins exposé en total
et plus rapide si l'embarquement se
fait à Beyrouth et non à Smyrne. C'est
l'avis de l'Amiral Cunningham et
aussi de l'Al. de Carpentier. Je vous ai
télégraphié que l'Amiral Anglais préfé-
rait en raison de son plan d'opérations
qu'on ne lui demande rien dans les 15
premiers jours des hostilités. Mais que devient ce plan dans la situation actuelle ?
En tout cas c'est à la Marine Anglaise
qu'il appartient de réunir les bateaux

3

de transport, comme d'assurer la sécurité
des convois. Si cette solution du transport
total, par voie maritime de Beyrouth à
Salonique peuvent; il y aurait évidemment
lieu de transporter directement de nos
ports à Salonique les G.U. prévues pour
un renforcement du C.ps Expre.

Tout cela naturellement ne m'empê de-
ra pas de chercher à obtenir les meilleures
conditions de la Cie. de jer rusa. J'aurai ici
moi des spécialistes.

Un officier est déjà à Bagdad pour
préparer le transit des bataillons de tra-
vailleurs malgaches.

Enfin un mot sur Chypre,
très insuffisamment protégé (1 Cie.p.ce)
par nos amis. Il serait regrettable de
perdre ce poste avion avancé et de le laisser aux Italiens qui auraient toutes facilités de bombt. jusqu'à Haïffa. Nous y
avons déjà un dépôt d'essence.

En étudiant ce matin avec le
Htt Cre et Guillaut le ravitaillement
des populations, nous avons été amenés
à penser qu'il pourrait être utile de
créer un Comité (interallié) de Coordination de
l'utilisation certaine des ressources (primordiales) dans l'Orient
Méditerranéen. Voulez-vous mettre la

4

questions à l'étude ?

Enfin, — cette fois c'est bien la fin —, par dépêche je demande aujourd'hui au P.d.C. qu'un crédit de 100 millions de francs soit mis à la disposition du M.G pour parer à l'insuffisance de la réserve du fond commun. Nous pouvons avoir besoin, nous avons même déjà besoin, de disposer d'avances pour être en état de parer à certaines déficiences du ravitaillement des populations.

Recevez, mon cher Gamelin, avec mes vœux les plus persévérants pour le succès de nos armes, l'expression de mes sentiments de très cordial dévouement.

Weygand

Je pense que une liaison régulière se trouve pour être assurée. Sourcey, mes yeux une secours lui est envisage des nouvelles des fronts de combat.

Dokument Nr. 6

DÉMARQUÉ

TRADUCTION D'UN TELEGRAMME CHIFFRE
Reçu le 10 Septembre 1939 à 23 h 20

G.Q.G. le 10 Septembre 1939 à 22 h 25

4 Général Chef de Cabinet
4 E.M.A.
4 G.Q.G.
4 Général Cdt F.T.
1 Général WEYGAND

G.Q.G. à
Guerre- PARIS
n° 10.

TOE

Troupes Levant : pour Général WEYGAND
n° 0102/A.M.G. TOE P.T.

Réponse à 597 :

1°) Proposition approuvée pour réserver nom de Corps expéditionnaire à ensemble grandes unités dont emploi envisagé à extérieur.

2°) Pour raisons politiques donner nom de division à chacune des brigades mixtes organisées au Levant et qui seraient à doter très largement en cavalerie.

CONSEIL SUPÉRIEUR DE LA GUERRE
État-Major du Vice-Président
arrivé le 11 SEPT 1939
enregistrement 497
N

ETAT MAJOR
L'ARMÉE

SECTION DU CHIFFRE
et
1: la Correspondance Télégraphique

Dokument Nr. 7

DÉMARQUE
TRADUCTION DE QUATRE TELEGRAMMES CHIFFRÉS
Reçus le 15 septembre 1939 à 13 heures 45

SECRET T O E

BEYROUTH le 15 septembre 1939 à 12 heures 55
Général WEYGAND à
Guerre-PARIS
N° 62-63-64-65

REPARTITION
4 Général Chef Cabinet
4 E M A
4 Général Cdt Chef F T
1 G Q G
1 Ministre de l'Air

Général WEYGAND à Général Commandant en Chef forces terrestres aide Major général T O E

1°) - Mon télégramme du 31 Août a fait ressortir qu'en raison de la constitution actuelle de l'aviation du Levant, le corps expéditionnaire ne peut être doté d'aucune aviation.

2°) - Le rapport du Commandant FRUHE..HOIZ joint à mon rapport du 12 septembre arrivant le 15 par courrier postal affirme que la pénurie des Turcs en pièces de rechange et personnel réduit à l'extrême leurs possibilités d'actions aériennes.

3°) - La note remise par le Colonel DOVAS Chef du 3° bureau hellénique réclame pour des raisons de même ordre le renforcement immédiat par des formations complètes d'aviation française ou anglaise et déclare que l'avant-garde d'un corps expéditionnaire français à Salonique devrait être constituée par des unités complètes d'aviation.

4°) - Je fais mienne cette formule répondant parfaitement à pauvreté en aviation des Balkaniques et situation pouvant devenir très pressante. Pouvons également avoir à soutenir une lutte aérienne contre les forces du Dodécanèse.

CONSEIL SUPÉRIEUR DE LA GUERRE
État-Major du Vice Président
Arrivé le
N° d'enregistrement 730
Classement D N
15 SEPT 1939

ETAT MAJOR de L'ARMÉE
SECTION DU CHIFFRE
et
de la Correspondance Télégraphique

DÉMARQUÉ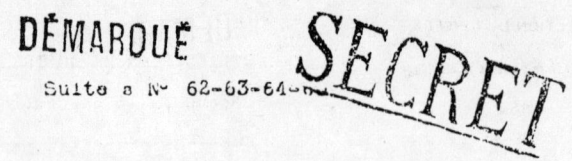
Suite a N° 62-63-64-

Dodécanèse................

5°).- J'insiste donc à nouveau pour que le Corps Expéditionnaire reçoive sans aucun retard une dotation aérienne.

J'estime que les considérations qui précèdent justifie/nt que cette dotation constitue un véritable corps expéditionnaire aérien susceptible de nous assurer une entrée en ligne efficace; par suite, comprenant escadrilles de chasse, de bombardement, et de renseignement dotées d'un commandement et d'une organisation en unités de servitude permettant une action immédiate.

Je demande instamment que vous exerciez dans ce sens une action sur le ministère de l'Air.

AFFAIRES ETRANGÈRES
—
DÉCHIFFREMENT

TÉLÉGRAMME A L'ARRIVÉE

DUPLICATA bis

RÉSERVÉ

SPECIA

M-B   LV

BUCAREST, le 28 Septembre 1939 à 21 h 40
reçu le 29 à 0 h 20

n° 1114

TRÈS SECRET

Il y aurait à mon sens un intérêt capital à opérer sans retard l'obstruction du Danube de façon à interrompre radicalement les communications fluviales entre la Roumanie et l'Allemagne.

(Il semble) qu'après une période de régression due au bouleversement apporté par la guerre, le trafic soit à la veille de reprendre avec plus d'intensité que jamais. J'apprends notamment que les Allemands se proposeraient d'envoyer une partie de leur flotte rhénane sur le Danube pour suppléer à l'insuffisance de bateaux que l'on constate actuellement sur le secteur roumain. Dans ce cas la situation exposée par mon télégramme n° 1077 se trouverait sensiblement modifiée.

Il est indéniable que l'interruption du trafic sur le Danube présenterait pour nous une avantage au moins égal .....

THIERRY

AFFAIRES ÉTRANGÈRES

DÉCHIFFREMENT

TÉLÉGRAMME A L'ARRIVÉE

DUPLICATA bis

RÉSERVÉ

SPÉCIAL

M-B   LV

BUCAREST, le 28 Septembre 1939 à 21 h 40
reçu le 29 à 0 h 25

n° 1115

.... à la destruction des puits de pétrole puisqu'elle paralyserait à la fois le transport des huiles minérales et celui des céréales qui touche plus de 80% des exportations roumaines de ces produits à destination du Reich. L'opération pourrait assez facilement s'effectuer et je suis à même de mettre en oeuvre toutes les modalités de sa réalisation.

J'enverrai un rapport sur cette question au Département par la prochaine valise ./.

THIERRY

RAPPORT

SUR LA DESTRUCTION de l'INDUSTRIE

PETROLIERE

Léon WENGER   1er Octobre 1939

I.- CONSIDERATIONS GENERALES

L'objet de la mission spéciale, dont a été chargé M. WENGER par le Ministre des Travaux Publics sous l'autorité de M. l'Ambassadeur de France, comporte l'établissement d'un programme pour la destruction éventuelle des chantiers, des raffineries, des stocks et des transports, et l'organisation des moyens d'exécution, le cas échéant.

Cette opération - comme celle demandée par les Alliés en 1916 - a pour objet de priver l'Allemagne de la plus grande partie des ressources en pétrole, qu'elle pourrait se procurer en Roumanie et ceci le plus longtemps possible.

Il y a lieu de noter que la production annuelle de la Roumanie s'élève à 6 millions de tonnes, c'est-à-dire à environ le triple de celle de 1916. La consommation intérieur représente le quart environ de la production, soit environ 1.500.000 tonnes. C'est donc une exportation de 4.500.000 tonnes qui serait possible si les moyens de transport le permettaient. Mais la destruction doit pouvoir porter plus loin car la consommation roumaine pourrait être réduite de moitié sous la domination allemande et le programme de destruction doit être autant que possible intégral.

II.- PERSONNEL ET ORGANISATION

M. WENGER est arrivé à Bucarest le samedi 16 Septembre, accompagné par le Capitaine Pierre ANGOT, qui lui a été adjoint. Il a pris le même jour contact avec M. l'Ambassadeur de France, avec M. Spitmuller, Conseiller d'Ambassade, avec M. Sarret, Conseiller Commercial, et avec M. le Général Delhomme, Attaché Militaire.

Dès le premier contact, l'étendue du programme de la mission et la nécessité d'employer les méthodes qu'imposaient le matériel et la répartition de l'industrie, ont obligé M. WENGER de s'adjoindre M. COULON, M. de MONTLEBERT, M. de PANAFIEU, M. MARATIER, M. CAUCHOIS, M. BOUVIER, M. DELAGE. Par ailleurs, le Ministère de la Guerre français a mis à la disposition de M. WENGER, M. BONCENNE et M. CHAPELET, qui ont rejoint ultérieurement. Ces collaborateurs, tous français, ingénieurs attachés aux Sociétés pétrolières, sont affectés en qualité d'Officiers. Chacun de ces ingénieurs étant spécialisé dans une partie de l'exploitation du pétrole a été préposé à l'établissement de l'organisation propre à sa spécialité.

Dès le 18 Septembre, M. l'Ambassadeur Thierry présente M. Wenger à Sir Reginald Hoare, Ministre d'Angleterre, et le contact établi fut d'autant plus facile que dans le personnel de la Légation et parmi les ingénieurs anglais désignés se trouvaient plusieurs personnes ayant collaboré avec M. Wenger il y a 20 ans, lors de la Mission d'évaluation des destructions ordonnées en 1916. M. Wenger a pris contact avec M. le Colonel Gubbins, M. le Commandant Watson et M. Masterson, et a établi la liaison entre ces Messieurs et M.M. Angot et Coulon.

La méthode de travail adoptée a été l'établissement d'un programme ou plutôt, comme on le verra ci-dessous, le deux programmes par les français et l'examen et la critique éventuelle par les anglais.

IV.- PRINCIPES et METHODES

Pour être efficace, une destruction de l'industrie pétrolière doit autant que possible porter sur tous les éléments de l'industrie : production, transports, stocks et raffinage. Le rapport de Norton Grifith, du 21 Janvier 1917, le rapport allemand sur la destruction de 1916 et les constatations faites par la Commission anglo-française de 1919 à 1921, montrent qu'une destruction improvisée ne peut pas être complètement efficace.

Par ailleurs, l'expression courante "brûler les puits de pétrole" ne représente qu'une faible partie du programme et en quelque sorte qu'un complément final de l'opération à entreprendre. Ce qu'il faut détruire ce sont les moyens de forage, de production, de transport et de raffinage. L'incendie seul ne donnerait que des résultats apparents. Les allemands ont pu obtenir en un an une production importante en utilisant le matériel non détruit pour compléter un certain nombre d'unités de raffinage et de forage. Il ne faut pas oublier que l'on fore une sonde en 3 mois et qu'il en faut au moins 12 pour construire une raffinerie quand on dispose sur place du matériel nécessaire. Enfin, l'incendie peut entraîner souvent - c'est un risque qu'il faudra courir si l'on est pressé par le temps - la destruction des gisements, c'est-à-dire des pertes énormes et définitives pour le pays.

Une étude a été faite pour qu'une destruction méthodique porte partout sur les pièces semblables de manière à éviter que l'on puisse réaliser un appareil complet en rapprochant les pièces de divers appareils à demi détruits. Ces considérations nous ont amenés à envisager deux programmes :

1° - <u>Un programme de destruction rapide</u> pouvant être exécuté en 24 heures (prévu pour 10 heures par jour) avec les moyens qui se trouveront sur place, ne s'étendant qu'aux principaux chantiers (80 % de la production), à toutes les raffineries, aux stations de pompes et aux stocks. Ce programme comporte la destruction éventuelle de certains gisements, mais il permet d'espérer que l'industrie pétrolière sera inutilisable pendant 6 mois au moins jusqu'à concurrence de 75 % de la production actuelle. (Voir Annexe n° 7).-

2° - <u>Un programme méthodique</u> demande un délai de 10 jours à un mois permettant de toucher 90 % de la production, de protéger les gisements les plus importants et d'assurer une meilleure destruction des moyens de transport. Ce programme comporte l'utilisation d'explosifs. Pour le préparer, certaines mesures ont déjà été prises pour établir un réseau de circulation de boue permettant de "tuer" les sondes avant de les détruire (Voir annexe n° 7 bis).

Les deux méthodes comportent, avant toute chose, la destruction du matériel. L'incendie n'est que le complément ou l'achèvement de la destruction.

PRÉSIDENCE DU CONSEIL

P.C.
xxxxxx

1 8 OCT. 1939

xxxxxxxxxx

Section d'Etat-Major

N° : 267/3.E.DN

   Le Général Commandant en Chef G A M E L I N
   Chef d'Etat-Major Général de la Défense Nationale

     à Monsieur le PRESIDENT DU CONSEIL
    Ministre de la DEFENSE NATIONALE et de la GUERRE
   (Cabinet Militaire - Section de Défense Nationale).

  Comme suite à votre bordereau 1379/DN du 11 Octobre, j'ai l'honneur de vous proposer de donner à notre Attaché militaire à BUCAREST la mission de mettre sur pied l'organisation d'ensemble à prévoir pour la destruction éventuelle des pétroles roumains. L'exécution serait confiée à M. WENGER.

  Je crois opportun de donner à M. WENGER le grade de Colonel à titre fictif.

  Ci-joint en retour le dossier communiqué.

          SIGNÉ : GAMELIN

COPIE à :
M. le Général Aide-Major
 Général pour les T.O.E.

27 Octobre 39.

MINUTE

SECRET

LE PRESIDENT DU CONSEIL
MINISTRE DES AFFAIRES ETRANGERES
A MONSIEUR CORBIN, AMBASSADEUR DE FRANCE A LONDRES.

N° 1832
Bloquage de la navigation
sur le Danube.

  Nos Services spéciaux se sont mis d'accord avec les Services correspondants anglais pour préparer par des destructions appropriées le bloquage de la navigation commerciale sur le Danube. Vous n'ignorez pas qu'une partie importante du trafic allemand en direction *et en provenance* des Balkans passe par cette voie et que bientôt certains produits russes auront la possibilité d'emprunter le même itinéraire. L'effort que fait en ce moment l'Allemagne pour équiper le réseau fluvial danubien en vue d'une exploitation intensive a amené à considérer l'utilité de couper le débit de cette voie de communication.

  Mais alors que nos Services ont reçu *du gt français* les autorisations nécessaires pour exécuter l'opération préparée, les

Services anglais attendent encore l'autorisation d'agir qu'ils ont demandée au Foreign Office. D'après les indications données par eux à notre Etat-Major Général, la question serait soumise à l'heure actuelle à Lord Halifax personnellement.

Je vous serais obligé de saisir la plus prochaine occasion pour attirer sur l'urgence et l'intérêt de cette décision l'attention du Secrétaire d'Etat. C'est d'ailleurs le Ministère du Blocus anglais qui a signalé le premier à nos Services l'étendue l'importance des destructions envisagées de cette question.

Dokument Nr. 12

AFFAIRES ÉTRANGÈRES

DÉCHIFFREMENT

TÉLÉGRAMME A L'ARRIVÉE

DUPLICATA bis

RÉSERVÉ **S P**

Z   B

BRUXELLES, le 9 Novembre 1939 à 12 h. 45
Reçu le 9 à 14 h. 15

N° 786

<u>TRES SECRET</u>

M. Spaak m'a dit qu'une question le préoccupait beaucoup personnellement, dont la solution lui paraissait des plus délicates (et) qu'il désirait signaler dès maintenant à l'attention de Votre Excellence : celle du commamdement des forces qui coopéreraient éventuellement avec l'Armée belge elle-même commandée par le Roi. Il était en effet à prévoir que les divisions belges, maintenant toutes en ligne, n'auraient d'autre soutien et réserves générales que les forces françaises et anglaises ./.

BARGETON

ÉTAT-MAJOR de
L'ARMÉE

SECTION DU CHIFFRE
et
de la Correspondance Télégraphique

Dokument Nr. 13

DÉMARQUÉ

SECRET

TRADUCTION DE TROIS TÉLÉGRAMMES CHIFFRÉS
REÇUS le 11 Novembre 1939 à 19H.15

—:—:—:—:—:—:—:—:—:—:—:—

BRUXELLES le 11 novembre 1939 à 17H.21
Attaché Militaire Français
à GUERRE – PARIS
12 13 14

RÉPARTITION

2 Général Chef
   de Cabinet
2 E.M.A. Cabinet
3 E.M.A. 5ème Bureau
1 E.M.A. 2ème Bureau
2 Général Commandant
   en Chef les F.T.
   (Cabinet)
2 G.Q.G.
2 G.Q.G. 2ème Bureau

" Réponse à télégramme 169 du F.T.

1°) Néant.- Je vous confirme que, malgré mon insistance, aucun travail n'a été fait sur WAVRE-GEMBLOUX-RUISNES. Seule, une reconnaissance a été faite attribuant au Chemin de Fer une valeur d'obstacle partiel anti-char.

2°) Le vallon de la THYLE est un bon obstacle; ensuite le tracé en plaine par FLEURUS plus court serait par conséquent préférable tactiquement au tracé par GEMBLOUX; mais il est regrettable d'abandonner le plateau LA BARAQUE et surtout de découvrir le front nord de NAMUR, place importante qui recueille les chasseurs ardennais.

Conclusion avis défavorable stratégiquement tenant compte des dispositions Belges.

Le Colonel MICHOUX, actuellement à l'État-Major de l'Armée, a fait une reconnaissance

Télégrammes N° 148- 149- 150 CH⁼.

CONSEIL SUPÉRIEUR DE ....
É. al Major du Vice Président
Arr... 7 NOV 1939
N° d'e... istrement 4014
Classement   DN

Dokument Nr. 14

MINISTÈRE
DE LA
DÉFENSE NATIONALE
DE LA GUERRE

N° 60 bis de la collection

RÉPUBLIQUE FRANÇAISE

TRÈS SECRET

DÉPÊCHE TÉLÉGRAPHIQUE.

Paris, le 13 NOVEMBRE 1939

A CHIFFRER

GÉNÉRAL GAMELIN

à M. ATTACHÉ MILITAIRE LONDRES

Copie : A/ al Darlan
g/al Georges
g/al Vuillemin
g/al Kieltz

N° 88 Cab/D.N.

Réponse à votre télégramme 612.

Communiquez à Délégation Britannique que Commandement Français maintient entièrement principe opération projetée y compris occupation Îles de l'Escaut -Stop-
Cette occupation constitue couverture indispensable flanc gauche forces alliées qu'elles soient poussées sur la DYLE ou seulement sur l'ESCAUT -Stop-
Elle constitue en outre seule liaison possible avec aile sud défense Hollandaise dans région BERG OP ZOOM - ROSENDAAL si elle ne peut être poussée plus à l'est -Stop-
D'autre part en cas occupation position ESCAUT il est absolument nécessaire de tenir les Îles pour que les forces alliées ne soient pas prises à revers par éléments ennemis installés dans les dites Îles et que place de ANVERS ne soit pas prise éventuellement

CHIFFRÉ et EXPÉDIÉ
le 13 NOV 1939 à 15"
1/ sous le N° 3535 / 84 g
2/ 3636 / 91 g
3/ 3737 / 57 g

.... à suivre ...

MINISTÈRE
DE LA
DÉFENSE NATIONALE
ET
DE LA GUERRE

RÉPUBLIQUE FRANÇAISE

DÉPÊCHE TÉLÉGRAPHIQUE

Paris, le

A CHIFFRER.

Le Ministre de la Guerre

a M

n° 88   Cab/D.N. (suite)

sous le feu batiments embossés bras orientale ESCAUT
Stop- Quant à la couverture des bouches de la Meuse
et de la Waal elle doit être assurée par les forces
HOLLANDAISES défendant le réduit de la position
HOLLANDE - Stop -

Enfin si l'occupation des îles ne suffit pas pour
permettre utiliser à plein voie ESCAUT vers ANVERS
elle permettra cependant trafic réduit et tout au
moins ravitaillements place ANVERS soulageant ainsi
voies ferrées -Stop-

L'occupation ne serait d'ailleurs réalisée qu'avec
consentement Hollandais ./

SIGNÉ : GAMELIN

Dokument Nr. 15

Ambassade de la
République Française
en Belgique

Bruxelles, le 20 Novembre 1939

l'Attaché Militaire
et de l'Air

N° 854 /S

Le Colonel LAURENT, Attaché Militaire
et de l'Air
près l'Ambassade de la République Française
en Belgique.

Position WAVRE - NAMUR

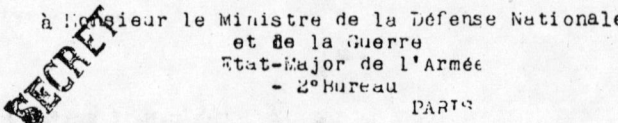

à Monsieur le Ministre de la Défense Nationale
et de la Guerre
État-Major de l'Armée
- 2° Bureau
PARIS

J'ai l'honneur de vous confirmer mon télégramme de ce jour : la décision a été enfin prise samedi de construire la position WAVRE - NAMUR et par conséquent de combler la lacune qui existe dans la bretelle ANVERS NAMUR.

Comme je l'avais annoncé, on prend pour base le chemin de fer de BRUXELLES à NAMUR, mais dans la partie Nord un raccord doit être établi en avant de la voie ferrée. De nombreux dispositifs de COINTET vont y être employés.

Je ne manquerai pas de suivre de près les travaux

Signé : E. LAURENT

AMBASSADE DE LA
REPUBLIQUE FRANÇAISE
EN BELGIQUE

L'ATTACHE MILITAIRE
ET DE L'AIR

N° 1065/S

Dokument Nr. 16

secret.   Bruxelles,le   16 Décembre   39.

Exemplaire N° 6

Objet:
Travaux sur la position
WAVRE - NAMUR.

Le Général LAURENT, Attaché Militaire et de l'Air
près l'Ambassade de la République Française en Belgique

à MONSIEUR LE MINISTRE DE LA DEFENSE NATIONALE
ET DE LA GUERRE

Etat-Major de l'Armée

2° Bureau

P A R I S.-

J'ai l'honneur de vous faire connaître que les travaux continuent sur la position WAVRE-NAMUR.

Le 16 Décembre, l'obstacle est continu entre GEMBLOUX et NAMUR, soit par suite du profil transversal de la voie, soit au moyen d'appareils de Cointet.

Les travaux commencent au Nord de GEMBLOUX mais, à l'heure actuelle, l'obstacle atteint à peine le Sud d'ERNAGE.

On travaille également sur la face N.O. de la Position Fortifiée de NAMUR et des fortins en béton sont en construction dans la région de SUARLEE./.

Ces renseignements résultent d'une reconnaissance faite aujourd'hui même. Ils confirment les indications que venaient de me donner le Ministre et le Chef d'Etat-Major. Chacun d'eux m'a affirmé que la barrière serait achevée au début de Janvier.

Signé: E. LAURENT.

Confidentiel.

LE CONFLIT RUSSO-FINLANDAIS.

Considérations d'ordre général.

1°. La guerre russo-finlandaise désorganise les transports russes et augmente d'une façon considérable le désordre de l'économie soviétique empêchant ainsi le ravitaillement de l'Allemagne de la part de Moscou en matières premières et surtout en combustibles.

2°. La menace soviétique sur les pays balkaniques restera également sans valeur pratique et disparaîtra même par la défaite russe au Nord.

3°. L'appui donné à la Finlande par la France, l'Angleterre et les Etats-Unis fortifiera la position des pays Scandinaves envers l'Allemagne en permettant d'englober la Suède et la Norvège dans un front anti-allemand, ce qui priverait l'Allemagne des importations indispensables pour son industrie de guerre et son alimentation nationale.

Il importe donc de donner à la Finlande tout l'appui possible (politique, matériel, militaire, économique) le front finlandais représentant les mêmes intérêts pour les alliés que le front de Macédoine dans la guerre 1914-18.

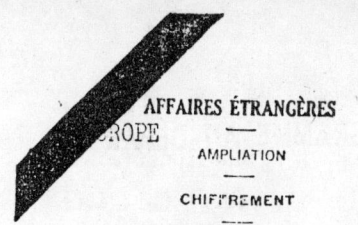

Dokument Nr. 18

11-B LV-14
TÉLÉGRAMME AU DÉPART

PARIS, le 17 Janvier 1940 à 17 h 15

S P

RÉSERVÉ

AMBAS. DE FRANCE LONDRES 151 à 158

...ion en Scandinavie.

SECRET

La pression croissante exercée par les forces soviétiques sur la Finlande, la position plus menaçante adoptée par l'URSS à l'égard de la Suède et de la Norvège, nous font un devoir d'insister à nouveau auprès du Gouvernement anglais pour une politique de présence plus active et plus efficace dans la Péninsule Scandinave.

Aussi bien en ce qui concerne le blocus de Narwick, que l'envoi à Petsamo de navires polonais, nous nous maintenons dans une attitude d'abstention et d'atermoiement qui tend à laisser constamment à l'adversaire le bénéfice de l'initiative, affaiblit notre prestige et notre autorité auprès des neutres et nous prive, en outre, sur le plan général de la guerre, des avantages qu'une action plus décidée nous permettrait de saisir.

La décision dont le Gouvernement anglais avait fait part, le 6 Janvier, au Gouvernement norvégien lui était présentée, avec sa justification juridique complète, comme d'exécution immédiate et inconditionnée. Les objections norvégiennes étaient prévues. Comme je vous l'ai indiqué par mon télégramme n° 97-99 elles ne pouvaient, une fois notre ......

AFFAIRES ÉTRANGÈRES 11-B TÉLÉGRAMME AU DÉPART LV-M

surprise et de succès non négligeables. L'adjonction d'éléments auxiliaires, camouflés en navires polonais, permettrait éventuellement d'en élargir la portée stratégique. Dans les conditions où elle se présentait, c'est à dire conçue comme une action finno-polonaise, elle aurait dû, semble-t-il faire l'objet d'une exécution rapide, sous la responsabilité des deux Gouvernements qui nous la proposaient, avec toutes les facilités directes ou déguisées que nous étions en mesure deleur prêter. Or là encore, près de trois semaines ont passé depuis la première évocation de cette affaire sans qu'ait été dépassée la phase purement négative des études et des objections.

Si héroïque que soit la résistance de la Finlande, il serait téméraire de présumer qu'elle pourra seule s'opposer longtemps à la pression accrue des armées de terre et d'air soviétiques. Les conséquences pour les alliés de la défaite finlandaise, aussi bien du point de vue moral que sur le plan général de la guerre, n'ont pas besoin d'être soulignées. Elles risquent de livrer la péninsule scandinave tout entière aux entreprises de l'Allemagne et de la Russie et de leur assurer la maîtrise des sources de ravitaillement et des bases d'opérations qui leur permettront de prolonger presqu'indéfiniment la guerre.

Chaque jour qui s'écoule accroit les difficultés de notre riposte, en diminue l'efficacité virtuelle, rapproche le moment où elle risque de devenir inopérante ou impossible. Toute occasion de nous engager sur un territoire qui ne nous est pas encore fermé, tout prétexte nous permettant de prendre prise sur une situation déjà placée dans le prolongement direct de la guerre, doivent être immédiatement saisis et ......

AFFAIRES ÉTRANGÈRES

AMPLIATION
CHIFFREMENT

RÉSERVÉ

TÉLÉGRAMME AU DÉPART

décision signifiée, entrer en balance avec les raisons d'ordre politique et économique qui l'avaient inspirée.

La portée et les conséquences éventuelles de cette démarche dépassaient de beaucoup ses résultats pratiques immédiats. Elle pouvait déclencher, en effet, un engrenage d'événements aboutissant à l'élargissement de notre champ d'action militaire et naval, nous permettant d'apporter directement à la Finlande une assistance effective et nous assurant, en dernière étape, le contrôle matériel des gisements miniers suédois.

Or, plus de dix jours ont passé depuis cette démarche sans que la décision signifiée ait été mise à exécution. La justification juridique, que nous tirions des violations de la neutralité norvégienne commises par l'Allemagne, s'affaiblit en proportion du retard apporté à notre réaction. La Norvège et la Suède, et derrière elles l'Allemagne, constatant ces atermoiements, prennent mesure de nos flottements dans la conception, de nos hésitations devant l'action. Les satisfactions de détail que la Suède et la Norvège nous consentiront dans la question particulière des minerais ne sauraient compenser le manque à gagner moral et matériel que cette occasion perdue de prendre position en Scandinavie inscrira à notre passif.

L'affaire des navires polonais n'est pas moins caractéristique des défaillances de notre action. Même réduite aux seules unités que le Gouvernement polonais, sur la demande de la Finlande, consentait à y aventurer, une opération navale en Océan arctique offrait une signification morale et psychologique essentielle et renfermait des éléments de

. . . .

TÉLÉGRAMME AU DÉPART

RÉSERVÉ   JFB   -4-   LV6M

exploités. Le blocus des eaux norvégiennes d'une part, l'expédition de Petsamo d'autre part, nous offrent deux de ces possibilités.

    J'estime nécessaire qu'en faisant part à Lord Halifax de toutes les considérations qui précèdent, vous le priiez de mettre son Gouvernement devant toute l'étendue des responsabilités que nous assumerions si, par suite d'une attitude trop constamment temporisatrice et négative, nous négligions les possibilités qui nous sont encore offertes d'une action à la fois préventive et positive, sur un théâtre dont l'importance se révèle capitale pour l'issue de la guerre ./.

                        Ed. DALADIER

Dokument Nr. 19

Copie d'une note manuscrite du Président Daladier

Classé

19 Janvier 1940

Prier le Général GAMELIN et l'Amiral DARLAN de préparer une étude sur une intervention éventuelle pour la destruction des pétroles Russes.

1°/- hypothèse de l'interception des pétroles transportés en MER NOIRE pour l'ALLEMAGNE- Il s'agit surtout de bateaux allemands - Dans cette hypothèse, il n'y a pas belligérance russe.

2°/- hypothèse d'une intervention directe en CAUCASE

3°/- sans action directe contre la RUSSIE, agir pour faciliter des mouvements d'émancipation des populations musulmanes du CAUCASE.

1 copie à Gal Keltz
1 copie à Gal Vuillemin

———

AFFAIRES ÉTRANGÈRES

EN CLAIR

— Z —

RÉSERVÉ

N° 291

TÉLÉGRAMME A L'ARRIVÉE

DUPLICATA bis

D

ANKARA, le 12 Février 1940
Reçu par courrier le 16 à 19 h.

CONFIDENTIEL

La tension progressive qui se manifeste dans les relations entre l'URSS et les Puissances occidentales est suivie avec la plus grande attention. L'absence de toute réaction sérieuse du côté russe à la suite des perquisitions opérées à la délégation commerciale soviétique à Paris a été très remarquée par M. Saracoglu qui a été également frappé du ton des propos anti-russes prêtés par les agences au Président Roosevelt.

Dans le public, notamment dans les milieux militaires mais pas dans ceux là seulement, on parle de plus en plus des musulmans du Caucase et de Bakou.

J'ai signalé dans ma dépêche N° 34 '(Europe) du 26 Janvier que ce renouveau des idées pantouraniennes ne trouvait pas encore beaucoup d'échos dans les milieux gouvernementaux : il n'en reste pas moins que, dans la mesure où l'on croira constater davantage la faiblesse russe, ces idées peuvent gagner du terrain. Elles en gagneront d'autant plus facilement que leurs partisans sauront mieux, suivant l'interlocuteur auquel ils s'adressent, varier leur langage et parler tantôt "pantouranisme" et "fraternité de race", tantôt "pétrole"... Il ne faut plus exclure que nous puissions faire jouer ce ressort le jour où nous estimerions y avoir intérêt ./

MASSIGLI

Dokument Nr. 21

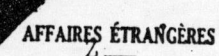

AFFAIRES ÉTRANGÈRES
AMPLIATION
CHIFFREMENT

EUROPE

TÉLÉGRAMME AU DÉPART

PARIS, le 21 Février 1940 - 15 h. 45

RÉSERVÉ

AMBASSADEUR FRANCAIS LONDRES - 460 à 467

Assistance à la Finlande
Intervention en Scandinavie

Suite à mon télégramme précédent.

1. - L'assentiment de la Suède conditionne toute intervention directe des alliés en Finlande. Il suffit, en effet, au Gouvernement suédois, de couper le courant qui alimente la ligne de chemin de fer Narwick-Kami pour fermer aux alliés l'accès de son territoire et, par conséquent, l'accès de la Finlande.

2.- Le Gouvernement suédois parait également déterminé à ne pas venir en aide militairement à la Finlande et à refuser l'usage de son territoire à des détachements étrangers. Il est très douteux que le camouflage en "volontaires" des détachements alliés suffise, à lui seul, à modifier cette attitude négative.

3.- Il est non moins douteux que la Suède, ainsi que l'espère M. Chamberlain, compense son refus d'autoriser le passage de détachements alliés, en se portant elle-même avec toutes ses forces à l'aide de la Finlande. Nous savons en effet, par un télégramme de M. Roger Maugras, que le Reich a fait connaître au Gouvernement suédois qu'il considérerait toute aide officielle de la Suède à la Finlande comme un casus belli.

4.- Un seul élément peut avoir quelque chance de modifier la position du Gouvernement suédois : c'est la

certitude ....

TÉLÉGRAMME AU DÉPART

2.-

RÉSERVÉ

~~QUATRIÈME~~ que les alliés sont en mesure de lui fournir une aide _immédiate_ et _efficace_ contre une réaction allemande. ~~Il ne devrait~~ pas s'agir de simples promesses ni d'assurances à terme même rapproché. La présence effective à ses frontières mêmes, de forces prêtes à entrer immédiatement en action, aurait seule des chances de peser dans un sens favorable sur la décision finale de la Suède.

5.- L'occupation des principaux ports norvégiens, le débarquement en Norvège du premier échelon de forces alliées, donneraient à la Suède ce commencement de sécurité. Cette opération devrait être conçue indépendamment de l'appel finlandais et exécutée dans les délais les plus rapides, suivant un scénario dont l'affaire de l'"Altmark" nous fournit les éléments.

6.- La Norvège, en autorisant et en protégeant le passage par ses eaux territoriales d'un navire allemand armé, transportant des prisonniers anglais, a gravement manqué à ses devoirs de neutre. Le Gouvernement anglais est fondé à exiger des réparations et des garanties. Il est notamment en droit de demander l'internement de l'"Altmark" et de son équipage et de signifier au Gouvernement norvégien qu'il exercera désormais lui-même la surveillance des eaux norvégiennes dont le Gouvernement d'Oslo s'est montré, d'une manière continue, impuissant à faire respecter l'inviolabilité.

7.- Si, comme il est très probable, cette démarche se heurte à un refus norvégien, le Gouvernement anglais constatant la carence norvégienne, s'assure immédiatement .....

AFFAIRES ÉTRANGÈRES — **TÉLÉGRAMME AU DÉPART**

RÉSERVÉ

im médiatement des points d'appui qui lui sont nécessaires pour assurer la sauvegarde de ses droits. Cette occupation des ports norvégiens devrait être une opération brusquée, accomplie par la Marine anglaise seule, ou avec coopération de la Marine française, sans participation des détachements alliés destinés à la Finlande. Sa justification aux yeux de l'opinion mondiale sera d'autant plus aisée qu'elle sera plus rapide et que la propagande sera à même d'exploiter l'évocation de la complicité toute récente de la Norvège dans l'affaire de l'"Altmark".

8.- Il n'est pas besoin de souligner le retentissement d'une telle opération en Allemagne et en Russie, le désarroi qu'elle y provoquera. Des détachements anglais, aussi importants que possible, accompagnés au besoin de détachements français, devront être aussitôt débarqués et concentrés dans les ports occupés, de manière a ce que, au moment ou l'appel finlandais se produira, la Suède trouve dans leur présence déjà effective, garantissant l'arrivée ultérieure de nouveaux contingents français et polonais, le gage tangible de l'appui que nous pourrons lui prêter si elle se porte elle-même, ou nous laisse nous porter au secours de la Finlande.

9.- En admettant qu'elle continue à s'y refuser et que les voies d'accès à la Finlande nous demeurent fermées, nous garderons le bénéfice d'avoir pris position dominante sur l'Allemagne dans le Nord ; d'avoir arrêté le transport maritime des minerais suédois ; d'être à portée d'avions de leurs gisements ; de nous trouver à pied d'œuvre pour parer aux développements ultérieurs des entreprises allemandes et ...

AFFAIRES ÉTRANGÈRES

AMPLIATION

CHIFFREMENT
—Z

TÉLÉGRAMME AU DÉPART

D

RÉSERVE 4.-

et russes en Scandinavie. Il convient de ne pas oublier que notre objectif principal demeure de couper le ravitaillement de l'Allemagne en minerai et que toute entreprise alliée en Scandinavie n'a de justification sur le plan général de la guerre qu'autant qu'elle converge vers cet objectif.

10.- Il y a toutes chances, au contraire, si nous n'exploitons pas l'affaire de l'"Altmark" jusqu'à une prise immédiate de gages et de points d'appui en Norvège, pour que la Suède, prise entre la crainte de l'Allemagne et ses doutes sur l'efficacité de notre assistance, ne se dérobe à l'appel finlandais et ne nous ferme son territoire. Toute notre expédition projetée et préparée avortera sans avoir même reçu un commencement d'exécution, laissant l'Allemagne, la Russie et les neutres prendre mesure de notre impuissance a passer du plan des velléités à celui de l'action ./.

EDOUARD DALADIER

No.
COMMANDEMENT EN CHEF
DES
FORCES TERRESTRES.

GRAND QUARTIER GÉNÉRAL.

ETAT-MAJOR.

3ème Bureau.

COPIE

Le 22 Février 1940.

E T U D E

sur une action destinée à priver
l'ALLEMAGNE et l'U.R.S.S.
des ressources en pétrole du CAUCASE.-

SECRET

Cette étude très légèrement modifiée, a été adressée le 4 avril 40, par lettre n° 353 (a)/DN au p-Reynaud (remis à M. Baudouin)

Une intervention alliée contre les pétroles russes du CAUCASE peut se proposer :

- soit de priver l'ALLEMAGNE du pétrole qu'elle reçoit actuellement de cette région;

- soit de priver la RUSSIE d'une matière première qui est indispensable à son économie et d'ébranler ainsi la puissance soviétique. Du même coup, on atteindrait l'ALLEMAGNE en interrompant son ravitaillement en carburant russe.

Pour arriver à ces fins, trois actions paraissent possibles :

- s'attaquer aux transports de pétrole à destination du REICH par la Mer Noire,

- s'attaquer aux centres principaux de l'industrie pétrolière du CAUCASE,

- provoquer un soulèvement parmi les populations musulma.

II.- ACTION MILITAIRE CONTRE L'INDUSTRIE PETROLIERE DU CAUCASE

Une action militaire contre les pétroles du CAUCASE doit se proposer d'atteindre les points sensibles de l'industrie pétrolière de cette région.

Ces points sensibles sont les centres de production, de stockage ou d'évacuation. Ils sont essentiellement au nombre de trois :

- BAKOU
- GROSNYI - MAÏKOP
- BATOUM

GROSNYI-MAÏKOP situé sur le versant N. de la chaîne du CAUCASE est trop éloigné pour être l'objet d'une action militaire même dans le domaine aérien - Reste BAKOU et BATOUM.

ACTION sur BAKOU :

I)- Définition de l'opération :

BAKOU, séparé de la frontière turque par une distance de 500 Kms. dont une bonne partie constituée par le plateau arménien, région de hautes montagnes, pauvre et dépourvu de voies de communications, n'est pas justiciable d'une attaque terrestre partant de TURQUIE

Seule une action terrestre partant de pointe N.O. de l'IRAN serait admissible. Mais elle exigerait, d'une part, le consentement de l'IRAN, d'autre part, le transport à pied d'oeuvre d'importants effectifs allié

.....

les forces dont dispose l'IRAN dans cette région étant nettement insuffisantes pour mener l'opération projetée.

En présence des difficultés de toutes sortes soulevées par une opération terrestre, on est donc conduit à envisager l'attaque de BAKOU par l'aviation.

BAKOU étant à la fois centre de production, de stockage et d'évacuation, une action aérienne contre cette ville pourrait se proposer de détruire ou d'incendier :

- les raffineries, objectifs faciles à atteindre, vulnérables, très couteux et très longs à reconstruire,
- les réservoirs, objectifs également faciles à atteindre et vulnérables,
- les installations portuaires,
- la voie ferrée BAKOU-ROSTOV.

2).- Intérêt de l'opération :

BAKOU constitue le centre pétrolier de beaucoup le plus important du CAUCASE.

- 75% de la production russe en pétrole proviennent des puits de BAKOU,
- les installations de raffinage de BAKOU sont les plus considérables du CAUCASE,
- par BAKOU s'évacue par voie ferrée et par bateaux (Caspienne) plus de 50% de la production pétrolière russe du CAUCASE.

Une attaque aérienne contre BAKOU, à condition d'être

.....

menée par un nombre d'appareils suffisant et de pouvoir être renouvelée de manière à entretenir les destructions obtenues serait donc particulièrement payante.

Non seulement elle atteindrait l'ALLEMAGNE, mais elle priverait l'U.R.S.S. d'une partie importante des pétroles caucasiens et MOSCOU ayant besoin de la presque totalité de sa production pétrolière pour ses formations motorisées et ses exploitations agricoles, elle mettrait rapidement les Soviets dans une situation critique.

3)- Conditions d'exécution :

Une action aérienne contre BAKOU devrait être basée :
- soit en TURQUIE : Région DIARBEKIR-VAN-ERZEROUM.
- soit en IRAN
- soit <u>en SYRIE</u> et en IRAK (Djezireh et région de MOSSOUL)

Dans l'un ou l'autre cas, une entente préalable avec la TURQUIE ou l'IRAN serait indispensable, soit pour la création de bases, soit pour le survol d' territoire turc ou iranien.

En raison des distances à franchir (il y a 400 Km. de TABRIZ à BAKOU, 700 Km. d'ERZEROUM ou de MOSSOUL à BAKOU), il serait nécessaire d'utiliser pour un bombardement de BAKOU 6 à 8 groupes de bombardiers modernes, gros porteurs et à grand rayon d'action.

Du fait de notre pénurie en appareils de cette catégorie dans la situation actuelle, la plus grande partie des avions utilisés devrait être fournie par les Britanniques.

.....

- CONCLUSI

1°).- L'interception en MER NOIRE des pétroles envoyés du CAUCASE en ALLEMAGNE ne présente qu'un <u>intérêt limité</u> en raison de l'importance relativement faible de l'apport russe/ actuel par cette voie dans le ravitaillement en pétrole du III° REICH.

2°).- Une action contre l'industrie pétrolière russe au CAUCASE offre, au contraire, pour les Alliés <u>un très gros intérêt</u>. Elle permet de porter un coup très grave, sinon décisif, à l'organisation militaire et économique soviétique. Au bout de quelques mois, les embarras de l'U.R.S.S. pourraient même devenir tels que ce Pays courrait le risque d'un effondrement total.

Nous nous sommes depuis orientés vers une opération conjuguée aérienne et navale. Mais la valeur respective demeure vraie.

Si ce résultat était obtenu, l'ALLEMAGNE privée de tout ravitaillement soviétique verrait se fermer à l'Est la barrière du blocus et devrait se contenter de vivre sur les Pays Nordiques et les BALKANS, derniers retranchements économiques où elle pourrait encore se défendre.

3°).- Une action contre les pétroles du CAUCASE peut prendre soit la forme d'un travail politique ayant pour but un soulèvement des populations musulmanes du CAUCASE, soit la forme d'opérations militaires dirigées contre les centres importants de l'industrie pétrolière russe.

.....

Dokument Nr. 23

TRÈS SECRET

N° 104/1

Le 10 Mars 1940.

NOTE
RELATIVE À LA PARTICIPATION DE FORCES FRANCO-BRITANNIQUES AUX OPÉRATIONS EN FINLANDE

Dès l'ouverture des hostilités (30 Novembre 1939) entre la FINLANDE et l'U.R.S.S., les Gouvernements français et britannique ont marqué leur volonté de porter à la FINLANDE une aide efficace et rapide par la livraison de matériels d'aviation et d'armement. Les premières expéditions de matériels commençaient vers le 20 Décembre.

De son côté, le Haut Commandement français s'est immédiatement préoccupé de recueillir les impressions du Maréchal MANNERHEIM sur le concours que pourraient lui apporter des forces françaises dans le domaine des opérations, en dehors de l'aide sur le plan matériel ou sur le plan des volontaires, qui lui était déjà acquise.

Le Commandant GANEVAL était envoyé dans ce but auprès du Généralissime finlandais. Le 20 Décembre 1939, il quittait la FRANCE à destination d'HELSINKI, d'où il revenait le 20 Janvier 1940.

Dès le 16 Janvier, le Haut Commandement français établissait dans ses grandes lignes un projet d'intervention armée en FINLANDE. Ce projet comportait essentiellement le débarquement de contingents alliés à PETSAMO, avec, éventuellement, la mainmise, à titre de précaution, sur les ports et aérodromes de la côte occidentale de la NORVEGE. Il envisageait, en outre, à la faveur des résultats ainsi obtenus, la possibilité d'étendre ultérieurement les opérations en SUEDE et d'occuper les mines de fer de GALLIVARE, source importante de minerai pour l'ALLEMAGNE, tout en nous créant une nouvelle ligne de communication par NARVIK-LULEA.

La conception de l'opération sur PETSAMO se trouvait coïncider avec celle que le Maréchal MANNERHEIM avait développée au Commandant GANEVAL.

Au cours d'entretiens officieux, le Haut Commandement britannique avait semblé se rallier à notre manière de voir.

Cependant, au cours des réunions militaires interalliées des 31 Janvier et 1er Février, précédant le Conseil Suprême du 5 Février, les Britanniques, mettant le problème de l'aide directe à la FINLANDE au second plan, se montraient résolument partisans d'une opération sur les mines de fer du Nord de la SUEDE, ayant pour corollaire, tout au moins initialement, le glissement en FINLANDE d'une partie seulement des forces engagées. On renonçait ainsi pratiquement à l'opération sur PETSAMO, qui ne prenait plus qu'un caractère secondaire et éventuel.

Ce point de vue a prévalu au Conseil Suprême. La préparation de l'expédition scandinave a été, aussitôt, mise en oeuvre et le transport des forces f anco-britanniques était prêt à être déclenché dès les premiers jours de Mars$^{(1)}$.

La direction des opérations à entreprendre en SCANDINAVIE a été confiée au Haut Commandement britannique. Il ne pouvait, semble-t-il, en être autrement.

Les transports maritimes des forces expéditionnaires, d'une part, le ravitaillement ultérieur de ces forces, d'autre part, doivent en effet emprunter des routes situées dans la zone du Commandement naval britannique. La protection de ces transports incombe normalement aux forces maritimes anglaises. Au reste, la marine française ne saurait être partout à la fois: la Méditerranée et les Côtes atlantiques de FRANCE et d'AFRIQUE demeurent son domaine propre, sans compter les missions, qu'elle assure, de couverture des convois venant de l'AMERIQUE.

Il convient aussi de noter que la participation des forces terrestres françaises aux opérations nordiques ne

---

(1)- Le premier échelon des forces françaises (brigade de chasseurs alpins) était prêt à être enlevé de ses cantonnements le 26 Février et à être embarqué à partir du 1er Mars. Une avant-garde, dans le cas d'une tentative brusquée sur PETSAMO, aurait pu être envoyée beaucoup plus tôt.

peut être actuellement que limitée. L'armée de terre est contrainte de maintenir le gros de ses forces sur le front du Nord-est, où elle se trouve affrontée au gros des forces allemandes. Elle est obligée, par surcroit, de monter la garde face à l'ITALIE, sur les ALPES et en AFRIQUE du NORD. Elle a une avant-garde au LEVANT. Elle ne peut donc distraire, dans les circonstances présentes, que des contingents limités pour d'autres théâtres extérieurs.

Dans le domaine aérien, et dans la situation présente de l'aviation française, celle-ci ne peut prêter qu'un concours réduit.

° °

L'ouverture d'un théâtre nordique présente, du point de vue de la conduite de la guerre, un évident intérêt. Sans compter le bénéfice moral, le blocus se resserre et l'arrêt du trafic de minerai à destination de l'ALLEMAGNE est, notamment, d'une importance capitale.

Dans cet ordre d'idées, des opérations dans les BALKANS, combinées avec une expédition scandinave, augmenteraient encore l'asphyxie économique du Reich. L'ALLEMAGNE ne disposerait plus, comme fenêtre sur l'extérieur, que de sa frontière avec l'U.R.S.S. et l'exploitation des ressources russes paraît encore devoir demander de longs délais.

Toutefois, sur le plan militaire, un effort dans les BALKANS(1) serait pour la FRANCE d'un bien plus grand rendement qu'un effort en SCANDINAVIE. Le théâtre général des opérations s'étendrait largement, YOUGOSLAVIE, ROUMANIE, GRECE, TURQUIE nous amèneraient le renfort d'environ 100 Divisions(2). SUEDE et NORVEGE nous procureraient seulement le faible appoint d'une dizaine de Divisions. Les prélèvements de forces que les Allemands seraient obligés de faire sur le Nord-Est, pour parer à nos entreprises, seraient sans doute dans la même proportion.

Les avantages de l'ouverture d'un théâtre scandinave n'en restent pas moins incontestables. Mais il importe de ne pas méconnaître les difficultés techniques qu'elle entraîne.

Sur le plan maritime, il nous est pratiquement impossible d'opérer en BALTIQUE.

Notre ligne de communication passe au travers de la Mer du Nord, d'ECOSSE en NORVEGE. Elle est sensiblement plus longue que celle qui servirait aux Allemands entre STETTIN et la Côte méridionale de la SUED. Elle sera à protéger contre les sous-marins et les avions de bombardement de l'ALLEMAGNE.

Il faut noter, d'autre part, que la période où le

---

(1)- Question bien entendu liée à l'attitude de l'ITALI .
(2)- sans compter la question des pétroles: de ROUMANIE, que l'on pourrait couvrir ou détruire, et de TRANSCAUCASIE.

Golfe de BOTHNIE est libre de glaces donnera les plus grandes facilités aux Allemands pour débarquer en FINLANDE, non seulement sur la Côte Sud, mais sur la Côte Ouest et sur la Côte Est de la SUEDE.

Sur le plan terrestre, les ports norvégiens du Nord-Ouest, et NARVIK en particulier, sont de petit rendement. Ils sont mal outillés pour recevoir des effectifs ou des ravitaillements importants.

Les voies ferrées qui, de NARVIK et TRONDHJEM, se dirigent vers LULEA, ne sont susceptibles que d'un faible débit. Ce débit tombe encore lorsque l'on pousse jusqu'en FINLANDE, puisque l'on ne dispose plus que d'une seule ligne de chemin de fer, partant de LULEA et contournant le golfe de BOTHNIE[1].

Les conditions de climat de la FINLANDE, et spécialement de la LAPONIE, sont particulièrement dures. Des forces franco-britanniques ne peuvent y être employées sans une composition appropriée et, avant fin Mai, sans un équipement spécial.

Les animaux de nos Pays, sauf nos mulets, ne peuvent s'acclimater.

Enfin, le ravitaillement de nos unités en vivres, et surtout en vin, posera un problème difficile à résoudre.

Il résulte de ce qui précède que, si l'on peut réaliser assez rapidement, mais non sans risques (action possible de sous-marins et d'avions ennemis) un débarquement en NORVEGE, l'apport de forces en FINLANDE même ne peut être que très progressif

---

(1).- tout cela sous réserve que les Suédois nous laissent leur matériel ferroviaire.

<u>Sur le plan de l'aviation</u>, le secours à la FINLANDE en avions de bombardement à grand rayon d'action paraissait le plus rapide et le plus aisé à réaliser, sous la réserve que, comme pour un débarquement à PETSAMO, on eût pris la décision d'engager des opérations de guerre contre l'U.R.S.S. Il semble bien qu'un tel secours fût le seul moyen de sauver la FINLANDE, jusqu'à l'arrivée de forces terrestres.

Mais, seuls, les Britanniques étaient en mesure de l'employer, notre aviation de bombardement ne possédant pas encore un nombre suffisant d'appareils modernes aptes à cette mission[1].

Dans le domaine de l'aviation de chasse, l'aide à la FINLANDE, qui a été particulièrement importante, a forcément été plus lente. Les appareils de chasse ont dû, en effet être transportés par mer, démontés, en SUEDE, voire en FINLANDE, où ils ont été remontés.

Il faut enfin souligner que le problème d'un <u>débarquement à PETSAMO</u> se poserait aujourd'hui dans des conditions très différentes de celles qui existaient il y a deux mois.

Les Russes se sont, dans cette région, considérablement renforcés. Ils ont largement poussé vers le Sud, au-delà de PETSAMO. Des bases aériennes ont été installées. Peut-être ont-ils réalisé une communication terrestre avec MOURMANSK.

---

(1)- surtout d'appareils pouvant être détournés de leurs missions éventuelles en FRANCE.

Enfin, ils ont hérissé la côte de défenses et y ont installé de l'artillerie lourde.

D'autre part, les Finlandais sont certainement incapables actuellement de conjuguer une opération terrestre avec un débarquement de contingents alliés, comme on l'avait initialement prévu.

. .
.

Poursuivie sur le plan matériel depuis le mois de Décembre, l'aide à la FINLANDE peut, dès maintenant, se réaliser, sur le plan des opérations par l'envoi de troupes alliées

En dehors des contingents français et polonais (15.000 hommes), les Britanniques ont prévu l'envoi en SCANDINAVIE de 6 ou 7 Divisions[1]. Le tout représente 150.000 hommes, au minimum. Ces prévisions, qui absorbent toutes les nouvelles créations britanniques[2], ne paraissent pas pouvoir être actuellement dépassées, si l'on considère les servitudes imposées par les transports et les capacités d'absorption des ports norvégiens. Leur débarquement réclame déjà des délais importants, de l'ordre de plusieurs mois. Il n'y a donc pas lieu de prendre, dès maintenant, des décisions pour augmenter

---

(1)- Renseignement très confidentiel que m'a donné le Général IRONSIDE. Il s'agit de prévisions de sa part; il n'a pas là-dessus l'accord du War Cabinet.

(2)- avec prélèvement d'une Division active sur les troupes actuellement en FRANCE.

ces effectifs. D'ici deux ou trois mois, la situation sera sans doute plus éclaircie sur le front français et nous donnera les éléments d'une décision complémentaire.

Les difficultés techniques de l'intervention alliée ne doivent pas être ignorées. Elles ne sont pas insurmontables et, le cas échéant, elles seront résolues.

De la main du Général :

Il y a donc lieu de poursuivre résolument nos projets en SCANDINAVIE, pour sauver la FINLANDE, au minimum, pour mettre les mains sur le fer suédois et les ports de NORVEGE.

Mais, disons-nous qu'au point de vue des opérations de guerre, les BALKANS et le CAUCASE, par où l'on peut aussi priver l'ALLEMAGNE du pétrole, sont à plus grand rendement. Mais l'ITALIE tient la clef des BALKANS.

           Signé: M. GAMELIN.

COMITE D'ETUDES MILITAIRES
INTERALLIE

Dokument Nr. 24   Exemplaire i 2

N° 926 S/C.E.I.

LONDRES, le **11. MAR. 1940**

PROJET SCANDINAVE.

18ème séance.

TRES SECRET

COMPTE - RENDU

DE LA 18ème SEANCE DU COMITE CHARGE DE L'ETUDE DU PROJET SCANDINAVE

(War Office, le 9 Mars 1940.)

1.   Débarquement à Narvik.

Le Comité a été convoqué inopinément le 9 Mars pour prendre connaissance d'observations faites au cours de la séance du War Cabinet, le 8 Mars. Monsieur WINSTON CHURCHILL aurait, au cours de cette séance, manifesté son inquiétude de voir éventuellement l'attitude norvégienne compromettre l'aide à la Finlande, notamment lors des premiers débarquements à Narvik.

A cet effet, le premier Lord a indiqué qu'il conviendrait de se/présenter initialement en forces devant Narvik. Il ne s'agit pas d'effectuer un débarquement de vive force mais en quelque sorte de "montrer la force pour éviter de s'en servir". Monsieur WINSTON CHURCHILL voit un groupement comprenant un croiseur et quelques contre-torpilleurs se présentant devant Narvik et jetant à terre rapidement la valeur d'un bataillon, avant l'arrivée du premier convoi de transports. Bien entendu l'ensemble de cette opération serait effectué avec des moyens britanniques.

Le War Cabinet aurait par ailleurs mis en doute l'utilité de l'occupation de Stavanger et de Bergen.

Le Comité examine les modalités d'exécution de l'opération prévue pour Narvik qui ne parait pas présenter de difficultés particulières. Par contre, le Comité estime qu'il y aurait les plus graves inconvénients à renoncer à l'occupation de Bergen et plus particulièrement de Stavanger où le terrain d'aviation pourrait être occupé rapidement par les Allemands si nous ne les y devancions.

Dokument Nr. 25

GRAND QUARTIER GÉNÉRAL
Le Général Commandant en Chef
Chef d'État-Major Général
de la Défense Nationale,
Commandant en Chef les Forces terrestres.

P.C. le 12 Mars 1940

COPIE
TRÈS SECRET

N° 314-Cab/D.N.

Le Général Commandant en Chef GAMELIN
Chef d'Etat-Major Général de la
Défense Nationale,
Commandant en Chef les Forces terrestres,

à Monsieur le PRÉSIDENT DU CONSEIL,
MINISTRE DE LA DÉFENSE NATIONALE ET
DE LA GUERRE,
(Cabinet Militaire).

OBJET

Opérations en
MOYEN-ORIENT

J'ai l'honneur de vous adresser ci-joint copie des pièces suivantes :

a)- Lettre N° 295/3.S. du Général WEYGAND, en date du 7 Mars 1940 adressée au Général GAMELIN;

b)- Réponse télégraphique adressée le 10 Mars au Général WEYGAND (309-Cab/D.N.);

c)- Télégramme 1.236 du Général WEYGAND faisant suite à la lettre 295 du 7 Mars.

J'y joins un projet de réponse que je me propose d'adresser télégraphiquement au Général WEYGAND dès que vous aurez bien voulu me donner votre accord à ce sujet.

Accord donné par le Président du Conseil,
le 14 Mars 1940 par lettre N° 645 D.N.

(Ecrit . . . . .

Écrit de la main du Général :

Personnellement, j'estime que nous avons intérêt à poursuivre rapidement ces études de l'attaque sur BAKOU et BATOUM (spécialement par l'aviation). Les opérations à mener dans cet ordre d'idées seraient un heureux complément de celles à conduire en SCANDINAVIE. Mais, si ces dernières se trouvaient entravées, ce seraient une raison de plus pour agir en TRANSCAUCASIE.

Signé: G A M E L I N .

COMMANDEMENT EN CHEF
DU THEATRE D'OPERATIONS
DE MEDITERRANEE ORIENTALE

S.P. 601, le 7 Mars 1940.

Le Général

N° 295/3.S

TRES SECRET

COPIE

Le Général WEYGAND
Commandant en Chef du Théâtre d'Opérations
de MÉDITERRANÉE ORIENTALE,

à Monsieur le GÉNÉRAL COMMANDANT EN CHEF
les Forces terrestres,
Chef d'État-Major de la Défense Nationale.

L'Air Marshal MITCHELL, commandant les Forces Aériennes du MIDDLE East, de passage aujourd'hui à BEYROUTH, se rendant à ANKARA avec le Général JAUNEAUD, m'a fait savoir qu'il a reçu de LONDRES des instructions concernant la préparation d'opérations éventuelles de bombardement sur BAKOU et BATOUM. Il m'a informé de son intention de demander au Maréchal ÇAKMALK d'être autorisé à faire faire des reconnaissances des terrains d'aviation, qui, dans les régions de DIARBEKIR, d'ERZEROUM, de KARS et du lac de VAN, pourraient servir de bases intermédiaires à des avions ayant leur base principale en DJEZIREH.

L'Air Marshal MITCHELL m'a demandé l'autorisation de reconnaître nos terrains de DJEZIRECH, la situation politique de l'IRAK dont l'indépendance est reconnue, ne lui permettant d'utiliser sans risques de complications, les terrains de ce territoire. J'ai l'honneur de vous rendre compte que j'ai autorisé cette reconnaissance qui sera exécutée prochainement conjointement par des Officiers britanniques et des Officiers français, les uns et les autres en civil, comme s'il s'agissait de travaux se rapportant à l'exploitation des nappes de pétrole de cette région.

                                        W E Y G A N D.

10 Mars 1940.

COPIE
Secret

N° 309-Cab/D.N.

Général Commandant en Chef GAMELIN

au Général WEYGAND.

Réponse à votre lettre 295/3-S du 7 Mars.

Je donne mon complet accord à l'autorisation que vous avez accordée à l'Air Marshal MITCHELL en vue d'effectuer reconnaissances terrain aviation DJEZIREH.

Général GAMELIN.

Secret
COPIE

TRADUCTION D'UN TÉLÉGRAMME CHIFFRÉ
REÇU AU G.Q.G.F.T. Le 10 MARS 1940 à 17 H.50

BEYROUTH, le 10 Mars 1940 - 16 h.23.

CESAR FRANCK à DEBUSSY

Démarqué

Comme suite à ma lettre N° 295/3-S du 7 Mars relative aux projets anglais vers BAKOU, j'ai l'honneur de vous rendre compte que le Général WAVELL m'informe qu'il a reçu une lettre du War Office lui prescrivant d'étudier les conditions d'opérations éventuelles vers le CAUCASE pour le cas de guerre contre la RUSSIE.

Le War Office précise que cette action éventuelle reviendrait à l'Armée.

Le Général WAVELL compte entrer en relations à ce sujet avec le Maréchal TCHAKMAK tout en prenant de grandes précautions pour conserver le secret absolu.

Je lui réponds que je n'ai reçu de vous aucune communication à ce sujet.

Je vous demande de me donner des instructions d'urgence.

W E Y G A N D.

PROJET

COPIE
Secret

Le 12 Mars 1940.

Cab/D.N.

BERLIOZ à CÉSAR FRANCK

Réponse à télégramme 1.236.

    La note jointe à ma lettre 293-Cab/D.N. du 7 Mars vous a fait connaître la conception générale que j'ai proposée au Président du Conseil en ce qui concerne les opérations en MOYEN-ORIENT et en particulier les opérations éventuelles au CAUCASE. STOP. Je vous confirme qu'à mon point de vue, les opérations du MOYEN-ORIENT devraient être dirigées par le Commandement britannique et celles du CAUCASE par le Commandement turc, ces dernières étant exécutées essentiellement par des forces turques avec appoint d'aviation et de contingents éventuels spéciaux alliés. STOP.

    Vous pouvez entrer en relations avec Maréchal TCHKMAK sur cette question et participer à toutes études préparatoires concernant le MOYEN-ORIENT. STOP.

    Je vous adresse par courrier étude sommaire sur action au CAUCASE.

Général GAMELIN.

AFFAIRES ETRANGERES

EN CLAIR

RESERVE

TELEGRAMME A L'ARRIVEE

ANKARA, le 14 Mars 1940.

Reçu par courrier le 22 à 13 heures.

N° 529

TRES SECRET.

Au cours de la visite que je lui ai faite hier, le Ministre des Affaires Etrangères m'a spontanément donné lecture d'un télégramme reçu pendant la nuit et dans lequel le représentant turc à MOSCOU rendait compte d'une conversation avec l'Ambassadeur des Etats-Unis. D'après celui-ci, les Russes seraient si préoccupés des risques de bombardement et d'incendie de la zone pétrolifère de BAKOU que l'Administration soviétique aurait posé à des ingénieurs américains la question de savoir si et comment un incendie provoqué par un bombardement pourrait être combattu avec succès. Les ingénieurs auraient répondu que, en raison des conditions dans lesquelles la nappe pétrolifère avait été exploitée dans le passé, le sol était imbibé de pétrole à tel point qu'un incendie se propagerait immédiatement dans toute la zone voisine et qu'il faudrait des mois pour l'éteindre et des années pour reprendre l'exploitation. Quant à mettre la population à l'abri, la ville devrait pour cela être déplacée de 50 kilomètres

.....

" Qu'en pensez-vous " ? m'a dit M. SARACOGLU . J'ai répondu que, sans doute, les avions de bombardement modernes disposaient d'un rayon d'action suffisant pour pouvoir atteindre BAKOU en partant de la DJEZIREH ou du Nord de l'IRAK ; mais il faudrait survoler les territoires turcs et iraniens . "Vous craignez donc la protestation de l'IRAN" ? a répliqué le Ministre . Il ne pouvait me laisser entendre plus clairement que ce n'était pas du coté turc que viendraient les difficultés ...

Il eût été maladroit de l'obliger à préciser sa pensée et je n'ai donc pas relevé le propos . Celui-ci n'en est pas moins significatif et je me permets de le signaler à toute l'attention de Votre Excellence . J'en ai informé d'autre part mon collègue d'ANGLETERRE ./.

MASSIGLI

Dokument Nr. 27

GRAND QUARTIER GENERAL
Cabinet du Général Chef d'Etat-
Major Général de la Défense
Nationale, Commandant en Chef des
Forces Terrestres

3ème épreuve

Le 16 Mars 1940.

TRÈS SECRET

N° 321 Cab/D.N

N O T E

SUR LA CONDUITE DE LA GUERRE *(rédaction définitive, compte-tenu des observations du C.F.C. et du G... ...)*

--------oOoOo--------

Les conceptions exposées dans le "Plan de Guerre pour 1940" (1) demeurant la base de notre action, il convient, en face de la signature de l'armistice russo-finlandais, de préciser les opérations qu'il paraît possible d'entreprendre à bref délai, en vue de porter à l'ALLEMAGNE des coups sensibles, sinon décisifs.

Sur le plan terrestre et hors du terrain libre, il semble très difficile d'obtenir, pour le moment, d'importants résultats. Il faut donc contraindre l'ALLEMAGNE à sortir de son expectative actuelle. Le premier procédé qui s'impose est de resserrer le blocus. En dehors des résultats économiques qu'on en peut attendre, il faut poursuivre les objectifs suivants :

......

---

(1) adressé à M. le Président du Conseil, le 26 Février 1940 par lettre n° 280 Cab/D.N.

I.- L'ALLEMAGNE peut avoir avantage à ménager la HOLLANDE et la BELGIQUE, qui lui permettent d'éviter, dans une large mesure, les effets du blocus.

Il apparaît donc qu'un strict contingentement des importations hollandaises et belges pourrait être de nature à inciter l'ALLEMAGNE à brusquer les choses et à envahir les PAYS-BAS et la BELGIQUE, qui ne lui seraient plus que médiocrement utiles au point de vue économique.

II.- A l'égard des Pays Scandinaves, la situation est différente.

La BELGIQUE et la HOLLANDE servent surtout, à l'ALLEMAGNE, d'<u>intermédiaires</u> avec l'extérieur, alors que la SUEDE <u>fournit</u> à l'ALLEMAGNE une matière première indispensable : le fer.

Il faut s'efforcer d'interdire un tel ravitaillement.

Un procédé simple serait de déclarer que la livraison de certains produits essentiels, comme le fer, par les pays neutres limitrophes du REICH constitue un acte d'assistance caractérisé, entraînant des représailles.

La SUEDE ne livrerait donc plus son minerai à l'ALLEMAGNE que sous la menace du blocus; de même, la NORVEGE ne le transiterait plus qu'en courant le même péril.

Au cas où ces deux Pays s'inclineraient, le but serait atteint. Au cas contraire, leur trafic maritime serait arrêté.

....

En présence d'une telle situation, l'ALLEMAGNE pourrait décider de réagir et d'intervenir par les armes en SUEDE.

Elle devrait nous trouver prêts à la parade : il faut pour cela maintenir en FRANCE et en ANGLETERRE un premier échelon de forces prêtes à être transportées à destination de la SCANDINAVIE, soit en riposte, soit même préventivement.

III.- L'interception des importations allemandes de pétrole russe (1) du CAUCASE pose, en premier lieu, la question de l'ouverture d'hostilités contre l'U.R.S.S.

Elle pose aussi le problème du concours ou tout au moins de l'assentiment de la TURQUIE.

Comme tout ce qui se passe en Orient, elle n'est pas indépendante de l'attitude italienne.

Quoiqu'il en soit, le bombardement aérien des installations pétrolifères de BAKOU et BATOUM serait susceptible de considérablement gêner le ravitaillement de l'ALLEMAGNE en carburant.

D'après les études actuellement faites, il nécessiterait l'emploi de 9 groupes d'aviation. Le Commandement des Forces Aériennes Françaises envisage d'y consacrer 4 groupes, le reste serait fourni par la Royal Air Force.

Ces groupes, basées en DJEZIREH, où les terrains existent et sont en voie d'aménagement, (dans la partie Nord
....

---

(1) L'interception du pétrole roumain destiné à l'ALLEMAGNE ne peut pas, présentement, être obtenue par le blocus ni par des opérations militaires.

du LEVANT Français) devraient également, si possible, disposer de terrains d'escale en TURQUIE d'ASIE (1)

D'ores et déjà, le Commandement des Forces Aériennes Françaises pourrait, avec un préavis de 15 jours à 1 mois, entamer les opérations de bombardement en TRANSCAUCASIE, avec deux groupes d'appareils gros porteurs, susceptibles d'être renforcés de deux groupes de moyens porteurs, prélevés sur la Métropole si la situation le permet sur le front français.

Les opérations aériennes seraient efficacement complétées :

1°)- Par des actions navales visant l'arrêt du trafic en Mer Noire. Elles seraient, en principe, confiées à des sous-marins franco-britanniques. Leur passage dans les Détroits réclamerait l'assentiment déclaré ou tacite des Turcs et une base leur serait nécessaire, sur les rivages de la Mer Noire, en ASIE MII

2°)- Par des actions terrestres qui ne peuvent être menées que par la TURQUIE, à laquelle il paraît d'ailleurs possible de prêter l'appui de certains de nos éléments du LEVANT. L'opération pourrait s'étendre par l'IRAN à la diligence de la GRANDE-BRETAGNE.

IV.- Tout en tenant compte des objections qui ont été formulées
....

---

(1) Ces terrains font actuellement l'objet de reconnaissances

au cours du dernier Comité de Guerre, il y a intérêt à entamer le plus tôt possible les opérations de lancement de mines par la voie fluviale et par les moyens aériens.

On obtiendrait ainsi une paralysie partielle des transports intérieurs de l'ALLEMAGNE.

Il importe que l'aviation lève le plus rapidement possible l'hypothèque qu'elle fait peser actuellement sur l'opération.

Au total, l'armistice russo-finlandais ne doit apporter aucun changement aux objectifs essentiels que nous pouvions nous proposer en 1940 : mais il doit nous inciter agir plus vite et plus énergiquement.

C'est par une combinaison des mesures de blocus et par certaines opérations militaires que nous pourrons, non seulement resserrer progressivement l'étreinte économique, mais amener l'ALLEMAGNE à sortir de son expectative militaire.

L'expérience de six mois de guerre montre que les Neutres craignent l'ALLEMAGNE. Sans que nous présentions pour eux une menace de même nature, il faut leur faire sentir notre force.

Bien entendu, les actions diplomatiques et militaires doivent être conjuguées, dans la même note énergique./.

Signé : GAMELIN

Dokument Nr. 28

AFFAIRES ETRANGERES

En clair

RESERVE N° 661

TELEGRAMME A L'ARRIVEE

TRÈS SECRET

ANKARA, le 28 Mars 1940

reçu par courrier le 3 Avril à II H 30

TRES SECRET

Je me réfère au télégramme de Votre Excellence N° 540-541.

En essayant dans ma correspondance antérieure de préciser l'attitude de la Turquie à l'égard de l'URSS, (voir notamment ma dépêche N° 74 du 24 Février et mes télégrammes 433-439 et 461), j'ai marqué qu'à mon avis il serait vain de nous employer à essayer de pousser les Turcs en avant contre les Soviets, mais qu'en revanche il nous était permis d'espérer que, dans certaines circonstances, nous réussirions à les entraîner à prendre, à notre suite, position contre la Russie.

A cette opinion, émise avant l'effondrement de la résistance finlandaise, je ne crois pas devoir rien changer aujourd'hui. La paix de Moscou est certes de nature à accroître la prudence turque; mais en même temps, on garde ici la conviction que l'armée rouge est sortie très affaiblie de la guerre du Nord et ceci compense cela. En tout cas, je ne constate aucun essai de rapprochement avec l'U.R.S.S.; au contraire on s'habitue peu à peu à l'idée d'avoir à compter avec son hostilité, mais cela ne veut pas dire que les

..

dirigeants turcs sont disposés à se laisser engager dans une aventure dont l'issue serait incertaine.

Nous devons en effet nous rendre compte que, si le Gouvernement d'Ankara a dès maintenant la conviction que l'Allemagne ne l'emportera pas sur les puissances occidentales, beaucoup de gens en Turquie ne sont pas persuadés que celles-ci soient actuellement en état de remporter une victoire décisive. Beaucoup croient encore que le Reich obtiendra de la lassitude des Alliés la paix dont il a besoin ; beaucoup croient - et la propagande allemande ou italienne s'emploie à les convaincre- qu'en dépit de la résolution affirmée par les Gouvernements de Paris et de Londres- c'est par une paix de compromis que la guerre finira: Dès lors, on doit naturellement réfléchir ici à ce que pourrait être l'avenir au cas où, au lendemain d'une paix qui laisserait les peuples de France et d'Angleterre mécontents et découragés, la Turquie se trouverait seule en face d'une Russie qui aurait mis à profit les leçons de la guerre de Finlande pour accroître sa puissance militaire ...

Le Gouvernement ne peut pas ignorer complètement cet état d'esprit : De là, pour une large part, sa prudence actuelle. Que demain dans une action même de portée limitée, sur le front d'occident, s'affirme de manière incontestable, notre maîtrise ou qu'une offensive allemande de grand style se brise contre notre défense terrestre ou aérienne, et

...

nous trouverons les turcs plus hardis et plus entreprenants.

Il doit être, hélas, ajouté qu'indépendamment de toute considération d'ordre militaire, l'état de notre vie publique a causé ici quelques inquiétude; les dernières séances parlementaires ont produit une fâcheuse impression; on a certes confiance dans l'énergie de Votre Excellence et du Gouvernement pour rétablir la situation et ne pas laisser se dégrader le moral français;mais il est des gens qui n'ont pas été insensibles à l'action des agences et des radios allemandes et italiennes et qui ne sont pas encore sûrs que leurs espoirs qui sont les nôtres ne seront pas déçus.

Il faut avoir le courage de le dire, les Turcs n'ont pas à l'heure actuelle, le sentiment de notre irrésistible supériorité,quelles que soient leurs sympathies pour nous, la conviction du plus grand nombre est que leur sort est lié à celui des Puissances occidentales; le Gouvernement est certes fermement décidé à tenir les engagements contractés envers nous;mais il n'existe pas dans l'opinion publique l'état d'esprit qui pourrait l'encourager à prendre de ces initiatives qui font aller au devant du risque.

Avant de présenter les observations que Votre Excellence a bien voulu m'inviter à formuler sur les importants projets dont les télégrammes 540-541 m'ont indiqué les grandes lignes, il m'a paru nécessaire de rappeler ces considérations essentielles; elles expliquent par avance certaines des réserves que j'aurai à énoncer ou des précautions sur lesquelles je devrais insister.

Une action aérienne sur Bakou, une action navale en Mer Noire, se présentent du point de vue Turc, dans des conditions fort différentes, tant dans l'ordre technique que dans l'ordre politique .

— I —b

Une attaque aérienne sur Bakou ,partant de la Djézireh, ne comporte au dessus du territoire turc que le survol sur moins de 200 klm. du massif montagneux qui s'étend entre le lac de Van et le lac d'Ourmiah, c'est à dire du pays kurde,largement dépeuplé à la suite des opérations de police fort rudes que l'armée turque y a systématiquement menées, il y a deux ou trois ans.Aucune agglomération importante ne serait survolée et les avions pourraient fort bien passer inaperçus; s'ils étaient signalés, ce serait par des postes perdus de police ou de gendarmerie; au surplus, au prix d'un crochet vers l'Ouest et en obliquant par le Nord de l'Iran,tout survol du territoire turc pourrait être évité, (à plus forte raison si la base de départ était non à Djézireh mais en Iraq).

....

Si je rapproche de cette situation de fait de la remarque de M. SARADOGLU, consignée dans mon télégramme N° 529, j'en tire la conclusion que prévenir le Gouvernement turc, lui demander l'autorisation, au moins morale,de survoler son territoire, serait le mettre inutilement dans l'embarras; il faudra le placer, sinon devant le fait accompli, au moins devant un fait en voie d'accomplissement, attendre pour l'informer de ce qui se passe

(j'entends :l'informer

....

l'informer officiellement, car les rapports confiants que nous entretenons avec lui comme avec le Haut-Commandement interdiraient de leur laisser tout ignorer), que l'opération soit déjà en cours en s'excusant par avance, si, durant leur vol, des avions sont obligés d'emprunter le ciel turc.

Notre réserve, loin de le froisser, sera propre à faciliter sa tâche; il importe, si le Gouvernement Soviétique élève une protestation, qu'ANKARA puisse déclarer avoir été tenu en-dehors de l'affaire; s'il y a eu survol, il ne sera même pas mauvais qu'une protestation discrète nous soit adressée. Au cas où l'affaire s'envenimerait et où les Soviets réagiraient par des actes de guerre, il est en effet nécessaire que le Gouvernement turc soit en mesure d'établir devant la Grande Assemblée que l'initiative de l'agression incombe à MOSCOU; il sera, dans ce cas, assuré d'avoir avec lui l'unanimité de l'opinion et du Pays.

Mais, et précisément parce qu'une réaction soviétique est à prévoir, nous devons avoir le souci de ne pas déclencher une opération de ce genre, sans nous préoccuper de ses répercussions possibles pour la TURQUIE, et par conséquent, des conditions dans lesquelles ce Pays aurait à y faire face. Ce n'est pas à moi qu'il appartient de me prononcer sur ce point; je dois observer toutefois que l'hiver règne encore sur le plateau oriental, que les terrains nécessaires à l'aviation n'ont pu encore y être reconnus et aménagés; je dois noter aussi que, à ma connaissance, la défense contre les attaques aériennes du

.....

bassin houiller de ZONGOULDAK et des usines métallurgiques de KARABUK n'est pas encore assurée, le matériel anglais qui leur est destiné n'ayant pas encore été livré et qu'il serait très imprudent d'exposer dans ces conditions deux points aussi vitaux pour l'économie turque à une attaque aérienne partant de SEBASTOPOL.....

Je serais surpris si les experts militaires ne demandaient pas un délai de plusieurs semaines pour les préparatifs les plus indispensables.

II

La question de la Mer Noire et des facilités qu'offre pour le ravitaillement de l'ALLEMAGNE avec la complicité soviétique la navigation dans ses eaux, n'a pas cessé de retenir mon attention : Je me suis permis d'y faire allusion au lendemain même de la conclusion du traité anglo-franco-turc (télégramme 1969 du 23 Octobre 1939); il faut malheureusement reconnaître que la solution du problème n'est pas aisée à trouver.

Aux termes de la Convention des Détroits, les Puissances alliées, étant belligérantes, ne sont autorisées à envoyer des bâtiments de guerre en Mer Noire que s'il s'agit de se conformer à une décision de la S.D.N. ou d'appliquer un traité

.....

d'assistance conclu dans le cadre du Pacte de la S.D.N., enregistré à GENEVE et liant la TURQUIE, ou si la TURQUIE, elle-même belligérante ou s'estimant menacée d'un danger de guerre imminent, fait appel à elles. A l'heure actuelle, aucun de ces conditions ne se trouve réalisée. Notre entrée en Mer Noire, comme le remarque V.E. ne peut donc résulter que d'une décision bienveillante de la TURQUIE, décision qui serait, il ne faut pas nous le dissimuler, contraire aux engagements assumés par ce Pays à MONTREUX et qui, à ce titre, serait susceptible de provoquer la protestation de telle ou telle puissance signataire de la Convention ou y ayant adhéré, telle que l'U.R.S.S. ou l'ITALIE, en l'occurence, MOSCOU et ROME pourraient fort bien vouloir faire le jeu allemand. Au surplus, même en l'absence de tous actes de guerre dirigés contre son territoire ou ses bâtiments de guerre et de commerce, l'U.R.S.S. dénoncerait probablement dans l'ouverture des Détroits aux croiseurs alliés une manifestation d'hostilité la justifiant elle-même à prendre des contre-mesures.

L'hypothèse d'hostilités éclatant comme conséquence de notre initiative n'est donc en aucun cas à exclure et cette circonstance nous obligerait à nous préoccuper comme dans le cas déjà étudié des répercussions qu'aurait, au point de vue de la Défense turque, l'initiative envisagée : les mêmes précautions et délais que semblait appeler l'opération contre BAKOU s'imposeraient donc.

. . . . .

Au surplus, dans quelles conditions se présenterait l'action de contrôle à exercer dans la Mer Noire? Le nombre des bâtiments de commerce allemands qui ont trouvé refuge dans les ports bulgares est assez limité (huit, semble-t-il) l'action directe d'une croisière alliée contre la navigation sous pavillon allemand serait donc de courte durée. Il s'agira essentiellement de contrôler et de soumettre à visite les bâtiments soviétiques, roumains, bulgares ou italiens, d'arraisonner et de soumettre au contrôle naval dans les mêmes conditions les pétroliers soviétiques et italiens qui font la navette entre les ports du Caucase et les bouches du Danube ou la côte bulgare, toutes opérations qui ne sauraient s'effectuer utilement en haute mer: les bâtiments arraisonnés devraient être dirigés sur une base navale pour y être visités et pour que soient déchargées les marchandises saisies. Où pourrait être cette base, sinon dans un port turc ? Des facilités discrètes seraient insuffisantes ......Autant dire que la Turquie se trouverait associée directement à l'action des Alliés et que l'Allemagne serait fondée à la considérer comme belligérante... Je ne pense pas qu'à l'heure actuelle et pour les raisons exposées au début du présent télégramme, le Gouvernement turc soit prêt à aller jusque là.

Peut-on concevoir des opérations d'un autre type? S'il est quasiment impossible que des opérations navales de contrôle soient méthodiquement poursuivies en Mer Noire
....

sans la participation active de la Turquie, en revanche est-il interdit d'imaginer que, sans demander à cette puissance autre chose que de fermer les yeux, des sous-marins remontent de nuit les détroits pour accomplir en Mer Noire des raids rapides destinés à désorganiser le trafic et à couler le tonnage allemand, voire, suivant l'exemple allemand les navires arraisonnés dont les cargaisons seraient reconnues à destination de l'Allemagne? Je me borne à poser la question. Si l'opération est techniquement possible, elle se heurterait certainement au point de vue politique à moins de difficultés que l'intervention de croiseurs alliés, puisque la Turquie pourrait exciper à l'égard des tiers de l'ignorance dans laquelle elle aurait été tenue de nos projets...Cependant, il ne servirait à rien de nous dissimuler qu'une opération même ainsi limitée mettrait le Gouvernement Turc dans une situation délicate, et que, par conséquent, nous ne pourrions l'entreprendre sans songer aux répercussions auxquelles ce pays se trouverait exposé; par quoi nous sommes ramenés aux considérations sur l'état de l'armement turc qui ont déjà été évoquées plus haut.

La conclusion sera que, dans l'état actuel des choses, et après un délai qu'il appartient aux experts d'apprécier, c'est l'opération sur Bakou, qui, dans la mesure où nous entendons tenir compte des préoccupations turques, est la plus facile à organiser. Au surplus, son succès aurait des conséquences telles et paralyserait dans une telle mesure l'action soviétique que, si elle était menée à bien, nous trouverions peut être le Gouvernement turc encouragé par notre succès même, à nous accorder plus aisément les facilités nécessaires pour que des opérations de contrôle naval puissent se poursuivre en Mer Noire dans de bonnes conditions ./.

MASSIGLI

lui avait été fourni . Le Gouvernement français s'est empressé
de répondre à ce désir et le Gouvernement britannique a imité
son exemple . Il a été convenu que tout le matériel de guerre
déjà en Finlande ou en cours de route serait laissé aux Finlandais et que les missions d'instructeurs actuellement en
Finlande y seraient maintenues.

Il serait vain de chercher à minimiser le profond
retentissement que l'issue de la guerre russo-finlandaise a
eu dans le monde entier . La propagande allemande n'a pas manqué de proclamer qu'une fois de plus un petit Etat était
victime de la confiance qu'il avait mise dans les promesses
de la France et de l'Angleterre.

Cette propagande n'a trouvé que trop facilement écho,
notamment dans les Balkans où elle a été renforcée par l'activité fébrile que déploie la diplomatie du Reich.

Dans quelques pays toutefois, l'émotion causée par la
paix de Moscou n'a pas fait oublier certains enseignements
qui se dégagent de la guerre russo-finlandaise . En Turquie
notamment, les milieux officiels ont retenu que les nombreuses victoires remportées sur les Russes par l'armée finlandaise
avaient mis en lumière la grande faiblesse militaire de la
Russie . Aujourd'hui encore, les dirigeants d'Ankara sont
convaincus que la Russie soviétique qui, grâce à la pression
exercée par l'Allemagne sur les Etats scandinaves a pu conclure à son avantage la guerre de Finlande, hésitera beaucoup
avant de se jeter dans une nouvelle aventure.

D'autre part, la fin des hostilités russo-finlandaises
ne doit point nous faire oublier que le but que nous nous
proposions en préparant l'expédition nordique était double.
Il s'agissait d'abord de sauver la Finlande, mais il s'agissait
également d'interrompre le ravitaillement du Reich en minerai

.....

de fer suédois. Au lendemain même de la conclusion de la paix de Moscou, le Gouvernement français a pensé que le second objectif pouvait encore être atteint. Dans un télégramme adressé le 14 mars à notre Ambassadeur à Londres, il a souligné que les objections formulées par le Gouvernement britannique dans une note du 29 février contre l'exercice immédiat du contrôle allié dans les eaux territoriales norvégiennes et contre l'occupation éventuelle de ports norvégiens, se trouvaient désormais sans portée. Les objections anglaises s'appuyaient, en effet, sur les répercussions défavorables que de pareilles opérations risquaient d'entraîner pour l'exécution de notre plan d'assistance à la Finlande. En revanche, la justification juridique de l'opération demeurait tout entière, cette justification étant basée sur l'impuissance plusieurs fois constatée de la Norvège de faire respecter par l'Allemagne la neutralité de ses eaux territoriales. Le Gouvernement français faisait valoir, en outre, qu'une initiative hardie et immédiate en Norvège serait nécessaire pour arrêter les répercussions inquiétantes que la capitulation finlandaise pourrait avoir sur la situation morale et diplomatique des Alliés. Dans les instructions envoyées à M. Corbin, le Gouvernement posait d'une façon plus générale le problème de nos rapports avec les neutres et indiquait en principe qu'il était indispensable de réviser sur ce point nos conceptions.

  L'accueil du Gouvernement britannique à la démarche de M. Corbin a d'abord été assez réticent. Sir Alexandre Cadogan, après avoir formulé certaines réserves, s'est d'abord contenté d'indiquer que la question serait soumise au War Cabinet, tout en laissant entendre qu'il y avait peu de chances de voir le Gouvernement anglais se rallier à notre manière de voir. Depuis lors, il semble qu'une certaine évolution se soit produite dans l'attitude de la Grande-Bretagne. C'est du moins ce qui résulte des indications données le 2I mars à notre Ambassadeur par Lord Halifax. Le Secrétaire d'Etat au Foreign Office a déclaré que le Gouvernement britannique était entièrement d'accord en principe avec les considérations exposées par le Gouvernement français dans la note du I4 mars. La réponse britannique ne serait donc en aucune façon négative. Elle présenterait, au contraire, un aspect constructif et pratique. M. Chamberlain désirait s'entretenir de la question avec le Gouvernement français dès que le nouveau Cabinet serait formé et prêt à procéder à des échanges de vues./.

Exemplaire N° 3.
28 Mars 1940.

TRÈS SECRET

SIXIEME SEANCE DU CONSEIL SUPREME
PROJET DE RESOLUTIONS

Le Conseil Suprême a convenu :

I. — Que les Gouvernements français et britannique adresseraient le Lundi Ier Avril aux Gouvernements norvégien et suédois une note basée sur le paragraphe N°7 du projet d'Aide Mémoire préparé par le Gouvernement britannique, à savoir

    a) Les Gouvernements alliés ne peuvent pas admettre une nouvelle attaque contre la Finlande, soit de la part du Gouvernement soviétique, soit de la part du Gouvernement allemand. Si une telle agression venait à se produire et si les Gouvernements suédois et norvégien refusaient de faciliter les efforts des Gouvernements alliés, tendant à porter aide à la Finlande dans les conditions qu'ils jugeraient utile, et à fortiori si ces gouvernements tentaient d'empêcher une telle aide, cette attitude serait considérée par les Alliés comme contraire à leurs intérêts vitaux et provoquerait une réaction appropriée.

    b) Tout accord politique exclusif que la Suède et la Norvège pourraient signer avec l'Allemagne serait considéré par les Gouvernements alliés comme un acte inamical, même si cet accord avait pour but apparent la défense de la Finlande. Toute alliance scandinave qui entraînerait l'acceptation de l'aide allemande et qui amènerait ainsi les Etats scandinaves à entretenir des relations politiques spéciales avec l'Allemagne serait considérée par nous comme dirigée contre nous-mêmes.

....

c) Toute tentative de l'Union Soviétique visant à obtenir de la NORVEGE une position sur la côte atlantique serait contraire aux intérêts vitaux des Alliés, et provoquerait des réactions appropriées.

d) Les Gouvernements alliés auraient à prendre des mesures appropriées en vue de sauvegarder leurs intérêts, si les Gouvernements suédois et norvégien venaient à refuser, à retirer ou à restreindre les livraisons commerciales et le tonnage marchand que les Gouvernements alliés considèrent comme indispensables pour la conduite de la guerre et que les Gouvernements scandinaves peuvent nous fournir dans des conditions raisonnables.

e) Enfin, considérant que les Alliés font la guerre pour des buts qui intéressent les petits états autant qu'eux mêmes, les Alliés ne peuvent pas admettre que le cours de la guerre risque d'être modifié par les avantages que la Suède et la Norvège accordent à l'Allemagne. En conséquence, ils déclarent qu'ils se réservent le droit de prendre telles mesures qu'ils jugeront utiles en vue de gêner ou d'empêcher l'Allemagne d'obtenir en Suède et en Norvège des ressources et des moyens dont elle tirerait dans la conduite de la guerre des avantages au détriment des Allié

2.- — Cette note sera suivie le 5 Avril par le mouillage de mines dans les eaux territoriales norvégiennes et par des opérations contre la navigation allemande, ainsi détournée des eaux territoriales.

...

3. - Sous réserve de l'accord du Comité de Guerre Français, l'opération " Royal Marine " commencera le 4 avril, et l'action aérienne commencera le 15 avril.

4. - Des plans seront établis immédiatement par les Etats-Majors français et britanniques en vue d'interrompre la navigation allemande venant de Lulea dès que le Golfe de Bothnie sera ouvert à la navigation.

5. - On prendra les mesures qui apparaitront comme possibles en vue de diminuer les fournitures de pétrole de la Roumanie à l'Allemagne.

6. - Une étude sera entreprise immédiatement par les experts britanniques et français en vue d'examiner le projet de bombardement aérien du bassin pétrolier russe du Caucase. On étudiera notamment :
   a) la possibilité d'obtenir par cette opération des résultats effectifs.
   b) les répercussions probables de l'opération sur l'U.R.S.S.
   c) l'attitude probable de la Turquie.

7. - Des plans détaillés seront mis au point par les Etats-Majors britanniques et français, et l'on prendra dès maintenant toutes les mesures préparatoires qui peuvent être prises à l'avance (par exemple, envoi de bombes en Proche Orient), de façon que l'opération puisse être déclanchée sans délai si la décision en est prise.

Dokument Nr. 31

COPIE 30 Mars 1940.

114/1

SECRET

N O T E

sur le Commandement dans les BALKANS
et en MOYEN-ORIENT

-:-:-:-:-:-:-

I.- **Plan terrestre** : Dans sa note N° 290 Cab/DN du 6 Mars, adressée
au Président du Conseil, le Général GAMELIN concluait :

    a)- que le Commandement français serait éventuellement char-
    gé de l'opération de SALONIQUE ;

    b)- que les opérations par la voie de l'IRAN et en AFGHANIS-
    TAN seraient sous l'autorité du Haut Commandement bri-
    tannique ;

    c)- que -sauf sur le plan maritime- nous ne chercherions pas
    à nous substituer au Haut Commandement turc en ce qui
    concerne la défense de la TURQUIE.

Ces conclusions ne visaient que le plan terrestre.

II.- **Sur le plan maritime**, dans le cas d'opérations navales en Mer
Noire, le point de vue de l'Amirauté est exprimé dans sa Note
N° 765 F.M.F./3 du 24 Mars (1) : Les accords actuels interalliés
n'ont pas prévu l'attribution de la Mer Noire, ils font relever
la Méditerranée orientale de l'Amirauté britannique, mais étant
faits contre l'ITALIE, ils se trouvent, dans l'éventualité envi-
                                             ......

---

(1) adressée au Ministre de la Défense Nationale le 26 Mars.

sagde, susceptibles de révision. La question du Commandement interallié en Mer Noire serait à débattre.

III.- Sur le Plan aérien, en cas d'opérations sur la TRANSCAUCASIE, au départ des bases franco-britanniques du Levant, la question du Commandement n'a pas encore été évoquée.

On peut admettre en première analyse que l'exercice de ce commandement serait confié aux Français ou aux Britanniques eu égard à l'importance respective des forces aériennes engagées de part et d'autre.

Dokument Nr. 32

AFFAIRES ÉTRANGÈRES

EN CLAIR

TÉLÉGRAMME A L'ARRIVÉE

DUPLICATA bis

A.

ANKARA, le 1er avril 1940
reçu par courrier le 6 mai à 12 heures

n° 680

TRES SECRET .-

L'Ambassadeur d'Angleterre a été prié par le Foreign Office à la date du 26 mars de faire connaître son sentiment sur l'attitude probable du Gouvernement turc dans le cas d'une attaque interalliée dirigée contre Bakou.

En l'absence de Sir Hughe Knatchbull-Hugessen qui était alors en congé, le Chargé d'Affaires a répondu le 27 mars par une communication qui peut se résumer comme suite:

1°) L'attitude du Gouvernement turc a évolué au point qu'il envisage l'éventualité d'une guerre défensive contre l'URSS., mais non pas encore au point qu'il soit prêt à discuter avec les Alliés la préparation d'une offensive.

2°) La Turquie ne discuterait pas de plan de guerre antisoviétique avant de s'être mise d'accord avec les Alliés sur l'éventualité d'une guerre contre l'Italie.

3°) La Turquie ne sera pas en état d'entrer en guerre avec la Russie avant la fin de l'été au plus tôt, et cela encore à condition de recevoir le maximum d'aide de la part des Alliés.

4°) Il est partant à prévoir que la Turquie refuserait de participer à une prochaine action offensive des Alliés contre Bakou, qu'elle s'opposerait énergiquement à une telle action si celle-ci entraînait l'utilisation du territoire turc et qu'elle craindrait même les répercussions éventuelles d'une attaque qui n'utiliserait pas son territoire.

5°) Une fois ses préparatifs achevés et les plans relatifs à l'Italie concertés avec les Alliés, la Turquie assisterait non sans plaisir à une attaque interalliée contre Ba-

AFFAIRES ÉTRANGÈRES

EN CLAIR

TÉLÉGRAMME A L'ARRIVÉE

DUPLICATA bis

Q.

A.

-2.-

kou à travers le territoire de l'Iran et ne se ferait pas beaucoup prier pour y participer; il serait néanmoins nécessaire de consulter le Gouvernement turc et d'obtenir son consentement avant d'entreprendre une attaque qui entraînerait le survol de la Turquie.

V tre Excellence peut constater que les vues britanniques coïncident dans une large mesure avec celles qu'exposent mon télégramme n° 661.

L'opinion émise au paragraphe 3 sur la date à laquelle la Turquie serait prête à rentrer en campagne est jugée trop pessimiste par mon Attaché Militaire.

D'autre part, contrairement à l'avis exprimé par mon collègue et pour les raisons précisées dans mes propres communications, je persiste à penser que ce serait une faute de tactique que de demander le consentement exprès du Gouvernement d'Ankara pour une opération comportant le survol d'une faible proportion de son territoire; il devrait suffire de l'informer officieusement./.

MASSIGLI

Dokument Nr. 33

A NE PAS REPRODUIRE.

DÉMARQUE

GRAND QUARTIER GÉNÉRAL
DEFENSE NATIONALE
Cabinet du Général
DE LA GUERRE
Commandant en Chef des
Forces Terrestres
ÉTAT MAJOR DE L'ARMÉE

SECTION DU CHIFFRE

Numéro d'enregistrement
à l'arrivée du Service officiel
des Télégraphes.

N°

RÉPUBLIQUE FRANÇAISE

SECRET

TRADUCTION
d'un Télégramme chiffré

G.Q.G.
parvenu au .... le __2 Avril__ 19 40 a _21_ heure _45_

Lieu d'origine   LONDRES

Date et heure de dépôt : 2/4/40 - 19 h.12

Destinataire :   GENERAL COMMANDANT EN CHEF F.T.

Expéditeur :   GENERAL LELONG

Numéro :   31 et 32

Nombre de groupes :   121

Texte.

A - Les Britanniques mettent à la disposition du Général AUDET trois places sur un croiseur et dix places sur un transport.

Le premier convoi appareillera au J. 1, soit en principe le 5 Avril.

B - Le reste du détachement précurseur pourra prendre place sur le deuxième convoi britannique devant appareiller en principe le 12 Avril.

C - Prière de faire connaître d'urgence les effectifs français, marine y compris, à prévoir dans chacun des deux convois britanniques.

D - Le Général MACKESY demande que le Général AUDET ainsi que l'échelon précurseur ne quittent pas PARIS avant que soit confirmée la date du J. 1; Un Officier de liaison du Général AUDET est toutefois dès à présent attendu à LONDRES.

E - Il est admis que la composition du 1er échelon français puisse être identique à celle qui avait été prévue en Mars.

Télégramme N° 359 - Suite à lettre n° 1097-C.E.M.I. du 2 Avril

Dokument Nr. 34

ATTAQUE AERIENNE DU PETROLE
DU CAUCASE

Liaison effectuée au G.Q.G. Aérien le 5 Avril
1940

L'action aérienne franco-britannique sur le "Pétrole du Caucase" portera uniquement sur les raffineries et les installations portuaires de BATOUM - POTI - GROZNY - BAKOU.

o

o o

On peut estimer que dans les six premiers jours les 30 à 35 % des raffineries du Caucase et des installations portuaires de BATOUM seront détruites.

o

o o

Le matériel employé comprendra de 90 à 100 avions provenant de 6 groupes français et 3 squadrons britanniques. Les groupes français seront aménagés pour pouvoir attaquer BAKOU aux dates prévues; ils seront composés de 2 groupes de Farman 221 et de 4 groupes de Glenn Martin équipés de réservoirs supplémentaires; ils pourront, à chaque sortie, répartir une totalité maximum de 70 tonnes de projectiles sur une centaine de raffineries identifiées.

o

o o

....

Rapidement la réaction ennemie et la présence probable de chasseurs allemands réduiront dans des proportions considérables l'efficacité de l'opération.

Dokument Nr. 35

TRÈS SECRET

COMITE DE GUERRE DU 9 AVRIL 1940.

Le Comité de Guerre s'est réuni le 9 Avril à l'Elysée sous la présidence de M. Albert LEBRUN, Président de la République.

Etaient présents :

MM. Paul REYNAUD, Président du Conseil, Ministre des Affaires Etrangères.

Edouard DALADIER, Ministre de la Défense Nationale et de la Guerre.

CAMPINCHI, Ministre de la Marine Militaire.

LAURENT-EYNAC, Ministre de l'Air.

MANDEL, Ministre des Colonies.

Général GAMELIN.

Général VUILLEMIN.

Général GEORGES.

Le Président du Conseil a donné les dernières indications reçues sur la situation. Il est d'avis d'agir immédiatement dans la région de NARWICK, le minerai de fer étant d'un interêt capital pour l'issue de la guerre. Il demande que soit hâté l'envoi de la division Audet vers BREST et que les armes soient dès à présent embarquées. Il attire l'attention du Comité sur le fait qu'une course de vitesse est ouverte entre l'Allemagne et les Alliés.

L'Amiral DARLAN propose :

1°) rentrer en Belgique.

2°) procéder au lancement des mines fluviales.

3°) procéder à des attaques locales sur le front Nord-Est.

Le .....

- 2 -

Le Président du Conseil demande l'avis du Général GAMELIN sur ces propositions.

Le Général GAMELIN se déclare partisan de l'action en Belgique.

Le Président du Conseil lui ayant fait observer que l'ennemi a sur nous une double supériorité en aviation et en effectifs, le Général GAMELIN confirme sa réponse affirmative et le Général GEORGES s'y associe.

Le Ministre de la Défense Nationale et de la Guerre donne un avis entièrement favorable à l'opération.

Il est décidé, à l'unanimité :

1°) que le Gouvernement tentera d'obtenir l'accord du Gouvernement belge pour faire l'opération en Belgique ;

2°) que si l'accord est obtenu, on fera l'opération ;

3°) que si l'on fait l'opération, on utilisera les mines fluviales ;

4°) que le Gouvernement fera savoir au Gouvernement Norvégien que la France lui donne son aide et son assistance ;

5°) que le Président du Conseil, le Ministre de la Défense Nationale et de la Guerre et l'Amiral DARLAN iront, cet après-midi, à LONDRES.

GRAND QUARTIER GENERAL

Cabinet du Général Chef d'Etat-
Major Général de la Défense
Nationale, Commandant en Chef des
F... Terrestres

Le 9 Avril 1940

N° 372 cab / D.N

TRÈS SECRET

Le Général Commandant en Chef GAMELIN
Chef d'Etat-Major Général de la
Défense Nationale
Commandant en Chef les Forces Terrestres

à Monsieur le Ministre de la Défense Nationale
et de la Guerre
(**Cabinet Militaire**)

    La réunion de ce matin, qui était une réunion du Comité de Guerre, ne peut être l'objet d'un procès-verbal complet, aucun représentant du Secrétariat du Conseil Supérieur de la Défense Nationale n'y ayant assisté.

    Il me paraît cependant, étant donné la gravité des résolutions prises, nécessaire d'en conserver trace.

    Je vous adresse ci-joint un projet de procès-verbal les exposant brièvement pour être soumis, si vous l'approuvez, au Président du Conseil.

    Je tiens d'ailleurs à ajouter, ce que je n'ai pas eu le temps de faire ce matin, qu'il me paraît y avoir intérêt à ne pas soulever <u>initialement</u> la question de notre pénétration sur les territoires hollandais et luxembourgeois.

    - d'une part, et précisément pour conserver le secret, nous n'avons pas intérêt à poser d'avance ces deux

...

problèmes ;

- D'autre part, la pénétration en BELGIQUE prépare en enjeux notre pénétration en HOLLANDE, dont elle est le premier geste ;

- Enfin, en ce qui concerne le LUXEMBOURG, son territoire, sauf la couverture du bassin industriel de LONGWY, n'a pour la conduite générale de la guerre qu'un intérêt secondaire, alors qu'initialement, le LUXEMBOURG couvre notre pénétration en BELGIQUE .

Bien entendu, nous devons être prêts à traiter ensuite sans tarder ces deux autres problèmes .

Signé : GAMELIN

PROJET

TRÈS SECRET

PROCÈS-VERBAL

DE LA REUNION DU COMITE DE GUERRE

DU 9 AVRIL 1940

Après un rapide examen de la situation générale résultant du déclenchement de l'attaque allemande sur le DANEMARK et la NORVEGE, il a été décidé ce qui suit :

I.- L'Amiral de la Flotte Commandant en Chef les forces maritimes a, en ce qui concerne l'ensemble des forces françaises, la direction des opérations jusqu'au moment où, les forces terrestres ayant débarqué, ce Commandement passera sur terre aux autorités terrestres, dans les conditions convenues avec les Britanniques.

Pour la conduite générale de la guerre, il y a le plus grand intérêt à réaliser le plus tôt possible l'occupation du port de NARVICK et à mettre la main sur les mines de GALLIVARE. L'Amiral de la Flotte s'efforcera d'activer les opérations dans ce sens en agissant auprès de l'Amirauté britannique.

.....

II.- En vue de reprendre l'initiative des opérations, la FRANCE doit s'efforcer d'obtenir de la BELGIQUE qu'elle comprenne tout l'intérêt qui s'attache pour elle à ce que le mouvement en avant de nos troupes précède l'attaque allemande.

Le Général Commandant en Chef les Forces Terrestres et le Général Commandant en Chef les Forces Terrestres Françaises sur le front du NORD-EST se sont déclarés prêts à entreprendre l'opération. Ils ont insisté sur la nécessité du secret, de manière à pouvoir devancer la réaction allemande, particulièrement sur le plan de l'aviation.

III.- En ce qui concerne la question des "mines fluviales", il a été entendu qu'elle n'était plus qu'une question accessoire et que le Général Chef d'Etat-Major Général de la Défense Nationale, Commandant en Chef les Forces Terrestres, demeurait libre de la déclencher au moment opportun. dans le cadre des opérations générales ./.

Assistaient à la séance :
Monsieur le Président de la République,
Monsieur le Président du Conseil, Ministre des Affaires Etrangères
Monsieur le Ministre de la Défense Nationale et de la Guerre,
Messieurs les Ministres de la Marine, de l'Air et des Colonies.

......

Le Général Commandant en Chef, Chef d'État-major général de la Défense Nationale, Commandant en Chef les Forces Terrestres,

L'Amiral de la Flotte, Commandant en Chef les Forces aritimes Françaises,

Le Général Commandant en Chef les Forces Aériennes,

Le Général Commandant en Chef les Forces Françaises s r le Front du Nord-Est ./.

Dokument Nr. 36

COMMANDEMENT EN CHEF
DES FORCES TERRESTRES
-:-:-:-:-:-:-:-:-:-:-
GRAND QUARTIER GENERAL

ETAT - MAJOR

2° BUREAU
-o-o-o-o-
-o-

2402/2FT

Général GAMELIN
Le 10 Avril 1940.

SECRET

COMPTE RENDU PARTICULIER
DE RENSEIGNEMENTS.

(HAVAS censuré du 9 Avril.)

Selon des informations que possède le D.N.B., le Ministère des Affaires Etrangères Allemand serait en possession de données précises concernant une tentative de sabotage de grande envergure émanant du service secret anglais.

Cette tentative devait être exécutée avec l'aide de militaires anglais sur le DANUBE.

Le 5 Avril, on eut connaissance que les remorqueurs Britania, Elisabeth, Danubia Shelle, King George, Scottland, Lord Byron, accompagnés de canots anglais rapides, ainsi qu'un bateau grec affrété, le Dyonisia, trainant 4 barques et l'Albion trainant 5 barques, remontaient le cours du DANUBE.

Grâce à des indiscrétions commises par des membres anglais de l'équipage, les détails suivants ont été connus :

A bord des bâtiments anglais se trouvaient de grandes quantités de révolvers, des pistolets pour signaux, des grenades à mains, des mitrailleuses, des pièces d'artillerie de vaisseaux, des grenades marines, des mines et plus de 100 soldats spécialistes anglais camouflés en matelots et pourvus de passeports spéciaux, 5 officiers anglais, plusieurs officiers aviateurs, ainsi que du personnel technique de sections anglaises de dynamiteurs et de pionniers.

Le chargement était déclaré comme marchandise en transit. Le chef de l'expédition était l'un des dirigeants du service secret anglais, affecté en ROUMANIE et camouflé en "Vice Consul".

Cette expédition, organisée militairement dans tous ses détails, avait pour but de rendre le DANUBE impraticable, en certains endroits, pour le trafic commercial avec l'ALLEMAGNE, et d'empêcher par ce moyen le commerce entre les états du Sud-Est européen et l'ALLEMAGNE ....

.....

- 2 -

Les services de surveillance roumains, à la suite des détails qui avaient été révélés, arrêtèrent ces bateaux suspects, les amenèrent dans le port roumain de GIURGIU et les visitèrent.

Sur un seul des bateaux on trouva plus de 400 caisses plombées, déclarées comme marchandises en transit, contenant de grandes quantités d'explosifs hypersensibles.

Les bateaux était pourvus de mitrailleuses et de canons à tir rapide, devenant ainsi des bâtiments de guerre destinés à des opérations militaires.

Il résulte des ordres de service et des instructions trouvés à bord, qu'on avait l'intention, au cas où les dynamitages prévus seraient empêches par des garde-frontières ou des militaires d'un des états du Sud-Est, d'entreprendre des manoeuvres de débarquements et de poursuivre les opérations de sabotage en partant de cette base.

Certaines parties du rivage du DANUBE et de ses rapides "cataractes" devaient être dynamitées et les barques devaient être coulées dans le chenal.

(Havas censuré, frontière allemande, 8 Avril)

Dokument Nr. 37

Le 12 Avril 1940.

COPIE

N° 37 F.M.F.O.

SECRET
et
PERSONNEL

L'Amiral de la Flotte F. DARLAN
Commandant en Chef des Forces Maritimes Françaises
à
Monsieur le Ministre de la Défense Nationale et
la Guerre.

-:-

Monsieur le Président,

Dans sa lettre du 11 Avril 1940 que le Président du Conseil, Ministre des Affaires Etrangères vous a adressée en vous priant, de la porter à ma connaissance, le Président du Conseil, faisant état de l'entretien qu'il a eu le 10 Avril avec vous, le Général Commandant en Chef GAMELIN et moi même, expose les décisions qu'il a transmises à l'Ambassadeur de France à Stockholm.

Du strict point de vue technique, le résumé fait de ces décisions appelle de ma part les précisions suivantes :

I.- La bataille engagée en Norvège, dite "bataille du fer" est, certes, essentielle.

Nous ne sommes pas seuls à mener cette bataille, qui se déroule dans une zône de commandement britannique, et pour laquelle nous ne pourrions utilement agir sans la participation du gros des Forces maritimes britanniques : Narvik, "port du fer", est à 3.000 kilomètres de Brest, notre base navale la plus rapprochée.

L'étude faite en comité interallié, au courant du mois de Mars, a précisé le rôle dévolu à nos forces navales en cas d'action en Norvège. A la mission d'escorte des convois français, nous avons

...

ajouté sur la demande instante de l'Amirauté britannique la coopération effective d'un croiseur, de six contre torpilleurs, de trois torpilleurs, de nombreux sous marins dont la plupart étaient à la mer dès le 10 Avril en opérations avec la Home Fleet. A la prière de l'Amirauté britannique, je suis prêt à envoyer en Mer du Nord notre plus puissante force de haute mer: ce n'est d'ailleurs pas sans inconvénient à l'heure où des manifestations italiennes inquiétantes se produisent en Adriatique et où des rumeurs belliqueuses nous viennent d'Espagne.

Nous ne pouvons donc pas nous passer, pour l'opération envisagée, de la flotte anglaise ni de ses bases, et par suite nous ne pouvons prétendre assurer seuls la direction et le commandement navals de cette opération.

2.- Il ne m'apparaît pas que notre commandement ait été surpris par la "riposte allemande", et sans doute convient-il de rappeler à ce sujet que, vu le manque de discrétion des projets discutés dans les réunions interalliées, le commandement allemand ne pouvait ignorer notre décision : ses préparatifs étaient commencés depuis longtemps et ses navires de guerre étaient à la mer avant même que fût effectué le mouillage de mines envisagé.

La riposte allemande fut prévue par nous dès la décision prise en comité interallié, le 28 Mars : dès le 30 Mars je vous en signalais l'éventualité et je vous proposais d'y parer en réunissant d'urgence les moyens nécessaires à un corps expéditionnaire.

Le 2 Avril, je demandais au Général Commandant en Chef GAMELIN de bien vouloir me préciser l'importance des transports à effectuer et les délais qu'il convenait de respecter, et, une nouvelle compo-

.....

sition du corps expéditionnaire étant parvenue à ma connaissance le 5 Avril au matin, je signalais que pour tenir des dates prévues il était indispensable de réquisitionner le jour même (5 Avril) les navires (1 paquebot, 3 cargos) nécessaires.

Le Général Commandant en Chef GAMELIN ayant été informé le 5 Avril à 18 h. 45 que l'opération norvégienne allait être effectuée m'en avertit aussitôt et je donnais immédiatment l'ordre de réquisition.

Le 5 Avril au soir, le Haut Commandement britannique qui est le chef de l'expédition, nous informe que le premier convoi anglais ne pourra partir avant le 8 Avril ce qui, dans l'échelonnement établi, fait partir le premier détachement français du port d'embarquement le 16 Avril. On ne peut, en effet, accumuler devant un port des transports qui n'y peuvent débarquer leurs passagers : le port choisi ne pouvant -sans être embouteillé- recevoir à la fois plus de six navires, le Commandement britannique avait recommandé, pour la bonne marche de l'opération, <u>que nous ne débarquions pas avant le 26 Avril</u>.

Certes, le 8 Avril, "notre corps expéditionnaire et les vaisseaux qui le transportent au lieu de se trouver massés au port "d'embarquement ou à proximité étaient dispersés et éloignés."

Nous ne pouvons nous permettre de garder immobilisés les navires de guerre et les bâtiments de commerce dans un port pendant de longues semaines : le ravitaillement de notre pays en matières essentielles nous l'interdit. La question avait d'ailleurs été posée le 15 Mars lors de la dislocation des moyens maritimes prévus pour la première expédition de Finlande. L'Amirauté française avait signalé qu'il lui fallait quinze jours pour regrouper les moyens né-

....

cessaires : le 18 Mars, la décision était prise par le Président du Conseil de libérer les navires réquisitionnés.

Les désirs formulés par le Président du Conseil quant à la date d'embarquement du premier échelon français se trouvent, dès à présent, réalisés : aujourd'hui 12 partira de Brest le 1er échelon, et les 12.000 hommes du deuxième échelon embarqueront aux dates prévues par le plan d'opérations.

Mais, "quelles que soient les méthodes les plus audacieuses "mises en oeuvre" il faut compter 27 navires pour transporter une division. Je ne connais pas de moyens pour réunir instantanément 81 navires aptes aux transports pour jeter trois divisions sur le sol norvégien. L'examen de cette situation, fait le 10 Avril 1940 au cours d'un entretien dans le bureau du Président du Conseil, a d'ailleurs abouti à cette conclusion qu'il convenait de s'en tenir à la réquisition de 20 navires. J'ai ajouté qu'il fallait compter dans ces conditions sur le transport d'une division par mois.

Je ne puis que remercier le Président du Conseil de la confiance qu'il veut bien avoir sur ma pleine conscience des énormes responsabilités qui pèsent sur l'Amiral de la Flotte: l'action -efficace- de nos Forces Maritimes depuis sept mois de guerre aurait suffi, à défaut de réflexion, pour mesurer ces responsabilités. Connaissant les moyens dont je dispose et la limite de ceux que je puis demander, je peux savoir quelles sont nos possibilités et mettre en oeuvre, avec le maximum d'intensité, nos Forces maritimes pour une opération déterminée. C'est ce qui a été fait jusqu'ici, en particulier pour l'opération norvégienne dont, depuis douze jours je n'ai cessé de prévoir le développement.

        Signé : F. DARLAN.

Dokument Nr. 38

COMMANDEMENT EN CHEF
DU THÉATRE D'OPÉRATIONS DE
MÉDITERRANÉE ORIENTALE

S. P 601 , le ――17―― Avril ―――― 1940

ÉTAT-MAJOR

3 . BUREAU

N° 538/3.S

SECRET

Le Général d'Armée WEYGAND,
Commandant en chef le Théâtre d'Opérations de
Méditerranée Orientale,

- à Monsieur le Général Commandant en Chef GAMELIN,
Commandant en Chef les Forces Terrestres.

- à Monsieur le Général Commandant en Chef VUILLEMIN
Commandant en Chef les Forces Aériennes.

Au point où en est arrivée la préparation d'une opération de bombardement des régions pétrolifères du Caucase, il est possible d'évaluer le délai au bout duquel cette opération est exécutable.

Conditions politiques: Aucun délai n'est à prévoir de ce fait, l'entreprise ne devant être l'objet d'aucun accord, d'ailleurs impossible à réaliser, avec les Turcs. L'Ambassadeur de France en Turquie a indiqué au Gouvernement comment se présente exactement le problème. Il ne peut être question actuellement ni d'autorisation de survol, encore moins de terrains tremplins en territoire turc, ni d'aide d'aucune sorte. Les approvisionnements de toute nature seront transportés par la voie ferrée ALEP-NISSIBINE, sans démarche préalable, sur la partie de cette voie empruntant le territoire turc, nos accords antérieurs nous donnant à ce sujet toute latitude.

Dans l'évaluation des délais interviennent:
a)- la mise en état des terrains: très peu de travaux à faire en cette saison; estimée à 15 jours.

../

b)- les <u>travaux</u> à exécuter sur la voie-ferrée et pour l'approvisionnement des dépôts (aiguilles, voies, réseaux de fil de fer); durée: 15 à 20 jours.

c)- le <u>transport</u> de l'essence, des munitions, des troupes et de leurs trains, réclament pour les forces françaises 56 trains, ce qui, à raison de 4 marches par 24 heures, porte le délai à 15 jours; autant à prévoir pour les troupes anglaises. C'est-à-dire 30 jours en tout.

au total, en tenant compte que a) et b) sont exécutés en même temps: 45 à 50 jours au minimum sont nécessaires, sous la réserve que le matériel de voie ferrée et les approvisionnements britanniques et français arrivent sans retard.

En dehors de ces délais, il faut tenir compte de ceux qui sont indispensables à la mise en état et à l'arrivée des unités de bombardement.

En ce qui concerne les unités françaises, aucune n'est pour le moment à pied d'oeuvre. Il est probable que le Groupe Farman de bombardement de nuit, en service depuis longtemps, pourra y arriver rapidement. Mais, d'autre part, le Groupe de bombardement faisant partie de l'aviation du Levant commence seulement à recevoir les appareils Gleen-Martin; et d'après les instructions mêmes du Haut Commandement de l'Air, deux mois et demi à trois mois sont indispensables pour former les pilotes et les mettre en état de prendre part à une opération de Guerre dans laquelle le rendement maximum doit être tiré du matériel. Il est probable que les autres groupes de Gleen-Martin attendus de la Métropole ou de l'Afrique du Nord sont dans des conditions à peu de chose près analogues.

Le Vice-Air-Marshal, Commandant l'Aviation Britannique dans le Middle-East, interrogé sur les délais qu'il estimait nécessaires, a été fort embarrassé pour répondre :../

n'ayant lui-même pas encore reçu ses avions.

: Il faut ajouter que ces évaluations ne tiennent aucun compte de l'étude technique de l'opération de bombardement qui comporte la prise de photographies, le choix des objectifs ainsi que des bombes les plus appropriées, les aménagements à exécuter sur les avions, toutes choses qui peuvent encore avoir une influence sur le délai de préparation.

Il est donc prudent de n'escompter une exécution possible que pour la fin du mois de Juin ou le début du mois de Juillet, surtout si l'on tient compte de la nécessité absolue de ne l'entreprendre que lorsque tout sera au point, afin d'obtenir des résultats décisifs avec toute la puissance et le plus de rapidité possibles. Une telle opération ne devrait durer que quelques jours et consister en des bombardements massifs des points dont la destruction ou l'incendie aura été reconnu comme le plus efficace.

Ce délai est d'ailleurs nécessaire à la Turquie, comme l'a signalé Monsieur MASSIGLI, pour qu'elle se mette, pendant qu'il s'écoulera, en état de faire face à toute réaction ennemie qui pourrait se produire contre elle à la suite de ces bombardements./.

Le Général Commandant en Chef
le Théâtre d'Opérations de
Méditerranée Orientale

AFFAIRES ÉTRANGÈRES
SC
DÉCHIFFREMENT

RÉSERVÉ

TÉLÉGRAMME A L'ARRIVÉE   DUPLICATA bis

ANKARA, le 25 AVRIL 1940 à 2 h. 13
Reçu le 25 AVRIL 1940 à 6 h. 40

N° 792

CONFIDENTIEL

 Ainsi que j'en ai déjà rendu compte à mon passage à Paris le Président de la République avait lors de mon départ attiré mon attention sur les retards importants qui se produisaient dans les livraisons de matériel de guerre et il avait souligné la nécessité dans les circonstances actuelles de remédier rapidement à cette situation.

 Les précisions que m'a fournies, sur ma demande, notre Mission Militaire m'obligent à constater que les (mot passé) de M. INEUNU sont fondées.

 Pour ne citer que ....

         MASSIGLI

AFFAIRES ÉTRANGÈRES

DÉCHIFFREMENT

TÉLÉGRAMME A L'ARRIVÉE

DUPLICATA bis

RÉSERVÉ

ANKARA, le 25 Avril 1940 à 2 h. 11

Reçu le 25 à 8 h. 40

N° 797

...... les cas les plus notables.

1° - 200 fusils-mitrailleurs avec 2.000.000 de cartouches devaient être fournis mensuellement (à partir) de Janvier 1940; au 21 Avril il n'avait été livré que 400 fusils et 3.500.000 cartouches.

2° - 350 canons anti-chars de 25 m/m devaient être livrés avant la fin d'Avril 1940; il n'en a été livré que 190.

3° - 50 mortiers B(rand)t de 81 devaient être fournis mensuellement à partir de Janvier 1940; il n'en a été fourni au total que 100.

....

MASSIGLI

AFFAIRES ÉTRANGÈRES

DÉCHIFFREMENT

TÉLÉGRAMME A L'ARRIVÉE

DUPLICATA bis

M

RÉSERVÉ

ANKARA, le 25 avril 1940 à 2 h. 15
reçu le 25 à 8 h. 25

n° 798

....

4° Il a été livré 24 mitrailleuses de 25 contre avions au lieu de 40.

5° Un million de grenades à mains devraient être fournies avant la fin avril; la livraison effectuée dépasse à peine 500.000.

6° Deux bataillons de chars d'assaut R 35 étaient promis avant la fin de mars ; un seul bataillon a été livré.

7° Cinq cents camionnettes (devaient) être livrées au cours de l'année 1940; aucune livraison n'a encore eu lieu.

8° 400.000 masques à gaz étaient à fournir avant la fin d'avril ; il en a été livré à peine 75.000.

9° Pour les matériaux ....

MASSIGLI

AFFAIRES ÉTRANGÈRES   TÉLÉGRAMME A L'ARRIVÉE   DUPLICATA bis

DÉCHIFFREMENT

J   V

RÉSERVÉ   ANKARA, le 25 avril 1940 à 2 h 22
reçu le 25 à 8 heures.

N° 799

..........de transmissions dont la fourniture devait être terminée à la (fin) de ce mois, les retards sont encore plus considérables.

Je n'ai pas besoin de souligner combien les conséquences de cette situation pourraient être déplorables si la guerre gagnait maintenant la Méditerranée.

(Sans) même envisager cette hypothèse extrême et alors que la <u>collaboration de la Turquie nous est indispensable</u> pour donner plus de cohésion sur le (plan) militaire comme sur le (plan) politique aux (peuples) (de l')entente (,) nous ne saurions perdre de vue que la résolution turque sera..............

MASSIGLI

AFFAIRES ÉTRANGÈRES

DÉCHIFFREMENT

TÉLÉGRAMME A L'ARRIVÉE

DUPLICATA bis

RÉSERVÉ

ANKARA, le 25 avril 1940 à 2 h. 11
reçu le 25 à 7 h. 10

N° 800

.........dans une large mesure fonction de la confiance que ce Pays aurait dans sa force. Au surplus M. Sa(raco)glou avait produit à Belgrade (une)('forte) impression sur ses collègues Balkaniques en leur affirmant que la Turquie recevait des Alliés tout le concours en matériel qu'elle avait sollicité ; il serait extrêmement fâcheux qu'il eut prochainement à leur avouer que ce tableau optimiste ne répond plus à la réalité.

N'oublions ....:..............

MASSIGLI

AFFAIRES ÉTRANGÈRES

DÉCHIFFREMENT

TÉLÉGRAMME A L'ARRIVÉE

DUPLICATA bis

V

RÉSERVÉ

ANKARA, le 25 avril 1940 à 2 h. 11
reçu le 25 à 8 h. 15

N° 801

..........pas engin que la valeur de l'armée turque sera d'autant plus grande qu'avant l'épreuve elle aura disposé de plus de temps pour se famili(a)riser avec les nouveaux matériels (2gr.fx).

Je demande instamment qu'un effort soit fait pour remédier sans délai à un état de choses que les difficultés des transports ne suffisent pas à expliquer (;) d'autre part (le) (développement) de notre (fabrication) (sur lequel) M. le Ministre de l'Armement avait bien voulu me fournir des précisions, (1gr.fx) de toute justification./.

TRÈS SECRET

à Churchill

L'expédition de NORVEGE a échoué essentiellement parce que personne n'a commandé.

Pendant quelque temps, c'est le "War Cabinet", se réunissant comme un Conseil d'Administration qui a pris des décisions à un rythme beaucoup trop lent, et sans vouloir courir le moindre risque, comme dans une affaire industrielle ou commerciale.

Actuellement, c'est un "Comité" de représentants du War Office, de l'Amirauté, de l'Air Ministry qui prend les décisions.

Ni le Général anglais MASSY (dont on a parlé à un moment) ni le Général français AUDET n'ont l'air de commander.

Nous ne savons rien de ce qui se passe à NARVICK.

Il faut un Chef et un seul dans cette expédition.

Dokument Nr. 41

Exemplaire N° 3

RÉUNION DU COMITE DE GUERRE

du 26 Avril 1940

au PALAIS DE L'ELYSEE à 15 Heures.

———

Etaient présents :

M. le Président de la République.

M. le Président du Conseil, Ministre des Affaires Etrangères.

M. le Ministre de la Défense Nationale et de la Guerre.
M. le Ministre de la Marine.
M. le Ministre de l'Air.
M. le Ministre des Colonies.

M. le Général Commandant en Chef, Chef d'Etat-Major Général de la Défense Nationale.
M. l'Amiral de la Flotte Commandant en Chef les Forces Maritime. Françaises.
M. le Général Commandant en Chef les Forces Aériennes.
M. le Général Chef d'Etat-Major Général des Colonies.
M. le Général Commanant en Chef le Théâtre d'Opérations du Nord-Est.

M. le Général Secrétaire Général du Conseil Supérieur de la Défense Nationale.

SÉANCE DU COMITÉ DE GUERRE

du 26 Avril 1940.

Le Président du Conseil expose le but de la réunion : examen de la situation en Norvège.

Les Allemands ont réussi à mettre la main sur les points importants. Les débarquements des Alliés sont difficiles. Les Norvégiens sont frappés.

Le prestige des Alliés est engagé.

Cependant les Anglais étaient prévenus depuis longtemps, puisque c'est le 28 Mars que l'opération a été décidée.

Ils ne voulaient pas la faire, remarque le Ministre de la Défense Nationale et de la Guerre.

Le Président du Conseil ajoute qu'on aurait dû faire un effort massif sur TRONDJHEM. Il demande au Général GAMELIN comment il juge la situation.

Le Général GAMELIN fait connaître que les Allemands ont fait la jonction de leurs forces d'OSLO et de celles de TRONDJHEM.

Le Général LELONG lui a fait savoir que les Anglais avaient l'intention de réembarquer leurs troupes destinées à l'attaque de TRONDJHEM.

Le Général GAMELIN expose qu'évidemment la situation est difficile, en particulier à cause des attaques de l'aviation allemande, mais que les troupes débarquées à NAMSOS (Nord de TRONDJHEM) paraissent pouvoir résister. Il serait d'ailleurs possible d'organiser une ligne de communication et de retraite, si c'est nécessaire, le long de la côte dont les principaux points seraient à tenir.

....

Il juge déplorable le projet de réembarquement anglais et, pour tenter de s'y opposer, demande au Comité l'autorisation de se rendre à LONDRES, où il a envoyé déjà le Général MITTELHAUSER, pour convaincre les Britanniques. Il demande en outre au Gouvernement d'appuyer son action dans ce sens.

Réponse affirmative du Comité.

Le Président du Conseil dit que, dans ce terrain montagneux, la lutte peut revêtir le caractère d'une guerilla ; il s'agit de couper les routes et d'offrir des îlots de résistance.

Continuant son exposé, le Général GAMELIN précise la situation.

Dans la région de NAMSOS, l'ennemi tient la route NAMSOS-TRONDJHEM. Nous avons là 3 Bataillons de Chasseurs, auxquels s'ajoute 1 Brigade anglaise de 3 Bataillons, - en tout 6.000 hommes.

Le port a été très endommagé par l'aviation allemande: les hommes ont pu débarquer, non le matériel lourd. Un des bateaux anglais transportant du matériel anti-aérien a été coulé.

L'opération montée contre TRONDJHEM était logique : son plan consistait à monter trois attaques concentriques, l'une partant du Nord, une autre partant du Sud, la 3ᵉ par le passe même. Elle n'a pu s'exécuter entièrement ; seule, l'attaque par le Nord, venant de NAMSOS a été dessinée, mais arrêtée par les Allemands.

Dans .....

Dans la région de NARVIK, la situation est sans changement. Les renseignements sont peu nombreux et incertains.

Il y a lieu de remarquer que les effectifs ennemis avaient été embarqués sur des bateaux de commerce et camouflés. Ils avaient échappé à l'Intelligence Service.

Le Général GAMELIN n'a jamais cessé d'insister pour la continuation et l'intensification des opérations. Le 29 mars matin, il avait attiré l'attention du Général IRONSIDE sur la nécessité d'avoir toute prête une occupation rapide des ports norvégiens. Il a signalé la même chose à M. WINSTON CHURCHILL lors d'un voyage de ce dernier à PARIS.

Le Président du Conseil demande quelle est l'organisation du Commandement.

Le Général GAMELIN répond que le Général anglais MAKESY commande à NARVIK, le Général anglais CARTON de WIART à NAMSOS. Le Général MORGAN Commandant la Brigade anglaise débarquée au Sud de TRONDJHEM exerce le commandement dans cette région - à la place du Général français AUDET qui, dans l'esprit du Général GAMELIN devait prendre le commandement dans cette région mais qui a été débarqué à NAMSOS. C'est le Général MASSY qui commande l'ensemble.

Le Président du Conseil et le Ministre de la Défense Nationale et de la Guerre regrettent qu'un Commandant en Chef n'ait pas été désigné pour coordonner les actions terre, marine, air.

Le Général GAMELIN fait connaître que le Général MITTELHAUSER, doublé du Général LEDONG (tous deux connaissant

.....

particulièrement la guerre de montagne) est à LONDRES.

Sur une question du Président du Conseil, l'Amiral de la flotte DARLAN donne des précisions sur les effectifs français présentement débarqués : 4.000 h. à NARVIK, 4.200 à NAMSOS. Les débarquements sont difficiles à NAMSOS où ils doivent s'exécuter de nuit.

Aujourd'hui partent de BREST à destination de LA CLYDE, base demandée, 4.400 h. de la D.C.A. et 1 porte-avion.

Il attire l'attention du Comité sur le fait que l'attaque de TRONDJHEM peut se faire par mer.

Le Président du Conseil demande si des transports ne pourraient pas être effectués par avions commerciaux.

Le Général VUILLEMIN répond qu'il a envoyé un officier étudier la question sur place.

Le Ministre de l'Air ajoute qu'il ne dispose, pour cette opération, que d'un nombre très limité de BLOCH 220.

Le Ministre de la Défense Nationale et de la Guerre dit que nous sommes en avance sur les dates fixées par les Anglais et que LA CLYDE est bondée d'hommes.

Le Président de la République demande combien les Anglais ont d'hommes en Norvège actuellement.

Le Général GAMELIN répond qu'ils en ont 15.000. Ils ont prévu un chiffre total de 100.000. De notre côté, nous prévoyons une force de plus de 40.000 h. Ces chiffres représentent un maximum. Les Britanniques peuvent déjà enlever 2
.....

Divisions du Front de France ou ils en ont 5 .

    Cette mesure ne soulève pas d'objection de la part du Général GEORGES .

    Quant à nous, l'effectif progressif du Corps expéditionnaire demeure d'une part commandé par les possibilités de transport et d'entretien dont les Marines sont juges et particulièrement la Marine britannique . D'autre part, nous ne saurions a priori dépasser le chiffre de plus de 40.000 donné plus haut . Le théâtre de France demeure le théâtre principal et il faut des effectifs suffisants, non seulement pour tenir le front, mais pour alimenter la bataille . En outre, nous ne pouvons affecter à des opérations en Pays Scandinave aucune troupe indigène, non seulement au point de vue moral, mais à cause du climat . Au point de vue du matériel, la constitution même de nos Divisions à équipages hippomobiles ne se prête pas à leur emploi en Scandinavie . Nos Divisions motorisées, dont le nombre est juste suffisant en France, ne peuvent, au surplus, s'employer que dans les pays où le réseau routier est dense . Il a fallu équiper d'une façon spéciale les Divisions légères envoyées . Nos ressources en matériel dans ce domaine sont limitées : les troupes anglaises sont, à cet égard, mieux équipées que les nôtres . Enfin, s'il s'agit de se porter en Belgique pour livrer une bataille à peu près en terrain libre, les troupes françaises y sont beaucoup plus aptes que les Britanniques . De plus, les troupes françaises sont les seules aptes à défendre les Alpes, s'il le faut .

    Pour ces raisons, c'est aux Anglais à fournir l'effort principal, d'autant que l'opération est à base de leur marine et de leur aviation . Tout au plus pouvons-nous envisager pour le moment de fournir une ou deux Divisions légères de plus . Au surplus il faut les soutenir moralement, les aider à organiser le commandement, leur donner "la méthode et du cran".

Résumant le débat, le Président du Conseil souligne l'importance, matérielle et morale, de la continuation de la lutte, de l'organisation du commandement et dit que, comme l'avait indiqué le précédent Comité de Guerre, il faut, même au prix de sacrifices, mettre la main sur TRONDJHEM.

Déclaration du Ministre de la Marine dans le même sens.

Reprenant la proposition du Général GAMELIN, le Président du Conseil propose au Comité d'envoyer le Général GAMELIN à LONDRES avec mission d'attirer, de la façon la plus pressante l'attention du Commandement britannique sur les points suivants :
- Décision de poursuivre les opérations en Norvège.
- Nécessité d'organiser le Commandement.
- Avec la coopération des forces navales et aériennes, préparation de l'attaque de TRONDJHEM.

Accord unanime du Comité.
Le Général GAMELIN part immédiatement pour LONDRES.

↓
↓ ↓

Le Comité de Guerre examine ensuite la question d'éventuelles opérations dans la région du Caucase et dans les Balkans.

En .....

En ce qui concerne ce dernier théâtre, le Président du Conseil dit que, d'accord avec le Général WEYGAND, le Général JAUNEAUD a étudié l'établissement de plates-formes pour Aviation en Roumanie et en Grèce. Les études préliminaires ont abouti à des prévisions de 10 millions en ce qui concerne la Roumanie, 15 pour la Grèce. Le Général JAUNEAUD doit poursuivre les études et travaux sur place.

Le Président de la République ayant fait remarquer que ce voyage serait peut-être spectaculaire et qu'il vaudrait mieux envoyer dans les deux pays en question un officier de l'Etat-Major du Général JAUNEAUD, M. LAURENT EYRAC déclare que ce sera ou l'Attaché de l'Air ou un Officier en civil de l'Etat-Major du Général.

Dokument Nr. 42

AFFAIRES ÉTRANGÈRES

AMPLIATION M.D

EN CLAIR PAR TELEIMPRIMEUR.

RÉSERVE CABINET.-

TÉLÉGRAMME AU DÉPART

PARIS, le 26 Avril 1940 à 20 h. 30

AMBASSADEUR FRANCAIS LONDRES 1443

U R G E N T.   S E C R E T.

Veuillez transmettre d'urgence à M. Neville CHAMBERLAIN le message suivant de M. Paul REYNAUD:

Mon Cher Premier Ministre,

Le Comité de Guerre vient de se réunir.

Nous avons été unanimes, après un examen de la situation actuelle en Norvège, à nous ranger aux conclusions suivantes :

1°) L'évacuation de la région de Trondjhem aurait des conséquences très graves tant au point de vue moral que matériel. Il ne faut pas s'y résigner.

Sans parler de la perte de prestige des Alliés aux yeux de leur propre opinion publique, l'attitude des neutres, grands et petits, serait sans nul doute profondément influencée par cet échec.

La Suède, en particulier, ne pourrait plus croire à l'efficacité et à la promptitude d'un secours éventuel des Alliés. Elle deviendrait une proie facile pour la diplomatie du Reich. Elle en viendrait à défendre contre nous son minerai de fer et, ainsi, Narvik même deviendrait inutile,

Les Français, en ce qui les concerne, ne procèdent pas à cette évacuation.

M.D.
AFFAIRES ETRANGÈRES

TÉLÉGRAMME AU DÉPART

V

AMPLIATION

EN CLAIR

2°) Nous ne considérons pas que la prise de Trondjhem soit impossible, à condition de combiner un effort naval (l'artillerie d'un vieux cuirassé entrant dans le fjord) et un effort aérien massif.

Nous pensons que nous disposons d'un délai très bref pour tenter l'opération dans des conditions acceptables.

3°) Je crois, d'autre part, que vous serez d'accord avec moi sur la nécessité de confier à un seul homme toutes responsabilités et tous pouvoirs pour la conduite des opérations sur le théâtre scandinave. Il faut que cet homme ait une personnalité capable d'assurer, le jour venu, le commandement unique des forces alliées, norvégiennes et suédoises.

4°) Il faut multiplier nos envois d'hommes et de matériel, DCA, artillerie, chars.

Si les possibilités actuelles de débarquement sont plus faibles que les possibilités de transport, utilisons ces transports à masser en Ecosse tout ce que nous pourrons envoyer.

Dans la situation grave où nous nous trouvons, je suis sûr que vous penserez comme moi que ces deux vérités doivent être présentes à nos esprits :

Il faut voir grand ou renoncer à faire la guerre.
Il faut agir vite, ou perdre la guerre.

Veuillez agréer, Mon Cher Premier Ministre, l'assurance de mes sentiments les plus amicaux./.

Paul REYNAUD

Veuillez communiquer également au Général GAMELIN le texte du message ci-dessus./.

Dokument Nr. 43

AFFAIRES ÉTRANGÈRES   TÉLÉGRAMME A L'ARRIVÉE   DUPLICATA bis

DÉCHIFFREMENT

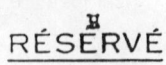

RÉSERVÉ

N° 1517

LONDRES, le 26 Avril 1940 - 23 heures
reçu le 26 Avril à 23 h.25

RESERVE — RIGOUREUSEMENT SECRET

    Aussitôt descendu d'avion, le général Mittelhauser a été mis au courant par le Commandant de l'Etat-Major impérial des conclusions auxquelles est arrivé ce matin le Cabinet de Guerre en ce qui concerne l'expédition de (Trondhjem. En présence de l'avance rapide réalisée au cours de ces deux derniers jours par les forces allemandes (et en l')absence de tout travail de destruction et de toute résistance sérieuse de la part des Norvégiens, en présence des (attaques) constantes et de la puissance accrue de l'aviation allemande, le Gouvernement anglais estime que les opérations prévues (contre) Trondhjem sont vouées à un échec certain et qu'il est préférable d'envisager dès à présent le retrait des......

                                                     CORBIN

AFFAIRES ÉTRANGÈRES

DÉCHIFFREMENT

RÉSERVÉ

TÉLÉGRAMME A L'ARRIVÉE

DUPLICATA bis

S P

N° 1518

LONDRES, le 26 Avril 1940 – 23 h.35
reçu le 26 Avril à 23 h.55

.... contingents alliés débarqués dans les environs.

Je me suis rendu chez le Sous-Secrétaire d'Etat permanent au Foreign Office pour lui annoncer la visite à Londres du Général commandant en chef et j'ai demandé pour ce dernier une entrevue immédiate avec le Premier Ministre et avec le Premier Lord de l'Amirauté.

J'ai exprimé en même temps ma profonde surprise de la décision soudaine du Cabinet de Guerre. Je n'ai pas caché à mon interlocuteur l'impression désastreuse qu'elle allait produire à Paris et j'ai appuyé sur les conséquences incalculables qu'elle entraînerait non seulement au point de vue de la Scandinavie que nous pourrions considérer désormais comme perdue pour notre influence, mais au point de vue de tous les autres Etats neutres,......

CORBIN

AFFAIRES ÉTRANGÈRES
—
DÉCHIFFREMENT

TELEGRAMME A L'ARRIVÉE

DUPLICATA bis

E.
RÉSERVÉ
N° 1519   S P

LONDRES, le 26 Avril 1940 – 23 h.35
reçu le 26 Avril à 23 h.55

...... en particulier dans les Balkans, où tout le monde suit anxieusement les péripéties de la partie qui s'est engagée entre les Alliés et l'Allemagne. J'ai ajouté qu'il ne fallait se faire aucune illusion sur les effets qu'une pareille retraite, décidée avant même de livrer bataille, allait avoir sur l'attitude de l'Italie. Ainsi nous risquons de nous trouver paralysés en Méditerranée, coupés de nos Alliés éventuels et frappés au surplus d'un discrédit qui se propagera bien au delà de l'Europe et qui pèsera sur l'honneur même des armes alliées. Sir A. Cadogan n'a pas contredit ces arguments. (Il m'a) assuré que ces différentes considérations n'avaient pas échappé au Cabinet......

CORBIN

AFFAIRES ÉTRANGÈRES

DÉCHIFFREMENT

TÉLÉGRAMME A L'ARRIVÉE

DUPLICATA bis

J RÉSERVÉ **S P** D

LONDRES , le 26 avril 1940 à 23 h.
reçu le 26 à 23 h. 25

N° 1520

............de guerre ; mais qu'elles n'avaient pas modifié sa détermination en raison de l'impossibilité pratique de s'opposer aux attaques aériennes allemandes, qui entravent les débarquements de troupes et de matériel Comme je lui parlais d'une tentative navale pour forcer le fjord de Trondjem, suivant le plan initialement prévu par les Etats-Majors Alliés, il m'a répondu que ce projet n'avait pas été perdu de vue, mais qu'on y avait finalement renoncé, parce que même si l'opération devait réussi r(,) il serait vain de compter pouvoir se maintenir à Trondjem (tant que) les Allemands disposeraient des ....

CORBIN

AFFAIRES ÉTRANGÈRES

DÉCHIFFREMENT

TÉLÉGRAMME A L'ARRIVÉE

DUPLICATA bis

S P

RÉSERVÉ

LONDRES, le 26 avril 1940 à 23 heures.
reçu le 26 à 23 h. 45

N° 1521

..............facilités que leur assure la possession de tous les champs d'atterissage disponibles en Norvège. On évalue à plus de 600 le nombre des avions de combat allemands qui opérent en Norvège, sans parler des appareils de transport. En outre, il semble que l'ennemi ait réussi à installer ou à rétablir des batteries côtières le long du fjord de Trondjheim qui rendraient l'attaque navale très aléatoire.

Sir A. Cadogan a ajouté que si le Général Gamelin pouvait suggérer d'autres dispositions qui nous permettent de remédier à l'infériorité où nous sommes alles seraient examinées avec le plus grand empressement.

CORBIN

Dokument Nr. 44*)

RÉSERVÉ - SECRET

NEUVIEME REUNION DU CONSEIL SUPREME.
(Londres, 27 avril 1940).

Assistaient à la séance:

<u>du côté anglais:</u>

Mr. Neville Chamberlain.
Lord Halifax.
Mr. Winston Churchill.
Sir Samuel Hoare.
Mr. Oliver Stanley.
Sir Dudley Pound.
Sir Edmund Ironside.
Sir Cyril Newall.
Sir Alexander Cadogan.
Sir Edward Bridges.
Colonel Hollis.
Captain Berkeley.

<u>du côté français:</u>

S.E. M. Reynaud.
M. Daladier.
M. Campinchi.
M. Laurent Eynac.
M. Corbin.
Général Gamelin.
Amiral Darlan.
Général Vuillemin.
Général Mittelhauser.
Général Lelong.
Général Decamp.
Capitaine de Vaisseau Auphan.
Lieutenant-Colonel Villelume
Lieutenant-Colonel Poidenot.
Capitaine Chollat-Traquet.
Commissaire Principal Fatou
Lieutenant de Margerie.
M. de Charbonnière.

S.E. le Comte Raczynski.
S.E. M. Colban.

*) Der hier im Faksimile wiedergegebene Dokumententeil entspricht dem auf Seite 100 abgedruckten Auszug.

Après avoir souhaité la bienvenue aux représentants français et rappelé que les dernières délibérations du Conseil Suprême, tenues le 22 et le 23 avril, avaient fait apparaître un accord complet des deux gouvernements en ce qui concerne les mesures à prendre en Norvège, M. Neville Chamberlain indique qu'il désire expliquer brièvement les circonstances qui ont depuis lors complètement modifié la situation et dont M. Corbin a dû d'ailleurs informer le Gouvernement français.

Les Alliés étaient parvenus à débarquer environ 13.000 hommes, y compris la 1° section du contingent de chasseurs alpins, à Namsos et à Andelsnes sans la perte d'un seul homme. Sur le front sud, un détachement avait pu pousser jusqu'à Lillehammer et entrer en contact avec les Norvégiens. Sur le front nord, les contingents anglais avaient atteint Steinkjer. Ces mouvements s'étaient effectués sans rencontrer de résistance ennemie.

Les plans mis sur pied prévoyaient le renforcement régulier de ces deux groupes et l'on espérait pouvoir exécuter une manoeuvre d'encerclement sur Trondhjem, prendre la ville entre les tenailles des deux armées et finalement s'en emparer.

Avant son départ pour Paris lundi dernier, le Premier Ministre avait appris qu'une attaque aérienne avait été effectuée le samedi précédent sur Namsos et que la ville et la tête de ligne de chemin de fer avaient été détruites. Ces nouvelles avaient vivement préoccupé le Gouvernement anglais, mais, au cours de la même journée, celui-ci avait reçu deux autres communications, d'un caractère nettement plus encourageant. La première était un appel à l'aide du Commandant allemand de Trondhjem, intercepté par les autorités anglaises. La deuxième était l'annonce que le transport "Ville d'Alger" s'était representé devant Namsos et avait pu débarquer les troupes qui étaient à son bord. Le Gouvernement britannique en avait déduit que le premier rapport concernant le bombardement du samedi avait été probablement exagéré.

A ce moment la situation paraissait donc être la suivante: un certain revers avait été subi à Namsos. Mais Andelsnes n'avait pas été sérieusement bombardée. Autrement dit, au nord de Trondhjem, notre avance marquait un temps d'arrêt, mais au sud la situation semblait évoluer d'une manière satisfaisante.

M. Neville Chamberlain et ses collègues avaient toujours considéré que l'affaire de Norvège était pleine de risques et de périls. Ils n'avaient jamais pensé que son succès fût assuré. Au cours du dernier Conseil Suprême, l. Chamberlain lui-même avait noté que les Alliés ne pouvaient espérer renforcer leurs troupes en Norvège à un rythme aussi rapide que les Allemands. Le Premier Lord de l'Amirauté avait, de son côté, exprimé de sérieux avertissements en ce qui concerne l'avenir de l'expédition, et il avait déclaré qu'il ne fallait pas se dissimuler que l'opération était extrêmement hasardeuse.

Néanmoins, à ce moment, on n'éprouvait à Londres aucune inquiétude sérieuse. On s'apprêtait à mettre à exécution les plans prévoyant le débarquement de nouveaux contingents et l'envoi de matériel, notamment de batteries anti-aériennes. Un malheureux accident s'était bien produit: le torpillage d'un bateau transportant du matériel de transport et des canons Bofors destinés à Andelsnes, mais on avait toujours pensé qu'il y aurait quelque accident de temps à autre et on ne s'était pas frappé outre mesure de celui-là.

Malheureusement, la situation n'a pas tardé à empirer très rapidement. Le même soir, on a appris à Londres que la colonne du Général Carton de Wiart s'était heurtée à des forces allemandes et avait dû se retirer avec des pertes considérables. Le rapport indiquait que les Anglais avaient agi seuls et sans se tenir en liaison avec les contingents français qui avaient également débarqué à Namsos. Des rapports ultérieurs expliquèrent que les Anglais s'étaient portés en avant à peine débarqués tandis que les Français avaient été dans l'incapacité de les rejoindre à cause du bombardement du 20 qui avait détruit une partie de leur matériel et de leurs stocks de munitions.

Puis vint la nouvelle de bombardements aériens répétés sur le front sud. Puis la nouvelle, encore plus inquiétante, d'après laquelle la brigade qui avait poussé jusqu'à Lillehammer avait dû se retirer devant des forces allemandes puissamment armées et en particulier abondamment pourvues d'artillerie et de tanks. Enfin, l'on sut que d'importantes forces allemandes s'avançaient le long de la ligne orientale de chemin de fer qui unit Oslo à Trondhjem. Sur cette ligne, elles étaient parvenues à couvrir 70 kilomètres en quarante-huit heures.

Tous les rapports reçus de Londres soulignaient les effets destructeurs des bombardements aériens auxquels les Allemands procédaient d'une manière constate et l'avantage énorme que leur conférait leur supériorité aérienne. Cette supériorité s'affirmait parce que les Anglais étaient dans l'impossibilité d'amener leur aviation de chasse en Norvège. Ils ne disposaient pas en effet de terrains d'atterrisage où se ravitailler. Tout ce que pouvait faire la Royal Air Force c'était d'aller chaque nuit bombarder, avec des forces considérables, les aérodromes de Stavanger, d'Oslo ou d'Aalborg, celui-ci étant, comme on le sait, la base de départ des avions-transports de troupes allemandes.

Ces attaques n'ont pas été sans donner de résultats. D'importants dommages ont été causés aux aérodromes et de nombreux appareils ennemis ont été détruits. Mais il faut bien se rendre compte que le nombre d'avions de bombardement que les Allemands utilisent en Norvège représentent à peine le dixième de leurs forces totales, les 9/10èmes restant tranquillement en Allemagne. Au contraire, l'aviation britannique doit utiliser presque la totalité de ses forces et elle subit chaque jour des pertes qui, si elles sont assez faibles pour chaque opération, n'en finissent pas moins, lorsqu'on les additionne, par faire un total qui devient préoccupant.

Autrement dit, il est devenu de jour en jour plus clair que des opérations qui, pendant la dernière guerre, auraient été relativement simples, se heurtent aujourd'hui à des difficultés presque insurmontables du fait des attaques aériennes dirigées non pas tant contre les troupes elles-mêmes que contre leurs bases. Ce matin encore, le Gouvernement anglais a appris qu'un bombardement d'Andelsnes avait atteint la dernière jetée intacte du port et que celle-ci avait été sinon complètement détruite, du moins sérieusement endommagée.

C'est réellement un problème terrible que d'essayer de manoeuvrer un Corps Expéditionnaire lorsque l'ennemi possède la maitrise de l'air.

A l'heure actuelle, la position est la suivante: sur le front de Namsos, les débris de la brigade anglaise ont pu établir leur liaison avec les chasseurs alpins français. Sur ce front, les Allemands ont cessé d'avancer et se sont retranchés dans les environs de Steinkjer. La situation sur ce front est donc stationnaire et il y a là un point fixe, du moins pour le moment. Le général Gamelin a fait des suggestions concernant la meilleure manière d'utiliser cet élément. Il envisage notamment de le retirer progressivement vers le nord de manière à protéger la région de Narvik. Ces suggestions auront à être discutées par les experts militaires, mais elles sont certainement dignes d'être examinées.

Dans le sud, les Anglais reculent le long

de la ligne occidentale de chemin de fer Oslo-Trondhjem. Il convient de noter que les deux lignes qui unissent ces deux villes sont séparées par une chaîne de montagnes et que les Anglais n'ont jamais pu atteindre la ligne orientale. Celle-ci est en revanche tenue par les Norvégiens et on espérait que ces derniers pourraient au moins effectuer des destructions de nature à retarder l'avance allemande. Pour une raison ou pour une autre, il semble que ces destructions n'aient pas été opérées et les Allemands avancent rapidement. Ils ont déjà dépassé Roeros, c'est-à-dire qu'ils sont maintenant près de Stoeren, point de jonction des deux lignes. Lorsqu'ils auront atteint ce point, ils auront effectué leur jonction avec leurs troupes de Trondjhem et menaceront l'embranchement de Dombas. Cet embranchement est actuellement tenu par les troupes anglaises qui ont été renforcées par la 15ème brigade d'infanterie de l'armée régulière débarquée à Andelsnes. La question qui se pose est de savoir quels ordres il convient de donner à ces troupes.

      Ces divers renseignements n'ont été connus à Londres que dans la journée de jeudi. Jusque là on n'avait reçu que des informations fragmentaires qui ne permettaient pas de se faire une idée exacte de la situation. Maintenant, en revanche, il est évident que la situation empire de jour en jour. Les Anglais sont découragés devant l'échec des efforts qu'ils avaient entrepris pour répondre aux attaques aériennes allemandes. Ils avaient espéré pouvoir utiliser un lac gelé comme terrain de départ pour des avions de chasse

18 de ces avions ont pu y atterrir. Mais ils ont été bombardés par les Allemands avant d'avoir même commencé à opérer. L'Amirauté a à son tour fait une tentative désespérée. Deux porte-avions ont été amenés à 100 miles de la côte norvégienne et 35 appareils ont été lâchés contre les bombardiers allemands. Ils ont accompli leur mission et ont abattu un certain nombre d'ennemis, mais 10 des avions anglais ont été perdus, soit presque un tiers. Il est évident que les appareils de chasse embarqués sur des porte-avions ne peuvent pas avoir des performances semblables à ceux qui agissent à partir d'une base terrestre.

Le Gouvernement britannique est ainsi arrivé à la conviction qu'il n'est pas possible de faire face aux exigences de la situation aérienne en opérant depuis des bases distantes de plusieurs centaines de miles. En fait, l'aviation anglaise agit, en Norvège, à peu près à la limite du rayon d'action que lui permet la capacité des réservoirs d'essence de ses appareils. La seule manière de lutter à armes égales avec l'aviation allemande serait d'établir un aérodrome sur place. Malheureusement les Alliés ne disposent en Norvège d'aucun aérodrome et un tel terrain ne s'improvise pas.

Les conséquences de tout ceci est qu'il est pratiquement impossible de débarquer du matériel lourd par suite d'une part de la destruction des appontements et, d'autre part, du fait que les nuits, seul moment où l'opération serait éventuellement possible, sont maintenant de plus en plus courtes dans cette région nordique. Il n'est donc plus possible d'envisager la prise de Trondhjem. Il croit savoir que ce point de vue est partagé par le Général Gamelin.

Sans doute cette conclusion est-elle différente d'une décision d'évacuation. Tout en estimant la prise de Trondhjem impossible, le Gouvernement britannique n'en reconnaît pas moins la nécessité de poursuivre la lutte sur ce front aussi longtemps que possible. Il se rend compte en effet des conséquences extrêmement sérieuses que ne manquerait pas d'avoir une évacuation. Il ne peut cependant s'empêcher d'être sceptique sur le temps pendant lequel il sera possible de conserver des forces dans cette région. Le Général Gamelin a fait à ce sujet des suggestions. Celles-ci sont actuellement examinées par les experts militaires. C'est à ceux-ci et non à des civils de décider ce qu'il convient de faire à la lumière des possibilités pratiques.

Le Premier Ministre répète que, l'opération d'évacuation se produisit-elle plus tôt ou plus tard, l'effet en sera certainement des plus fâcheux.

La situation est toute différente à Narvik. Ce point a toujours été considéré comme essentiel puisque c'est l'accès aux gisements de mines de fer suédois et que l'interdiction aux Allemands de cette source de ravitaillement constitue un des principaux objectifs des Alliés. Pour le moment, les opérations à Narvik sont arrêtées par le temps qui est épouvantable. Une neige épaisse recouvre toute la région et des tempêtes de neige ne cessent de se succéder.

Toutes dispositions n'en ont pas moins été prises pour procéder à une vigoureuse attaque aussitôt que les conditions atmosphériques le permettront. Cette attaque visera à s'emparer de la ville et à pousser les troupes vers la frontière suédoise avec l'aide des chasseurs alpins français.

Le gouvernement britannique se rend compte qu'il est nécessaire de procéder à cette attaque dans le plus bref délai possible. Un succès allié à Narvik, au moment où nous nous retirons dans le sud, démontrerait en effet la volonté et la force des Alliés.

On ne saurait toutefois contester que la situation en Suède est gravement affectée par l'avance des Allemands sur le flanc suédois. Le Gouvernement de Stockholm se trouve dans une piètre position pour résister à une pression allemande. Il est à craindre que les Allemands n'exercent une pression énergique sur le gouvernement suédois afin d'amener celui-ci à interdire aux Alliés, par des menaces, d'approcher la région minière. Il n'est donc pas certain que, même au cas où nous nous emparerions de Narvik, nous soyons en mesure de nous assurer des mines de fer. Il n'est pas douteux que si les Alliés pouvaient en gagner le contrôle, ce serait là un coup très dur pour l'Allemagne. L'effet, cependant, ne serait pas aussi immédiat que celui résultant d'une action contre les sources de ravitaillement du Reich en pétrole.

Le Premier Ministre est entièrement d'accord avec l'exposé que M. Corbin a fait la veille des conséquences politiques et psychologiques qui résulteraient d'une évacuation de la Norvège par les Alliés. La conséquence certaine en serait un profond découragement chez tous les neutres, qu'il s'agisse des Pays-Bas ou des Pays balkaniques. Quant à l'Italie, l'effet peut en être encore plus grave.

Au cours des dernières vingt-quatre heures, le Gouvernement britannique a reçu à ce sujet des renseignements d'une source qui a déjà parfois donné des indications exactes. D'après ces informations, la dernière réunion du Grand Conseil fasciste aurait été très mouvementée, mais, en fin de compte, M. Mussolini aurait rallié le Conseil à ses vues et il aurait été décidé que l'Italie entrerait en guerre le 1° ou le 2 mai et que son premier geste serait d'attaquer Malte et Gibraltar. L'allusion à ce dernier point laisse craindre au surplus qu'il n'existe quelque accord entre l'Italie et l'Espagne.

Il est donc possible que d'ici quelques jours les Alliés se trouvent en guerre non seulement contre l'Allemagne, mais également contre l'Italie.

Or il faut reconnaître que les ressources navales et aériennes des Alliés ne sont pas suffisantes pour mener à la fois une guerre en Scandinavie centrale et une autre contre l'Italie. L'entrée de l'Italie dans le conflit suffirait donc à nous obliger à renoncer à l'expédition de Scandinavie.

L'éventualité d'une attaque italienne contre les Alliés pose des questions qui n'ont pas été examinées au cours du dernier Conseil Suprême. A cette réunion, l'on avait envisagé une entreprise possible de l'Italie mais non pas des actes de guerre de sa part contre nous. On s'était donc borné à considérer les ripostes à effectuer à la suite d'une agression italienne contre la Yougoslavie ou contre Corfou et l'on avait décidé que les Alliés ne pourraient pas demeurer passifs.

M. Neville Chamberlain désire seulement, pour le moment, faire allusion à ce nouvel aspect de la question. Les Alliés ne doivent pas conserver les yeux braqués sur un point particulier. Il leur faut examiner la situation dans son ensemble. Le Gouvernement britannique a le sentiment que si le Conseil Suprême d'aujourd'hui décide qu'il n'y a pas moyen de maintenir les positions alliées dans la Scandinavie méridionale, il sera essentiel d'effectuer une riposte ailleurs. Cette riposte pourrait consister en une attaque dirigée contre le coeur même de l'Allemagne. Le Premier Ministre ne fait pour l'instant aucune proposition précise à ce sujet. Il se borne à poser la question et à suggérer qu'elle soit examinée. Parmi les objectifs possibles figurent les sources de ravitaillement de l'Allemagne en pétrole situées à l'intérieur même du Reich, la navigation rhénane, etc... On peut certainement trouver une riposte efficace, mais, encore une fois, M. Chamberlain s'abstient de présenter des suggestions précises pour le moment.

M. Paul Reynaud déclare que lui-même et ses collègues français sont très heureux d'avoir cette occasion de discuter franchement une situation aussi sérieuse que celle qui existe en Scandinavie. Cette situation,

M. Chamberlain l'a décrite d'abord en elle-même et ensuite en fonction d'une action italienne. Sur ce dernier point, le Président du Conseil ne peut s'empêcher de faire quelques réserves. Avec les Italiens on ne peut jamais écarter l'hypothèse d'un bluff.

En ce qui concerne la Scandinavie, les opérations des Alliés avaient deux buts: 1°) débarquer dans la région de Trondhjem des forces suffisantes pour soutenir la résistance norvégienne et produire un effet salutaire sur la Suède. Il s'agissait essentiellement de créer là un nouveau théâtre d'opérations sur lequel les Allemands épuiseraient leurs hommes, leur matériel, notamment leur aviation, et surtout leurs réserves, particulièrement celles d'essence. 2°) empêcher le ravitaillement de l'Allemagne en minerai de fer. A ce sujet, répondant à l'observation faite tout à l'heure par M. Chamberlain, M. Paul Reynaud remarque que le pétrole n'est pas à son avis plus important que le minerai de fer et qu'en tout cas les Alliés ne sont pas aussi bien placés pour agir en Roumanie qu'ils le sont par rapport à la Scandinavie.

Une retraite des Alliés de la Norvège centrale serait, il ne faut pas craindre de le dire, un véritable désastre au point de vue moral comme au point de vue politique. L'effet sur les Allemands, sur les neutres, sur les Alliés eux-mêmes, serait incalculable. Cependant, après avoir entendu l'exposé de M. Chamberlain, l'impression personnelle du Président du Conseil est la suivante: l'expédition en Scandinavie centrale, sur laquelle les

Alliés ont engagé non seulement des troupes importantes, mais aussi leur prestige, était basée sur une erreur technique. Il était impossible de la conduire sans disposer à la fois d'un port important et de bases aériennes. Sans l'un de ces éléments, l'opération aurait été déjà difficile. Mais, en étant privés des deux, on peut se demander si les Alliés avaient jamais eu la moindre chance de réussir.

Que faut-il faire dans ces conditions ? M. Paul Reynaud est d'avis d'essayer d'atteindre un double but: 1°) sauver la face dans la mesure malheureusement bien faible où la face peut encore être sauvée. Pour cela, ne pourrait-on pas détruire les bateaux allemands qui se trouvent à Trondhjem et s'efforcer, conformément aux suggestions du Général Gamelin, de maintenir dans le massif montagneux du sud des forces qui harcèleraient l'adversaire et montreraient que nous n'avons pas complètement lâché pied. 2°) sauvegarder Narvik. L'opération du nord est loin d'être désespérée. En fait elle doit réussir. Mais il faut se rendre compte que nous avons à faire à un adversaire très rapide, très mordant et qui, si nous abandonnons la partie dans le centre, jettera aussitôt toutes ses forces sur Narvik. Ne fût-ce que pour protéger l'entreprise sur ce port, il convient donc de maintenir certains éléments de résistance autour de Trondhjem. Serait-il techniquement possible, demande le Président du Conseil, de procéder à Trondhjem à une opération d'embouteillage comme celle qui a été effectuée pendant la dernière guerre à Zeebrugge ? D'autre part, il faut défendre la route d'ailleurs médiocre qui mène de Trondhjem vers Narvik. Le Général Gamelin estime que les forces qui ont été débarquées au nord de Trondhjem pourraient, en se retirant progressivement au nord de Namsos et en se retranchant au fur et à mesure qu'elles seraient contraintes à reculer, retarder considérablement l'avance des Allemands sur Narvik Il s'agit là d'un problème technique, mais il n'y en aurait pas moins intérêt à se mettre dès maintenant d'accord sur les deux formules proposées par le Général Gamelin en ce qui concerne l'action à tenter au sud de Trondjhem et celle à entreprendre à Namsos.

En ce qui concerne une opération contre les mines de fer, M. Paul Reynaud se demande s'il ne serait pas possible de faire au gouvernement suédois une offre analogue à celle qui avait été faite pendant la dernière guerre au gouvernement roumain et à la suite de laquelle les puits de pétrole de Roumanie avaient été détruits. On pourrait offrir aux Suédois une certaine somme d'argent en compensation de la destruction des mines de fer à laquelle nous serons peut-être obligés de procéder;

En effet, après être intervenus sans succès en Scandinavie pour la défense d'un pays libre, il serait particulièrement odieux pour les Alliés de violer purement et simplement un autre pays libre et l'offre d'une indemnité à la Suède pourrait amener ce pays à nous laisser agir contre les mines de fer.

Une autre question préoccupe le gouvernement français. Il est à craindre qu'en présence de la retraite des forces alliées, le Gouvernement norvégien ne se résigne à faire la paix avec l'Allemagne. Où se trouve actuellement le Roi de Norvège ? N'y aurait-il pas intérêt à lui proposer de le recueillir, ainsi que son Gouvernement, comme cela a été fait pour le gouvernement polonais ? Ce qu'il faut c'est montrer qu'il existe encore, aux côtés des Alliés, une entité norvégienne vivante et éviter un traité de paix entre la Norvège et le Reich.

Enfin, il ne faut pas se dissimuler que l'évacuation de la Scandinavie constituera un choc pour les opinions publiques française et britannique qui n'ont nullement été préparées à un tel revers. Il y aurait lieu d'harmoniser la présentation des nouvelles dans la presse des deux pays et M. Paul Reynaud suggere que des contacts soient établis d'urgence à ce sujet entre les deux Ministres de l'Information.

En conclusion, le Président du Conseil déclare qu'il est sûr d'exprimer non seulement son sentiment personnel, mais aussi celui de tous ses collègues et particulièrement de M. Daladier en demandant d'une manière instante d'une part que l'on sauve autant que possible la face en ne précipitant pas l'évacuation du sud, et d'autre part que l'on défende avec énergie la route de Narvik.

M. Neville Chamberlain répond tout de suite aux trois points précis soulevés par le Président du Conseil:

1°) en ce qui concerne une offre à la Suède pour amener ce pays à détruire les mines de fer, le Premier Ministre considère qu'il ne s'agit pas d'une question d'argent. En effet, le résultat de l'occupation de la Norvège par les Allemands sera que la Suède va être complètement coupée du monde extérieur. Elle ne pourra plus communiquer avec le dehors que par l'intermédiaire de l'Allemagne. C'est l'Allemagne qui lui fournira les produits dont elle a besoin et il est a peu près certain qu'elle exigera, en paiement, du minerai de fer. Peut-on s'attendre à ce que les Suédois acceptent de détruire le seul instrument d'échange qui leur sera reconnu par les Allemands ? Le précédent de la Roumanie était tout différent. Le gouvernement roumain a détruit les puits de pétrole après une invasion allemande. Si la Suède était envahie par les Allemands, elle consentirait vraisemblablement à une destruction des mines de fer, mais il est douteux qu'elle y consente dans aucune autre circonstance.

2°) En ce qui concerne le Roi de Norvège, la suggestion de M. Paul Reynaud est excellente. Le Premier Ministre ignore où se trouve le Souverain. Il est quelque part au sud de Trondhjem. Rien n'est en tout cas plus aisé que de se mettre en contact avec lui. L'idée du gouvernement britannique est la suivante: si, conformément à ses déclarations publiques, le Roi Haakon décide de rester en Norvège, on lui offrira de le transporter quelque part dans le nord, à Narvik, à Tromsoe ou ailleurs. Si c'est impossible, alors le gouvernement britannique lui offrira certainement l'hospitalité. Comme l'a dit le Président du Conseil, il est en effet essentiel de montrer que la Norvège existe encore, ne fût-ce que de nom.

3°) La suggestion de M. Paul Reynaud touchant une harmonisation de la présentation des nouvelles en France et en Grande-Bretagne est aussi excellente et le Ministre anglais de l'Information sera très heureux de se mettre en rapport avec son collègue français à ce sujet. Au reste la presse britannique a commencé dès ce matin à préparer l'opinion publique. Celle-ci avait été amenée à prévoir un succès allié. Mais les journaux de ce matin insistent sur les difficultés de l'entreprise et en particulier sur celle qui résulte de la supériorité aérienne de l'ennemi. Il s'agit non seulement de diriger la presse, mais aussi la B.B.C.

D'autre part, le Parlement britannique va se réunir mardi et demandera certainement une déclaration au Gouvernement. Si celui-ci doit parler en séance publique, il ne pourra évidemment que dire peu de choses. Mais il est probable qu'une séance secrète s'instituera à cette occasion et, dans ces conditions, le Gouvernement pourra s'exprimer avec plus de franchise et révéler la véritable nature des difficultés qui se sont produites. La dernière fois qu'une séance secrète a été tenue à Westminster, le secret a été bien gardé. Il n'en est pas moins évident que la décision touchant l'évacuation sera tenue secrète jusqu'à ce que l'opération ait été effectivement accomplie.

En ce qui concerne la question fondamentale des initiatives à prendre étant donné la situation en Norvège, le Président du Conseil a en somme exprimé le même avis que M. Chamberlain. Il faut d'une part sauver la face

d'autre part sauvegarder Narvik. Comment sauver la face ?
Le fjord de Trondhjem est déjà gardé par la flotte anglaise
Il ne se trouve d'ailleurs, à l'intérieur du fjord, qu'un
contre-torpilleur et un torpilleur allemand. Quant aux
suggestions du Général Gamelin, elles sont de la compétence
des experts militaires, mais elles correspondent dans
l'ensemble aux idées mêmes du gouvernement britannique.

M. Paul Reynaud se félicite de ce qu'un
accord de principe ait ainsi été réalisé en ce qui concerne
les propositions du Général Gamelin. Il appartient aux
experts militaires d'arrêter le détail de ces décisions.

Revenant sur sa suggestion d'une indemnité
à offrir à la Suède en compensation d'une destruction
éventuelle des mines de fer, le Président du Conseil observe
qu'il ne s'agit pas de savoir si le Gouvernement suédois se
prêtera volontiers à une telle opération. L'hypothèse que
M. Paul Reynaud avait en vue était celle où les Alliés
constateraient l'impossibilité de rester à Narvik et déci-
deraient de détruire eux-mêmes les mines. L'offre d'une
compensation serait destinée à atténuer le choc que cette
décision ne manquerait pas de provoquer chez les Suédois.

Le gouvernement français, conclut le
Président du Conseil, se rend compte de la gravité de la
situation. Il estime que plus la situation est grave et plus
il est nécessaire de maintenir étroite la solidarité franco-
britannique, et il est décidé à traduire cette solidarité
par des actes.

M. Neville Chamberlain demande alors à

M. Paul Reynaud si celui-ci désire faire quelque observation sur la question que le Premier Ministre a exposée à la fin de son exposé.

<u>M. Paul Reynaud</u> indique qu'il n'y tient pas pour l'instant.

Dokument Nr. 45

TÉLÉGRAMME AU DÉPART

PARIS, le 29 Avril 1940 à 13 h. 10   D SP

EUROPE

AMBASSADEUR FRANCAIS LONDRES - 1491à 1494

Situation en Norvège

S E C R E T

J'ai convoqué cette nuit l'Ambassadeur d'Angleterre pour lui faire part des renseignements que je venais de recevoir sur la situation dans la région de Namsos.

Ces indications de première main, recueillies sur place dans la journée de vendredi, présentent la situation sous un jour beaucoup plus rassurant que celles dont il a été fait état samedi à Londres, notamment en ce qui concerne l'installation et la protection de nos forces et les possibilités de débarquement des troupes et du matériel.

J'ai prié Sir Ronald Campbell d'en faire part immédiatement à Lord Halifax et de lui faire savoir que j'insistais vivement, dans ces conditions, non seulement pour qu'aucune décision mettant en cause le maintien du corps expéditionnaire à Namsos ne fût prise, mais pour que son renforcement en effectifs et en matériel fût poursuivi avec toute la célérité nécessaire.

Il résulte de votre télégramme 1536-38 qu'en ce qui concerne la région sud de Trondhjem les ordres d'évacuation auraient été donnés avant même que soit entièrement terminé l'examen technique interallié au résultat duquel la décision du Conseil Suprême les avait formellement subordonnés.

Il est indispensable d'éviter, en ce qui concerne la région ......

AFFAIRES ÉTRANGÈRES

AMPLIATION

CHIFFREMENT

Z   D

2.-

région de Namsos, une décision précipitée de cette nature et l'intervention, sous l'impression de difficultés locales passagères, de mesures d'ordre général qui influent sur l'ensemble de notre situation stratégique.

Veuillez intervenir d'urgence, dans ce sens, auprès de Lord Halifax. Vous ferez valoir également qu'il résulte de renseignements de la même source que l'entreprise allemande se heurte dans son exécution à des obstacles beaucoup plus grands que nous ne l'imaginons et qu'en matière d'aviation notamment, les pertes subies, du seul fait des entraves apportées par la nature du terrain et les conditions climatériques, sont proportionnellement considérables.

Nous devons/garder à la fois de sous-estimer les difficultés rencontrées par l'ennemi et de sur-estimer les nôtres. A Namsos, en particulier, un examen fait de sang-froid des différents éléments de la situation, permet de conclure à la possibilité d'établir un front suffisamment solide pour contenir toute extension de l'action allemande dans cette région et de contrebalancer par là-même, dans une certaine mesure, les conséquences morales et stratégiques de l'évacuation d'Andalsnes, si, après examen, celle-ci s'avérait comme inévitable ./.

PAUL REYNAUD

AFFAIRES ÉTRANGÈRES

DÉCHIFFREMENT

TÉLÉGRAMME A L'ARRIVÉE

DUPLICATA bis

RÉSERVÉ

A

LONDRES, le 29 Avril 1940 - 22 heures 20
reçu le 29 à 23 heures 05

N° 1548

RESERVE

RIGOUREUSEMENT SECRET.-

J'ai eu cet après-midi une entrevue avec le Secrétaire d'Etat auprès de qui, faisant état des indications contenues dans votre télégramme N° 1391-1394, j'ai insisté vivement afin que les opérations engagées dans la région de Namsom soient conduites avec le sang-froid et l'esprit de résistance nécessaires pour retarder aussi longtemps que possible toute progression allemande vers le Nord. Lord Halifax m'a donné connaissance de la substance des (instructions) envoyées par le Haut Commandement (paraissant), m'a-t-il assuré, répondre aux (recommandations) mêmes du Général Gamelin. Il a ajouté que si pénible qu'il puisse être d'abandonner certaines des positions.....

CORBIN

AFFAIRES ÉTRANGÈRES

DÉCHIFFREMENT

TÉLÉGRAMME A L'ARRIVÉE

DUPLICATA bis

L
RÉSERVÉ

A

LONDRES, le 28 Avril 1940 - 22 heures 20
reçu le 29 à 23 heures 05

N° 1549

........actuellement occupées l'impression produite par une retraite heureusement accomplie sera certainement infiniment moins fâcheuse que ne le serait la nouvelle de la défaite et de la capture d'une partie des contingents alliés, ce qui ne manquerait pas de (se) produire si les mesures d'exécution n'étaient pas prises en temps voulu.

Or, a poursuivi Lord Halifax, la situation reste critique à Andal(a)nes où tous les quais sont détruits et où l'on ne peut plus accéder (que) dans de petites embarcations. D'autre part, le Général Paget est en ce moment même engagé.....

CORBIN

TÉLÉGRAMME A L'ARRIVÉE   DUPLICATA bis

RÉSERVÉ   S P

LONDRES, le 29 Avril 1940 – 22 heures 20
reçu le 29 à 23 heures

N° 1550

... .dans une bataille dont on ne peut prévoir l'issue. Ses troupes ont été attaquées au sud de Dombas par un ennemi très supérieur en nombre. (Il n'est pas) possible par conséquent de savoir s'il réussira à se décrocher dans d'assez bonnes conditions pour achever son réembarquement. Il n'est pas douteux qu'aussitôt terminée la bataille d'Andalsnes, les opérations seront reportées plus au nord et qu'il serait difficile de réaliser la (nouvelle) organisation défensive prévue aux abords de Namsos si nous ne nous y prenons pas......

CORBIN

AFFAIRES ÉTRANGÈRES
—
DÉCHIFFREMENT

TÉLÉGRAMME A L'ARRIVÉE

DUPLICATA bis

RÉSERVÉ
L

S P

A

LONDRES. le 29 Avril 1940 - 22 h. 00
reçu le 29 à 23 heures

N° 1551

.... à temps.

J'ai remercié le Secrétaire d'Etat de ses indications en lui rappelant les sérieuses difficultés que rencontrent de leur côté les troupes (allemandes) et en (soulign)ant la nécessité pour le Commandement allié en Norvège de garder toute confiance dans nos ressources et nos capacités de résistance si nous voulons réussir pleinement l'affaire (de) Narvi(k) qui demeure notre principal objectif.

En ce qui concerne ce dernier point, le Secrétaire d'Etat m'a déclaré que l'Amiral Lord Cork continuait à recevoir des effectifs et du matériel et que (toutes) mesures étaient prises pour établir dans les parages (une) (solide) barrière de défense aérienne en attendant que les conditions atmosphériques permettent de passer à l'offensive./.

CORBIN

COPIE

LE DIRECTEUR POLITIQUE

30 Avril 1940
17 h. 50

N O T E

Situation en Scandinavie.
Démarche du Ministre de Norvège.

    Le Ministre de Norvège, qui avait demandé à être reçu d'urgence, est venu faire part au Département d'une communication télégraphique adressée de Stockholm par M. Hambro, Président du Storthing norvégien à M. Colban, Ministre de Norvège à Londres.

    Aux termes de ces instructions, M. Colban a été chargé de faire immédiatement "les représentations les plus pressantes et franches auprès du Gouvernement britannique au sujet de la situation extrêmement critique au point de vue psychologique en Norvège où se répand de plus en plus l'impression d'un manque de plan et d'une insuffisance de secours du côté britannique qui risquerait de forcer le pays à conclure n'importe quel arrangement avec l'Allemagne parce que l'aide apportée par l'Angleterre est totalement insuffisante.

    "On reproche notamment à l'Angleterre le fait que la flotte anglaise ne protège même pas les côtes occidentales norvégiennes et a permis aux Allemands d'occuper Hardanger et Voss, malgré de nombreux avertissements norvégiens. Aucun conseil compétent norvégien n'est écouté à Londres".

.....

"En Suède, le sentiment se répand que la défaillance du côté britannique rend nécessaire un accord avec l'Allemagne". M. Hambro ajoute que la Norvège doit décliner "toute responsabilité d'une catastrophe britannique en Norvège puisqu'aucun conseil norvégien n'est suivi".

La Communication du Président du Storthing se réfère en outre à un mémoire dont le contenu aurait été télégraphié à Paris par la Légation de France à Stockholm[1]

M. Bachke a précisé que sa Légation avait été chargée de faire connaître au Gouvernement français les vues de son Gouvernement sur la situation en Norvège.

M. Bachke a ajouté que l'on devait comprendre que le peuple norvégien voulait bien se battre, mais voulait aussi être soutenu par les Alliés. Il serait nécessaire que ses compatriotes sentissent que "l'on progresse et que les renforts continuent à débarquer". Le Ministre de Norvège croit savoir que le Général Gamelin avait conseillé de forcer les fortifications d'Andalsnes; ce serait là certainement un résultat substantiel, mais M. Bachke croyait savoir que cette suggestion avait été écartée à

---

(1) M. Bachke ignore la date de ce mémoire mais a précisé que ce document avait été remis à l'Amiral Evans.

Londres. En ce qui le concerne, il interprète la communication qu'il a reçue de M. Hambro comme témoignant d'un certain découragement.

Tout en enregistrant les déclarations du Ministre de Norvège, le Directeur politique a indiqué à plusieurs reprises que si les nécessités de la guerre pouvaient amener les Alliés à déplacer certains contingents, il n'était certainement pas question d'abandonner la Norvège. Bien loin de diminuer son effort, le Gouvernement français était décidé à poursuivre la lutte avec des moyens accrus.

———

M. Charvériat a donné à M. Bachke l'assurance que sa communication serait transmise sans délai à M. le Président du Conseil.

En quittant le Directeur politique, M. Bachke a indiqué qu'il se tenait à la disposition de M. Paul Reynaud si le Ministre désirait le voir personnellement./.

MINISTÈRE DE LA DÉFENSE NATIONALE ET DE LA GUERRE.

Cabinet du Ministre

Section de Défense Nationale

N° 99 f D.N.

LH/1
RÉPUBLIQUE FRANÇAISE.

Paris, le -1 Mai 1940

SECRET

LE MINISTRE DE LA DEFENSE NATIONALE
& DE LA GUERRE,

à

MONSIEUR LE GENERAL COMMANDANT EN CHEF, CHEF D'ETAT-MAJOR GENERAL DE LA DEFENSE NATIONALE Commandant en Chef les Forces Terrestres.

OBJET : Opérations en Méditerranée.

    Comme suite à la lettre de l'Amirauté N° 948 FMF 3 du 17 Avril dont vous avez reçu copie, j'ai l'honneur de vous faire connaître que je partage entièrement les vues de l'Amiral DARLAN sur l'intérêt primordial des occupations qu'il envisage en territoire Grec. La défense anti-aérienne de nos bases navales en cas d'opérations en Méditerranée orientale est également à prévoir.

    Vous voudrez bien en conséquence :

    a) donner les instructions nécessaires aux Commandants en Chef des Théâtres d'Afrique du Nord et du Moyen Orient pour la préparation des troupes nécessaires aux occupations projetées.

    b) faire connaître d'urgence à l'Amirauté les

... / ...

CONSEIL SUPÉRIEUR DE LA GUERRE
Etat-Major du Vice-Président
Arrivé le -2 MAI 1940
N° d'enregistrement 12551
Classement DN

modifications qui en découleraient éventuellement dans
l'établissement du plan de transport.

   c) donner des ordres ~~immédiats~~ pour la remise /éventuelle\ à la
disposition de la Marine des batteries de 90 C.A. de
la Région de PARIS, au fur et à mesure de leur remplacement
par des Batteries de 75 D.C.A modernes.

                    les cadres

Dokument Nr. 49

NORVEGE

Le Président du Conseil,
Ministre
des Affaires Étrangères

Paris, le

Norvège

Non envoyé sous cette forme. Transformé en télégramme le 19 Mai 1940.

Mon cher Premier Ministre,

Il y a un mois, lorsqu'après une longue étude et une discussion approfondie, nous avons décidé en commun la pose des mines dans les eaux territoriales norvégiennes, nous ne nous dissimulions ni l'importance de cette opération, ni les développements ultérieurs qu'elle était susceptible de comporter.

L'intérêt de l'enjeu était tel, qu'il nous paraissait mériter certains risques, et même des risques graves.

Les premiers résultats de la bataille navale qui s'est livrée au large des côtes norvégiennes, puis à Narvik, nous ont donné raison. Affirmant la valeur et la supériorité de la flotte britannique, apportant au monde la preuve que les Alliés étaient capables d'initiative, de courage et de ténacité, ils ont rallié la confiance des neutres, ébranlée par l'impunité dont avaient jusqu'alors bénéficié les agressions de l'Allemagne.

Depuis trois semaines, les regards du monde entier sont tournés vers la Norvège. De l'issue de la bataille qui se livre en Norvège dépendent les initiatives hostiles que certains préparent, et les gestes amicaux que certains craignent encore d'accomplir en notre faveur.

La puissance de l'aviation allemande nous a montré rapidement que cette opération capitale serait une opération difficile, coûteuse peut-être. Instruits par les premières expériences, nous avons décidé cependant, au Conseil Suprême du 22 avril, de la poursuivre et de la mener à bien.

Par la suite, sur les observations du Haut-Commandement anglais, nous nous sommes ralliés, au Conseil Suprême du 27 avril, à une formule plus prudente; nous prévoyions encore le maintien d'une "tête de pont" au sud de Trondhjem, l'établissement d'un corps expéditionnaire à Namsos, et enfin la conquête définitive de la région de Narvik. Nous insistions par ailleurs sur l'opportunité d'une attaque navale du port de Trondhjem. Ces dispositions devaient nous permettre de faire peser une menace constante sur les troupes ennemies établies à Trondhjem, garantir à la Suède un appui efficace en cas d'agression allemande et enfin de maintenir le prestige de nos armes.

Le Général Gamelin m'a fait savoir que dans la nuit du 27 au 28 avril, à la suite de nouveaux bombardements aériens, le Haut-Commandement anglais s'est décidé à abandonner définitivement toute la région de Trondhjem et même peut-être celle de Namsos. Au cours d'une ultime entrevue entre nos chefs militaires, le Général Ironside n'a pas modifié sensiblement sa position.

Le Général Gamelin affirme que les solutions qu'il a proposées et qui tendent au maintien des positions occupées était réalisables, non sans aléas évidemment. Mais il m'expose que les experts britanniques ont eu le souci profond de conserver intactes et de ne pas risquer dans des opérations où elles pourraient s'user, leur flotte et leur aviation.

la f. Britannique

Je comprends trop les sentiments qui vous animent, et j'apprécie trop le rôle et l'importance de la flotte et de l'aviation anglaises dans notre lutte commune, pour ne pas admettre qu'en ce domaine, votre jugement seul peut compter.

Je tiens à vous dire cependant que si vous décidez, quand il est encore temps, de revenir sur l'ordre de retraite, nous sommes prêts, aujourd'hui comme hier, à vous fournir toutes les ressources en hommes et en matériel qui nous permettraient d'affermir notre occupation.

Vous savez que d'ores et déjà les rumeurs défavorables sur la bataille de Norvège provoquent des réactions dans les pays neutres, en Suède aussi bien que dans les nations balkaniques. Aujourd'hui même, le Ministre de Norvège ne m'a pas caché que son Gouvernement pourrait être amené à traiter avec l'Allemagne.

Je crains aussi - c'est mon devoir de vous le faire connaître - un grave mouvement de l'opinion publique française.

La confiance qu'elle avait mise dans la flotte britannique était telle qu'il sera difficile de ne pas lui laisser croire :

- ou bien que cette flotte a subi, sans l'avouer, des pertes graves qui ont sensiblement amoindri sa puissance,
- ou bien que dans une bataille dont peut dépendre le sort de la guerre, cette flotte hésite à s'engager complètement.

De toutes mes forces, j'essaierai de combattre ces tendances, mais au nom de l'amitié qui unit nos deux peuples, je vous demande de réfléchir une fois encore à la gravité du problème qui se pose devant vous.

Dokument Nr. 50

P.A.
COMMANDEMENT EN CHEF
DES
FORCES TERRESTRES.
────────────
GRAND QUARTIER GÉNÉRAL.
────────────
ETAT-MAJOR.
────────
3e. Bureau.
────────

N° 911 /3.FT.

le 10 Mai 1940.

Le Général Commandant en Chef GAMELIN
Chef d'Etat-Major Général de la Défense Nationale
Commandant en Chef les Forces Terrestres.

à

Monsieur le Général Commandant en Chef
les Forces Françaises dans l'Orient Méditerranéen.

TRÈS SECRET

Par télégrammes N° 1429 à 1432 du 29 Avril, vous m'avez souligné la nécessité de soutenir la volonté de résistance des Puissances balkaniques par un concours de notre part aussi fort et immédiat que possible, et vous m'avez demandé que l'on profite du moment où la Méditerranée est encore libre pour vous envoyer dès maintenant les moyens de renforcement suivants :

2 Groupes de chasse au minimum
4 Groupes de bombardement,
2ème D.I.C.,
2 Bataillons de chars D.

J'ai l'honneur de vous faire connaître que dans sa séance du 6 Mai le Comité de Guerre, auquel la question avait été soumise, a décidé qu'il n'y avait pas lieu actuellement de diriger ces Unités sur le LEVANT pour les raisons suivantes :

.....

1°)   Il y a tout lieu de croire que si l'ITALIE ouvre les hostilités contre les Alliés, c'est qu'elle aura reçu au préalable l'assurance du concours allemand. La bataille risque, par suite, de s'étendre très rapidement au front du Nord-Est, et le cas échéant à celui du Sud-Est. C'est alors la bataille de FRANCE qu'il s'agirait pour nous de gagner, bataille pour laquelle la majorité de nos moyens sera nécessaire.

2°)   Le renforcement préalable du LEVANT ne paraît pas absolument nécessaire, car dans le cas envisagé d'hostilités avec l'ITALIE, il sera presque aussi difficile de faire des transports sur SALONIQUE en partant du LEVANT, que de les entreprendre à partir de la Métropole ou de l'AFRIQUE du NORD, d'une part en raison du faible débit du port de BEYROUTH, d'autre part parce que nous risquons initialement de ne pas pouvoir assurer la liberté des communications en Méditerranée et la protection aérienne des convois.

En ce qui vous concerne c'est donc la question du DODECANESE qui se pose.

Il ne pourrait donc y avoir intérêt à envoyer une division de renfort en Orient que si la TURQUIE admettait son stationnement dès à présent en THRACE.

Si je ne puis dans la situation actuelle, vous

.....

envoyer les renforts que vous me demandez, je prends par
contre dès maintenant toutes mesures nécessaires :

    a) pour hâter l'envoi au LEVANT des unités destinées à compléter votre Corps expéditionnaire et dont le transport est en cours d'exécution.

    b) pour pouvoir déclencher très rapidement, dans le cas où les circonstances seraient favorables, le transport de la Métropole à SALONIQUE d'une avant-garde fortement dotée en moyens antiaériens.

L'Amirauté a pris toutes dispositions pour diriger sur le LEVANT trois bâtiments de transport qui vous permettront de votre côté de jeter un premier paquet de forces en MACEDOINE.

Je me rends compte que ces différentes mesures ne vous donneront pas les moyens sur lesquels vous estimiez, à juste titre, pouvoir compter. Je crois par suite utile de vous exposer à nouveau dans une note annexe ci-jointe, au moins succintement, comment j'envisage votre action et l'emploi de vos forces expéditionnaires, compte tenu de la situation actuelle et des moyens dont vous disposez. Je vous serais reconnaissant de me faire savoir votre sentiment à cet égard.

J'ai demandé au Gouvernement de vous faire donner

le commandement dans les BALKANS sur l'ensemble des Forces alliées, et j'ai également demandé que la Méditerranée Orientale relève du Commandant en Chef des Forces Maritimes Françaises.

Je sais combien votre mission est difficile et délicate. Je suis certain que, si lourde soit-elle, vous la mènerez à bonne fin.

Le Général C^{dt} en Chef
les Forces Terrestres

Signé : GAMELIN

Dokument Nr. 51

M.O.
COMMANDEMENT EN CHEF
DES
FORCES TERRESTRES.
GRAND QUARTIER GÉNÉRAL.
ETAT - MAJOR.
3° BUREAU.

N° 1028 / 3.FT

Le 15 mai 1940.

SECRET

N O T E

Appellations conventionnelles.

Pour éviter des indiscrétions au sujet des mesures envisagées en ~~vue d'une occupation éventuelle de SALONIQUE~~ cas d'opérations en mer Egée ~~et des bases navales grecques~~, il a été convenu d'utiliser désormais dans les correspondances relatives à cet objet les mots conventionnels suivants :

pour SALONIQUE	=	HONDURAS
pour la CRETE	=	GUATEMALA
pour MILO	=	ARGENTINE
pour SALAMINE	=	CHILI
pour NAVARIN	=	COLOMBIE
pour ARGOSTOLI	=	BOLIVIE
pour GRECS	=	EQUATEUR
pour TURCS	=	BRESIL

Le Général WEYGAND, la Délégation française au Comité d'Etudes Militaires Interallié, l'Amirauté, le Commandement en Chef des Forces Aériennes ont été avisés de cette mesure.

CONSEIL SUPÉRIEUR DE LA GUERRE
Etat-Major du Vice-Président
Arrivé le 16 MAI 1940
N° d'enregistrement 13636
Classement

Pour le Général Commandant en Chef
des Forces Terrestres
Pour le Major Général
l'Aide Major Général
Signé : KOELTZ
P.O. Le Lt-Colonel ADJOINT
Signé LAGARDE

Destinataires :
Commandant en Chef (Cabinet)
Major Général.
Aide Major Général Directeur des Services (1° et 4° Bureaux)
Aide Major Général Opérations (3° Bureau)
Aide Major Général Section Interalliée.
Capitaine Combeaux (3° Bureau N.E.)

Dokument Nr. 52

P.C.XXX   15 mai   40

N° 528 Cab/D.N.   XXXXXXXXXXXXXXX
                     XXX LE GÉNÉRAL COMMANDANT EN CHEF GAMELIN
                          à AIR CHIEF MARSHALL NEWALL
                          -:-:-:-:-:- p/copie Gal Lelong.

     Comme suite à la demande faite par Gouvernement
français, je précise que le nombre de squadrons de chasse
nécessaire à envoyer sans délai sur les terrains de CHAMPA-
GNE occupés par la R.A.F. est de 10, étant à noter qu'en
                                        notamment
cas de conflit avec l'ITALIE nous serions obligés de faire
refluer une partie de notre chasse sur le sud-est de la
FRANCE et en finir.

     Nous fournirons le personnel nécessaire à l'aménage-
ment des terrains. Les questions de détail seront réglées
Copie cl Air   par entente directe entre le Général VUILLEMIN et le maréchal
BARRATT.

                                        Général GAMELIN.

CHIFFRÉ ET EXPÉDIÉ
le 15 mai 1940 à 18h 30
sous le N° par hadilon

Dokument Nr. 53

SECRET

P.C. XXX   16 Mai

N° 529   Cab/J.N.

XXXXXXXXXXXXXX
XXX GENERAL COMMANDANT EN CHEF GAMELIN
à GENERAL LELONG

POUR MONSIEUR WINSTON CHURCHILL.-

    Je me permets d'insister à nouveau pour vous demander l'envoi immédiat des dix Squadrons de chasse envisagés.-
    Situation très sérieuse.- Naturellement ces dix Squadrons seraient basés sur la BASSE-SEINE où ils sont à l'abri, et d'où vous pourriez facilement les reprendre.

                          Général GAMELIN

CHIFFRÉ ET EXPÉDIÉ
le 16 Mai 1940 à 10h30
sous lettres madelon

Dokument Nr. 54

P.C.   XXX   16 Mai   40

XXXXXXXXXXXXXX
XXX   Le Général Commandant en Chef GAMELIN
à Général LELONG

N° 531 CAB/D.N.

POUR Monsieur Winston CHURCHILL.-

    Je me permets d'insister à nouveau sur le fait qu'actuellement la mission essentielle de l'aviation britannique, comme de l'aviation française est l'action sur les troupes ennemies en agissant notamment sur leurs points de passage obligés.

                        Signé : GAMELIN

CHIFFRÉ ET EXPÉDIÉ
le 16 Mai 1940 à 14h 20
sous n° Madelon

Dokument Nr. 55

17 Mai

XXXXXXXXXXXXXXX
XXX LE GENERAL COMMANDANT EN CHEF GAMELIN
N° 533 Cab/D.N.
à GENERAL LELONG

Pour M. WINSTON CHURCHILL à son arrivée à LONDRES.

    Notre Armée GIRAUD est attaquée depuis ce matin au sud de MAUBEUGE. Les combats sont très durs. Les conséquences peuvent être considérables, non seulement pour la FRANCE mais pour l'ANGLETERRE. Cette direction menace notamment les communications de l'armée britannique. Je demande à nouveau l'action de l'aviation britannique sous toutes ses formes comme participation à la bataille. En particulier, le dépôt de mines magnétiques dans la MEUSE serait très efficace pour gêner les renforcements et les ravitaillements de l'ennemi.

                                     Général GAMELIN.

CHIFFRÉ et EXPÉDIÉ
le 17 Mai à 9h 45
sous lettre Madelin

PRESIDENCE DU CONSEIL

TRÈS SECRET

RÉUNION FRANCO-BRITANNIQUE DU 22 MAI 1940

-o-o-o-o-o-o-o-o-o-o-o-o-o-

M. Winston Churchill arrive au G.Q.G. vers midi, accompagné de l'Ambassadeur d'Angleterre, du Général Sir John Dill, du Vice-Maréchal de l'Air Pirs et du Général Ismay. M. Paul Reynaud est accompagné du Capitaine de Margerie. Le Général Weygand reçoit les deux Premiers Ministres dans la salle de son Etat-Major où se trouvent les cartes et demande au Colonel Simon d'exposer dans ses grandes lignes l'ordre de bataille des forces alliées.

Le Colonel Simon indique que 2 divisions françaises, commandées par le Général Fagalde, se trouvent à l'extrême nord, sur l'Escaut et en Zélande. Viennent ensuite les troupes belges jusqu'à Audenarde environ. Le corps expéditionnaire britannique se trouve plus au sud avec 4 divisions plus 3 divisions aux environs d'Arras. 2 divisions anglaises supplémentaires sont dans la région de Lille. La première armée française leur fait suite, flanquée du corps de cavalerie. Le Général Billotte, qui commande en chef les armées franco-anglo-belge dans le nord, est à l'hôpital à la suite d'un sérieux accident d'automobile, et a dû passer le commandement au Général Blanchard, lui-même remplacé par le Général Prioux, qui vient de se conduire remarquablement à la tête du corps de cavalerie.

.....

M. Winston Churchill fait alors remarquer qu'une colonne blindée allemande, partie d'Abbeville dans la matinée d'hier, a traversé Etaples dans la direction de Boulogne. Un officier anglais blessé, qui a vu défiler ces forces allemandes, les évalue à 4 ou 5.000 hommes environ. Une moitié environ de ce corps, qui se porte vers le nord, a été attaquée vers 16h.30 par l'aviation anglaise venue des Iles Britanniques et ainsi maintenue à Etaples. 2 bataillons de la Garde - les 2 dernières unités de l'armée active qui fussent encore restées en Angleterre -, ont été débarquées à Boulogne avec 48 canons anti-chars mobiles, pour organiser la défense de la ville contre d'éventuelles incursions allemandes. Des mesures ont été prises pour la protection de Calais et de Dunkerque, de telle sorte que l'on peut croire les trois ports à l'abri d'un raid analogue à celui qui s'est produit sur Abbeville.

Le Général Weygand confirme les indications données par le Premier Ministre. Il ajoute qu'il se trouve à Calais 3 bataillons d'infanterie française, et qu'à Dunkerque, le commandement est exercé par un Amiral particulièrement énergique, qui dispose des forces nécessaires à la protection de la ville.

Le Colonel Simon continue l'exposé général de la situation. La Somme ne paraît pas avoir été franchie au-delà de Ham; les Allemands disposent de diverses têtes de pont dont l'une à Péronne et l'autre au sud d'Amiens. Une armée française commandée par le Général Frère borde la région qui se trouve entre l'Oise et la Somme se concentre progressivement vers l'Ouest. Elle comprendra 8 divisions, dont 4 complètes, et dont

4 autres sont encore en train de débarquer. Elle a l'ordre d'attaquer vers le nord pour dégager la vallée de la Somme.

Plus à l'est se trouvent l'armée Touchon et l'armée Huntziger.

Quant aux armées allemandes, elles ont placé en première ligne, aux points sensibles, les divisions blindées; derrière ces unités se trouvent des divisions motorisées qui sont elles-mêmes suivies par les divisions normales du type hippomobile. Il semble qu'un certain nombre de divisions d'infanterie soit en train de s'organiser défensivement autour de Saint-Quentin.

Sur une question de M. Winston Churchill, le Général Weygand précise qu'il y a déjà de grosses masses d'infanterie ennemie au contact de l'armée Huntziger.

Il ajoute que nous avons assisté jusqu'ici et que nous assistons encore à une première attaque allemande menée suivant une formule inédite avec des moyens nouveaux. Il croit que cette première attaque sera suivie ultérieurement par une offensive du type classique, appuyée par des forces masses d'artillerie. Quand la première question aura été réglée, nous aurons donc à faire face à ce second problème qui ne sera pas moins ardu, d'autant plus qu'il y a tout lieu de prévoir de fortes entreprises de l'ennemi dans la direction du sud, contre les armées qui se trouvent à la ligne Maginot.

.....

Le Général Weygand expose ensuite, dans leurs grandes lignes, les conclusions auxquelles il est parvenu à la suite de son voyage au front

Le Commandant en Chef considère qu'il ne peut être question de demander à la masse anglo-franco-belge qui se trouve encore dans le nord et qui comporte plus de 40 divisions, de battre en retraite purement et simplement vers le sud, pour chercher à rejoindre le gros de l'armée française. Une telle manoeuvre serait vouée à l'échec, et ces troupes courraient, en pareil cas, à leur perte certaine. La situation commande, au contraire, que, sous la protection de l'armée belge qui assurerait leur couverture face à l'est et éventuellement au nord, les forces françaises et anglaises disponibles agissent offensivement vers le sud, dans la région de Cambrai et d'Arras, et dans la direction générale de Saint-Quentin, de façon à tomber dans le flanc des divisions cuirassées allemandes qui se trouvent actuellement engagées dans la poche de Saint-Quentin - Amiens. En même temps, l'armée française du Général Frère, concentrée au sud de la Somme, dans la région de Beauvais, pousserait vers le nord, de façon à accentuer la pression sur les éléments blindés de l'ennemi qui se trouvent dans la région d'Amiens, d'Abbeville et d'Arras. L'essentiel, c'est de soumettre ces éléments à une pression constante, de ne pas laisser les divisions cuirassées allemandes opérer de leur propre initiative, mais de les maintenir perpétuellement en mouvement, de leur infliger des pertes, de les menacer sur leurs arrières.

.....

C'est à cette condition seulement que le repli des armées de Belgique pourra s'effectuer utilement.

Dans la journée de la veille, le Général Weygand n'a pu malheureusement discuter de la question avec le Général Gort, qui se trouvait hors d'atteinte. Mais, en revanche, il a eu une longue conversation avec le Roi des Belges et avec son Etat-Major. En ce qui concerne le rôle de l'armée belge, le Commandant en Chef s'est trouvé en présence de deux conceptions différentes entre lesquelles le Roi, sur le moment, n'a pas pris parti. L'une, qui est celle du Général Weygand lui-même, consiste à demander à l'armée belge de se replier progressivement de l'Escaut sur l'Yser, tout en assurant la couverture des forces franco-britanniques qui agiront vers Saint-Quentin. En effet, l'armée belge, des bouches de l'Escaut à Audenarde, en passant par Gand, se trouve dans une position exposée où elle court de grands dangers, et l'appui qu'elle doit prêter au reste des armées du front occidental peut tout aussi bien être fourni de l'Yser, avec l'aide des inondations (que le Général Weygand a d'ailleurs donné l'ordre d'effectuer immédiatement).

L'autre conception a été exposée par le Général van Overstraeten, aide de camp du Roi Léopold. D'après celui-ci, le rôle de l'armée belge devrait être plutôt de rester sur ses positions actuelles, et, au besoin, de se séparer du reste des forces alliées, pour couvrir la côte, en un vaste demi-cercle, son ravitaillement pouvant être assuré par Ostende et Dunkerque. Pour justifier ce plan, le Général van Overstraeten a fait état

....

de la fatigue des troupes belges qui n'ont pas cessé de marcher depuis Maestricht et de leur état moral qui se ressent naturellement de cette longue retraite. Depuis que l'armée est arrivée sur l'Escaut et après un repos de 24 heures, elle s'est ressaisie, et l'a prouvé en repoussant brillamment, dans la journée du 21 Mai, deux tentatives allemandes pour franchir l'Escaut. Demander à ces troupes de reprendre leur mouvement de recul et d'abandonner la presque totalité du territoire national, ce serait, selon le Général van Overstraeten, les exposer à une nouvelle vague de démoralisation.

    Le Général Weygand s'est élevé très vivement contre cette conception. Il a fait observer que les forces des alliés constituaient un tout, que les Français et les Anglais s'étaient portés au secours des Belges en Belgique et que maintenant les Belges devaient continuer à combattre aux côtés des Anglais et des Français. Il a ajouté que le ravitaillement de l'armée du Roi, dans les conditions prévues par le Général van Overstraeten serait impossible et que les forces belges se trouveraient très rapidement condamnées, dans cette hypothèse, à la capitulation. Le Souverain n'a pas pris position dans la discussion. C'est seulement en rentrant au G.Q.G., une heure plus tôt, que le Général Weygand a su que le Haut-Commandement belge s'était rendu à son avis et avait décidé de se porter sur l'Yser, en deux temps, une première étape comportant un repli sur la Lys.

                                           .....

Dans ces conditions, continue le Général l'armée belge jouera le rôle de couverture que je lui ai assigné, pendant que les forces franco-anglaises agiront dans la direction du sud, étant appuyées sur leur droite par le corps de cavalerie français et, par le corps de cavalerie belge qui comporte un certain nombre d'éléments mécaniques et que le Roi envisage de mettre à la disposition du Commandement français.

Pendant tout l'exposé du Général Weygand, M. Winston Churchill et le Général Sir John Dill ont donné de nombreuses marques d'approbation et montré par leurs questions ou par leurs interruptions que leur propre conception de la bataille correspondait rigoureusement avec celle du Généralissime, notamment en ce qui concerne le rôle attribué à l'armée belge. Le Premier Ministre de Grande-Bretagne a répété à plusieurs reprises que le rétablissement des communications entre les armées du nord et celles du sud par Arras était indispensable; que les forces anglaises du Général Gort n'avaient plus que pour quatre jours de vivres; que tous les approvisionnements et tout le matériel de guerre du corps expéditionnaire britannique se trouvaient concentrés depuis Calais, le long de la côte, dans la direction de Saint-Nazaire; et que la pensée dominante du Général Gort avait été de maintenir ouverte cette voie de communication vitale pour lui. Aussi a-t-il commencé son mouvement dès avant-hier, en faisant glisser un certain nombre d'unités derrière ces lignes, vers sa droite, de façon à pou-

voir progresser en direction d'Arras et de Bapaume. Il s'agit
là d'une bataille essentielle pour l'avenir de la guerre, car
le ravitaillement des forces anglaises par les ports de la
Manche devient extrêmement aléatoire et, dans ces conditions,
la région de Cambrai - Saint-Quentin présente une importance
décisive.

(M. Winston Churchill indiquera un peu plus tard,
en privé, au Président du Conseil et au Général Weygand, que
les rapports du Général Billotte avec le Commandant en Chef du
corps expéditionnaire britannique ne donnaient pas entière satisfaction, le Général Gort, notamment, ayant été laissé sans
ordres pendant quatre journées consécutives. Le Général Weygand
annonce, à cette occasion, que le Général Billotte, rendu indisponible par un grave accident d'automobile, est remplacé
par le Général Blanchard.)

Faisant état de la pleine approbation que le gouvernement et l'Etat-Major britanniques viennent de donner à ses
projets, le Général Weygand formule ensuite, avec autant de fermeté et de précision que de courtoisie, deux revendications
fondamentales à ses yeux :

1°) Il est d'un intérêt capital pour le succès de la
bataille qui va s'ouvrir que l'aviation britannique - chasse et
bombardement - s'engage à fond sur le théâtre des opérations.
Elle vient de rendre à l'armée française, pendant les jours qui
précèdent, les services les plus signalés et elle a ainsi exercé
déjà l'action la plus heureuse sur le moral du fantassin, en
temps qu'elle a jeté le trouble dans de nombreuses colonnes

.....

allemandes qui avançaient vers le front. Parallèlement, elle a poursuivi une action importante contre certaines parties du territoire allemand, dans la Ruhr notamment, et elle a obtenu des résultats considérables en bombardant, à Hambourg, à Brême et ailleurs, les dépôts de pétrole et les raffineries ennemies. Etant donné l'importance de nos jeux, le Généralissime croit cependant nécessaire que la R.A.F. renonce provisoirement, pour quelques jours seulement, à ses expéditions lointaines pour agir constamment et immédiatement sur le front même ou aux abords du front. Il demande donc que l'aviation britannique reçoive l'ordre de multiplier ses efforts dans la région où se dérouleront les opérations prévues.

Le Vice-Maréchal de l'Air Peirse donne ensuite son sentiment à ce sujet. Il fait observer qu'une partie des escadrilles de bombardement britanniques (les Wellington notamment) ne peuvent guère travailler le jour, constituant des objectifs trop exposés. Il lui semble très important, d'autre part, que soient bombardés les ponts de la Meuse, par exemple, ou les noeuds de voies ferrées qui se trouvent à quelque distance de la ligne même des opérations, mais qui alimentent la bataille du côté allemand. Après un échange de vues entre lui et le Général Weygand, auquel s'associe M. Winston Churchill il est convenu qu'il sera donné satisfaction aux voeux du Généralissime et que les forces aériennes britanniques de la métropole s'emploieront tout entières dans la bataille. L'aviation de bombardement, qui ne trouve pas toujours d'objectifs très précis (ce fut le cas pendant les deux journées précédentes) sur la ligne de feu même, harcèlera les voies de communication situées entre le front et la Meuse, l'aviation de chasse (dont les appareils, venus d'Angleterre, ne peuvent guère passer plus de 20 minutes sur le théâtre des opérations) se relaiera par vagues successives.

2°) Le Général Weygand insiste ensuite sur les dangers qu'entraîne en ce moment pour la défense nationale l'afflux des réfugiés venus des Pays-Bas, de Belgique et de la France du nord. Les masses qui se déplacent sur les routes entravent les mouvements des troupes, permettent à des éléments allemands de se mêler à elles et, en plus, démoralisent les combattants. Il faut absolument que cet afflux cesse, qu'on ne laisse plus pénétrer personne sur le territoire français et que les colonnes de réfugiés qui se déplacent soient tenues à l'écart des grandes voies de communication pendant un certain nombre d'heures par jour, parquées dans les champs, et autorisées à circuler dans certaines conditions seulement. Le Général Weygand s'est montré très ferme à cet égard vis-à-vis du Roi des Belges et il espère que les gouvernements alliés adopteront la même attitude.

M. Winston Churchill et M. Paul Reynaud donnent leur complète approbation aux points de vues exposés par le Général.

Le Généralissime a ensuite indiqué brièvement qu'au cours de la soirée et de la nuit, il avait pu s'entretenir

....

avec trois officiers de l'Etat-Major de l'armée Giraud, qui lui avaient donné les indications les plus précieuses sur les méthodes employées par l'armée allemande dans la bataille, et qui, sur ses instructions, ont rédigé une brève note dont il est donné lecture.

  M. Winston Churchill en tire la conclusion qu'avec des méthodes appropriées et le sang-froid nécessaire, les attaques des éléments blindés allemands, même en collaboration avec l'aviation de bombardement, doivent pouvoir être contenues et qu'il s'agit maintenant de se cramponner partout, à tous les points que l'on occupe. Le Général Weygand ajoute qu'il faut également agir et que "partout où l'on attaque, on trouble quelqu'un".

  La conférence prend fin à 13 heures 15 ./.

17 heures.

Le Général Weygand rend visite au Président du Conseil et, à l'aide d'une carte qu'il a apportée avec lui, lui montre les conditions dans lesquelles s'engagera demain l'offensive prévue.

M. Paul Reynaud lui signale à cette occasion les bruits qui circulent déjà à ce sujet dans les milieux politiques et lui demande de bien vouloir renouveler autour de lui les ordres nécessaires pour que le secret de ses opérations soit pleinement gardé.

Le Général Commandant en Chef indique qu'aux éléments qu'il a fait connaître au cours de la matinée à M. Winston Churchill et à M. Paul Reynaud s'ajoute une indication plus favorable qu'on ne pouvait le croire d'abord : l'armée du Général Frère disposera demain, pour appuyer l'opération prévue dans le nord, d'unités plus nombreuses et plus importantes qu'on ne pouvait le croire il y a quelques heures seulement./.

TRÈS SECRET

CONCLUSIONS

DE LA CONFÉRENCE TENUE LE 22 MAI 1940

AU Q.G. DU GÉNÉRAL WEYGAND

entre M. Paul REYNAUD, Président du Conseil,

le Général WEYGAND,

et

M. WINSTON CHURCHILL, Premier Ministre de GRANDE-BRETAGNE,

le Général DILL,

l'Air Marshall PIERCE,

l'Amiral . . . .

Il a été convenu :

1°/- Que l'Armée Belge se retirerait sur la ligne de l'YSER et s'y maintiendrait, les écluses étant ouvertes.

2°/- Que l'Armée Britannique et l'Armée Française attaqueraient au Sud-Ouest en direction de BAPAUME et de CAMBRAI, au moment le plus rapproché possible - certainement demain - avec environ 8 Divisions.

3°/- Que, étant donné que cette bataille est vitale pour les deux Armées, et que les communications britanniques dépendent de la libération . . .

libération d'AMIENS, la Royal Air Force donnerait toute l'aide possible de jour et de nuit, tant que durera la bataille.

4°/- Que, le nouveau groupe d'Armées français qui s'avance vers AMIENS et qui forme une ligne le long de la SOMME, se porterait vers le Nord pour réaliser sa liaison avec les divisions britanniques attaquant vers le Sud, dans la direction générale de BAPAUME.

Dokument Nr. 57

TRÈS SECRET

COPIE DU TELEGRAMME ADRESSE
PAR M. WINSTON CHURCHILL à M. Paul RAYNAUD
POUR LE GENERAL WEYGAND

-:-:-:-:-:-:-:-:-:-

VU PAR LE GENERAL

Le Général GORT télégraphie que la coordination sur le Front Nord entre les Armées des 3 différentes Nations est absolument essentielle. Il dit qu'il ne peut pas assurer cette coordination car il mène déjà le combat au Nord et au Sud et ses lignes de communications se trouvent menacées. En même temps, Sir Roger KEYES me dit que, jusqu'à 3 heures de l'après-midi aujourd'hui (23 Mai), le G.Q.G. belge et le Roi n'ont encore reçu aucune directive. Comment ceci peut-il se faire, alors que vous m'avez affirmé que BLANCHARD et GORT travaillaient la main dans la main ? Je me rends parfaitement compte des difficultés des liaisons, mais, je ne trouve aucune coopération effective dans la conduite des opérations dans le Nord contre lesquelles l'ennemi concentre des troupes. Je suis sûr que vous ferez votre possible pour remédier à cet état de choses. GORT me dit en outre que, quelqu'avance qu'il fasse, ce doit être sous forme d'une sortie et qu'il est obligé d'attendre le secours du Sud car il n'a pas de munitions pour mener une attaque sérieuse. Néanmoins, nous lui donnons des instructions pour qu'il continue à suivre scrupuleusement votre plan '. Ici, nous n'avons même pas vu vos propres ordres et n'avons pas connaissance des détails de vos opérations dans le Nord.

Voulez vous avoir l'amabilité de nous envoyer tout ceci le plus tot possible, par la Mission Militaire Française

Tous nos bons souhaits

Dokument Nr. 58

COPIE 24 mai 1940

TELEGRAMME

adressé par M. PAUL REYNAUD

à M. WINSTON CHURCHILL

TRÈS SECRET

1°)- Le Général WEYGAND vous a exposé, avant-hier, à Vincennes, en ma présence, un plan que vous avez entièrement approuvé, ainsi que les Officiers qui vous accompagnaient.

2°)- Ce plan a été résumé par vous par écrit. Le Général WEYGAND vous a fait savoir qu'il approuvait ce résumé.

3°)- Le Général WEYGAND connait toutes les difficultés de la situation, mais il pense qu'aucune autre solution n'est possible, que l'exécution de ce plan, quitte à l'adapter aux difficultés du moment, en infléchissant, par exemple, la marche vers le sud-ouest, l'aile droite allant sur la Somme en aval d'Amiens. En conséquence, il a réitéré, ce matin, l'ordre d'exécuter ce plan. Les armées encerclées doivent donc faire un effort désespéré pour aller donner la main aux forces françaises qui marchent du sud au nord, en s'efforçant de déboucher de la Somme et notamment d'Amiens.

4°)- Il est urgent de ravitailler l'armée GORT par Dunkerque, qui est protégé par les deux divisions FAGALDE.

....

5°)- Il est très désirable que vous envoyiez dans les ports des troupes comme vous l'avez fait hier pour Calais.

6°)- Le Général WEYGAND a constaté avec surprise que, contrairement à ce plan, Arras a été évacué hier par les troupes anglaises.

7°)- La liaison du Général WEYGAND avec l'armée belge est assurée. Il a appris hier soir que les Belges ont repoussé de petites incursions et que leur moral était excellent.

8°)- L'impossibilité de communiquer directement avec BLANCHARD, Commandant en Chef des trois armées belge, GORT et BLANCHARD, ne permet pas au Général WEYGAND de vous répondre au sujet du manque de liaison entre BLANCHARD et GORT, mais, communiquant directement avec l'armée belge, il a la conviction que ses ordres ont atteint BLANCHARD, et, par lui, GORT. La preuve de la coopération entre BLANCHARD et GORT parait résulter du fait que, la nuit dernière, une division française a relevé une division anglaise.

9°)- Le Général WEYGAND apprend à l'instant l'évacuation des éléments lourds de l'armée anglaise du Hâvre, ce qui provoque un grand trouble moral à l'arrière. Il est surpris, comme je le suis moi-même, de n'en avoir pas été avisé au préalable.

.....

10°)- Vous penserez comme moi que le commandement unique s'impose, plus que jamais, en ces heures tragiques, et que les ordres du Général WEYGAND doivent être obéis.

11°)- Le Général WEYGAND a la conviction que son plan ne peut réussir que si les armées belge, BLANCHARD et GORT, sont animées de la volonté farouche de faire une sortie qui, seule, peut les sauver ./.

Dokument Nr. 59

24 Mai 1940

SECRET

(remis à Sir Ronald H. Campbell en mains
propres par le Capitaine de Margerie, à
21 heures, le 24 Mai 1940)

Texte d'un message adressé ce jour par M. Paul REYNAUD

à M. Winston CHURCHILL

—:—

" Vous m'avez télégraphié ce matin que vous avez donné
pour instructions au Général GORT de persévérer dans l'exécution du plan WEYGAND.

Or, le Général WEYGAND m'apprend, d'après un télégramme
du Général BLANCHARD, que, contrairement aux ordres formels
confirmés ce matin par le Général WEYGAND, l'armée anglaise
a décidé et exécuté un repli de 40 km dans la direction des
ports, alors que nos troupes, parties du sud, gagnaient du
terrain vers le nord à la rencontre des armées alliées du nord

Ce repli a naturellement contraint le Général WEYGAND
a modifier tout son dispositif ; Il se voit donc obligé à
renoncer à fermer la brèche et à rétablir un front continu.
Il est inutile d'insister sur la gravité des conséquences qui
peuvent en découler ."

SECRET

Dokument Nr. 60

MESSAGE DE M. WINSTON CHURCHILL POUR M. PAUL REYNAUD
REMIS PAR M. MACK à 18 h.10 LE 25 MAI 1940

*Porti par Cap. de Winter
au Cab. du Ministre
le 25.5.40 à 18h55*

" Mon télégramme de la nuit dernière vous a dit tout ce que nous savions ici et, jusqu'à présent, nous n'avons rien appris de Lord GORT qui le contredise. Mais je dois vous dire qu'un Officier d'État-Major a fait un rapport au War Office confirmant le retrait des deux divisions de la région d'ARRAS que votre télégramme mentionnait. Le Général DILL, qui doit se trouver avec Lord GORT, a reçu pour instructions d'envoyer par air, dès que possible, un officier d'État-Major. Dès que nous saurons ce qui est arrivé, nous vous en donnerons entièrement connaissance. Il est clair cependant que l'armée du nord est pratiquement encerclée et que ses communications sont coupées, excepté par DUNKERQUE et OSTENDE. "

Dokument Nr. 61

COMITE DE GUERRE du Samedi 25 Mai 1940
-:-:-

Y assistaient :

M. le Président de la République,
M. Paul REYNAUD, Président du Conseil,
le Maréchal PETAIN, Vice-Président du Conseil,
M. CAMPINCHI, Ministre de la Marine,
M. LAURENT-EYNAC, Ministre de l'Air,
M. ROLLIN, Ministre des Colonies,
le Général WEYGAND,
l'Amiral DARLAN,
le Général VUILLEMIN,
le Général BUHRER,
M. Paul BAUDOUIN, Secrétaire du Comité de Guerre.

•
• •

La séance est ouverte à 19 heures.

•
• •

Le Président du Conseil indique que le Comité de Guerre a été réuni pour entendre un exposé du Général WEYGAND sur la situation militaire et examiner les diverses hypothèses qui peuvent se présenter.

Le Général WEYGAND prend la parole.

Il déclare qu'il va faire un tableau en deux parties de la situation militaire actuelle : Première partie, région du Nord. Deuxième partie, le front depuis la Somme jusqu'à la Suisse.

I - **Région du Nord** -

Le Général WEYGAND décrit brièvement l'action des deux armées françaises engagées en Belgique, comment après la crevaison du front dans la région de Maestricht les premiers éléments battirent en retraite, comment ensuite la 9ème Armée (Général CORAP) forte de 9 divisions céda sur la ligne de Namur à Sedan inclus. Les débris de cette armée refluèrent, soit sur l'armée HUTZINGER à droite, soit sur l'armée BLANCHARD à gauche, ou en désordre vers l'arrière. L'effondrement de l'armée CORAP ouvrit un grand trou dans le dispositif français. Les Allemands se portèrent immédiatement en direction de la mer. Ils trouvèrent les routes libres et leurs éléments blindés ne rencontrèrent aucune résistance sérieuse. Ils sont parvenus à séparer du reste de l'armée française le Groupe d'armées N° 1 placé sous l'autorité du Général BILLOTTE, dirigé depuis trois jours par le Général BLANCHARD, et qui comprend : l'armée belge : 20 divisions, l'armée anglaise : 8 divisions, la Ière armée française : 8 divisions plus le corps de cavalerie, soit un total de 38 divisions.

Depuis sa prise de commandement, lundi matin, le Général WEYGAND essaie en vain de débloquer ces armées. Aujourd'hui, la situation est devenue très grave. Ce groupe d'armée fait face à l'ennemi à l'est, à l'ouest et au sud et le terrain qu'il occupe est si étroit qu'il ne permet pas un déploiement convenable des forces. Une attaque est préparée par le Général BLANCHARD, Commandant le groupe d'armée. Elle doit être entreprise dans la nuit du 26 au 27 et poursuivie dans la direction de Bapaume le 27 au matin.

"Quels en seront les résultats, déclare le Général WEYGAND, je l'ignore. Mon dernier télégramme envoyé cet après-midi au Général BLANCHARD le laisse libre de ses mouvements et lui prescrit de sauver avant tout l'honneur des drapeaux dont il a la garde. J'ai donc le devoir, continue le Général, d'envisager le pire, c'est-à-dire ce qui se produirait si nous ne disposions plus des troupes qui constituent le groupe d'armée du Nord. J'ai envisagé cette hypothèse dans mes conversations avec le Président du Conseil."

M. Paul REYNAUD, Président du Conseil, interrompt le Général pour lui donner connaissance d'un télégramme qu'il a reçu cet après-midi de M. CHURCHILL, Premier Ministre de Grande-Bretagne. Ce télégramme confirme le retrait de 2 divisions britanniques dans la région d'Arras, qui a mis en péril l'exécution du plan arrêté mercredi dernier par le Général WEYGAND en complet accord avec le Premier Ministre de Grande-Bretagne et le Chef du Gouvernement français. M. CHURCHILL, continue M. Paul REYNAUD, reconnaît dans son télégramme que l'armée du nord est pratiquement encerclée et que ses communications sont coupées sauf par Dunkerque et Ostende.

Le Général WEYGAND reprend son exposé et aborde maintenant la deuxième partie, celle se rapportant au reste du front.

La ligne tenue par les troupes françaises comprend la Ligne Maginot, les fortifications qui suivent jusqu'à Montmédy, l'Aisne, l'Ailette, le Canal Crozat et la Somme jusqu'à la mer.

"Ce redressement, déclare le Général, a été conçu et en partie exécuté avant mon arrivée. Je ne puis qu'approuver sur ce point les instructions données par mon prédécesseur. Un front continu a été ainsi réalisé, ou plutôt est en voie d'achèvement car la plupart des divisions ont été mises en ligne entre le 20 et le 24 Mai. Une ligne de défense nouvelle d'environ 280 kms de long est ainsi en formation. Pour la tenir, quelles sont les disponibilités de l'armée française ? 36 divisions sont engagées, 3 sont en réserves, 9 sont en mouvement avant de prendre position, soit au total 48 divisions auxquelles s'ajoutent les 10 divisions de forteresse pratiquement immobilisées dans la Ligne Maginot. En plus, les disponibilités en réserve du G.Q.G. sont constituées par deux divisions venant de l'Afrique du Nord, actuellement en route. Le transport d'une autre division de même origine est à l'étude. Une division sera prélevée sur l'armée des Alpes. On procède, à l'intérieur du territoire, à la mise sur pied de 7 divisions provenant en partie de récupérés de l'armée CORAP. Elles seront prêtes entre le 1er et le 15 Juin. Le total des forces disponibles, le 15 Juin, sera donc de 48 divisions plus 11, soit une soixantaine de divisions."

"Devant nous, poursuit le Général WEYGAND, nous avons 130 à 150 divisions allemandes dont 9 divisions blindées. Nous sommes donc appelés à lutter à 1 contre 3. D'autre part, nos unités de chars sont réduites des 4/5ème. Malgre un remarquable effort de production auquel je rends hommage, nos disponibilités en chasse et en avion de bombardement sont appelées à se réduire rapidement au cours des semaines à venir puisque actuellement la bataille consomme 30 à 40 avions par jour."

"Dans ces conditions, que faire ?"

"Chercher une ligne plus courte."

Le Général WEYGAND indique comment il a étudié avec le Général GEORGES le raccourcissement du front, soit en dessinant une ligne qui, partant de la mer et couvrant Paris, aboutisse à la Loire, mais dans ce cas l'aile droite serait en l'air et il faudrait abandonner 150.000 combattants dans la Ligne Maginot, soit au contraire une ligne plus courte, englobant la Ligne Maginot mais entraînant l'abandon de Paris.

"Ces deux solutions, déclare le Général WEYGAND, m'apparaissent comme irréalisables. Une troisième solution se présente dans la transversale de défense constituée par la basse Seine, la position de Paris par l'Oise et la Nonette, la Marne, l'Argonne, Verdun, Metz et la Ligne Maginot. Après une bataille sur le front actuel Somme/Aisne, l'armée se regrouperait derrière cette position qui a le mérite de couvrir Paris. Mais l'étude à laquelle j'ai procédé montre que nous n'aurons pas les réserves voulues pour opérer en bon ordre sous la pression de l'ennemi une retraite de la ligne Somme/Aisne vers la ligne basse Seine/Marne. Il n'y a pas de retraite méthodique possible avec une pareille infériorité numérique."

Le Général WEYGAND développe alors sa conclusion : "Il faut tenir sur la position actuelle Somme/Aisne, nous y défendre jusqu'à la dernière extrémité. Elle présente de nombreux points faibles, en particulier le Canal Crozat et l'Ailette. Nous pouvons donc être crevés. Dans ce cas, les fragments constitueront des môles. Chacune des parties de l'armée devra se battre jusqu'à épuisement pour sauver l'honneur du pays."

Le Général continue en déclarant que la France a commis l'immense erreur d'entrer en guerre en n'ayant ni le matériel qu'il fallait ni la doctrine militaire qu'il fallait. Il est probable qu'elle devra payer cher cette coupable imprudence. Mais on ne doit penser qu'au relèvement du pays, et le courage avec lequel elle se sera défendue sera un élément décisif du redressement futur.

Le Président du Conseil remercie le Général WEYGAND de son remarquable exposé qui a porté sur la conduite des opérations et sur la conduite générale de la guerre. En ce qui concerne la conduite des opérations, elle a été approuvée par les deux Gouvernements français et anglais mercredi dernier. En ce qui concerne la conduite générale de la guerre, le Président du Conseil est d'accord avec le Général WEYGAND pour estimer que dans l'hypothèse où nous perdrions les armées du Nord (et ce coup sera très dur au point de vue moral, au point de vue effectifs, au point de vue matériel) il faudra sauver l'honneur de l'armée française et engager ce qu'on peut appeler une lutte à mort.

"Ceci dit, continue le Président du Conseil, il n'est pas dit que notre adversaire nous accordera un armistice immédiat et n'est-il pas indispensable d'éviter la capture du Gouvernement si l'ennemi entre dans

Paris ?" Aussi, le Président du Conseil a-t-il demandé au Général WEYGAND quels sont les conseils donnés au Gouvernement en ce qui concerne le repli. Tours est beaucoup trop proche. Le Massif Central deviendrait une prison. Il semble que la meilleure solution soit Bordeaux ou sa région.

Le Président de la République intervient alors pour demander au Général WEYGAND comment il voit la situation du Gouvernement si les armées françaises venaient à être dispersées et détruites, selon la possibilité envisagée par le Général. Quelle serait alors la liberté d'examen du Gouvernement français si des offres de paix venaient à lui être adressées ? Cette liberté d'examen ne serait-elle pas plus grande avant la destruction des armées françaises ? "Certes, continue le Président de la République, nous avons signé des engagements qui nous interdisent une paix séparée. Nous devons toutefois si l'Allemagne nous offrait des conditions relativement avantageuses les examiner de très près et délibérer à tête reposée."

Le Général WEYGAND comprend parfaitement la préoccupation du Président de la République. Il reconnait que la cessation des hostilités est une question interalliée. Il reconnait aussi que l'on ne peut adopter la solution extrême qu'il a présentée tout à l'heure, à savoir la lutte sans espoir de notre armée pour sauver l'honneur, sans en examiner les conséquences avec l'Angleterre.

Le Président du Conseil déclare que si des offres de paix nous étaient présentées, la France est tenue de dire à l'Angleterre : Voici les offres dont nous sommes saisis, qu'en pensez-vous ?

Le Général WEYGAND déclare qu'étant donné la gravité de la situation présente il considère qu'il serait bon d'examiner dès maintenant avec le Gouvernement anglais ces diverses questions. L'Angleterre est gravement menacée de perdre la totalité de son armée actuelle qui aurait été le noyau de son armée future ; elle doit comprendre nos préoccupations.

Le Maréchal PETAIN se demande s'il y a réciprocité complète de devoirs entre la France et l'Angleterre. Chaque nation a des devoirs vis-à-vis de l'autre dans la proportion de l'aide que l'autre lui a donnée. Or, actuellement, l'Angleterre n'a jeté dans la lutte que 10 divisions alors que 80 divisions françaises se battent. La comparaison ne doit pas seulement être faite entre les efforts militaires des deux pays mais entre les souffrances qui les attendent.

Le Général WEYGAND déclare que l'Angleterre doit s'attendre à que l'Allemagne fasse un grand effort pour l'envahir. Il considère comme utile une conversation immédiate entre les Gouvernements Français glais pour échanger des vues sur le proche avenir.

Le Président du Conseil déclare que dans la nuit du 16 au 17 M. CHURCHILL lui a indiqué que si la France venait à succomber, l' terre poursuivrait ardemment la lutte avec une aviation de plus en puissante et essaierait d'affamer l'Allemagne. M. CHURCHILL s'est déjà montré partisan d'une lutte désespérée en attendant l'interve active des Etats-Unis.

M. Paul REYNAUD a demandé à M. BULLITT sous quelle forme le Pré dent ROOSEVELT espère pouvoir apporter à la France une aide décisive. n'a encore reçu aucune réponse précise à cette question posée il y a plus d'une semaine.

Dokument Nr. 62

No.

XXXXX U XXXXX XX XXXXX

27 MAI 1949

XXXXXXXXXXXXX

N° 1219 / 3.FT.   ARCOLE à ALBATROS TOMO

Réponse votre télégramme n° 53 31/W du 26 Mai

Envoi 1 groupe D.C.A. de 75 et 3 batteries de 25 C.A. *Valeur* prévu par Général VUILLEMIN dans télégramme 579 / 3 EMG du 14 Mai est lié à débarquement HONDURAS avant-garde envisagée par mon télégramme 860 / 3.FT. du 6 Mai et ma lettre N° 911 / 3-FT. du 10 Mai - STOP -

3 DI pol. à air

Principe cette opération se trouvant remis en discussion par suite circonstances actuelles , je ne puis pour le moment donner suite à demande renforcement D.C.A. que vous m'adressez . - FIN .

Pour le Général Commandant en Chef
des Forces Terrestres
Le Major Général ;
Signé DOUMENC

Dokument Nr. 63

P.C.XXXX   28 Mai   40

N° 565 - Cab./D.N.

XXX

XXXXXXXXXXXXXX
LE GENERAL COMMANDANT EN CHEF WEYGAND
GENERAL LELONG
Attaché Militaire de FRANCE
à LONDRES

    L'Amiral Commandant à DUNKERQUE insiste sur la necessité d'une puissante protection aérienne et navale pour assurer le ravitaillement et l'évacuation partielle des forces qui combattent pour défendre la tête de pont de DUNKERQUE.

    Je ne doute pas que cette nécessité soit comprise par les autorités britanniques. Je vous demande cependant d'insister auprès d'elle pour que tout ce qui peut être fait dans cet ordre d'idées soit accompli.

                                                    Geeral WEYGAND

CHIFFRÉ ET EXPÉDIÉ
le 28 Mai 1940 à 18h 10
sous le N° 29.

Dokument Nr. 64

XXX 30 MAI 1940

XXXXXXXXXXXXXXX

N° 1272 /3.F.T. XXX

A R C O L E
à   B R U M A I R E .

   Prière de communiquer immédiatement le message suivant au Haut Commandement britannique :
   " Le Général Chef de la Mission Militaire britannique a fait connaître le 29 Mai au Général GEORGES qu'il était dans les intentions du Gouvernement anglais de continuer la lutte en FRANCE aux côtés de l'Armée Française.

   La division blindée de la 51° Division resteront en FRANCE sous les ordres du Commandement français et elles seront renforcées dès que possible. L'aviation britannique restera en FRANCE.

   Le Général Commandant en Chef WEYGAND remercie le Commandement britannique de ce témoignage de solidarité mais il croit devoir attirer l'attention des chefs d'état-major sur la situation de l'aviation britannique demeurée en FRANCE.

   Actuellement il ne reste plus que sur notre territoire que 3 escadrilles de chasse; toutes les autres sont rentrées en ANGLETERRE. Or dès que la bataille des FLANDRES sera terminée ces dernières ne pourront plus intervenir au profit de la nouvelle bataille qui pourra s'engager sur le front de la SOMME de CHAMPAGNE ou de la MEUSE.

   Tout le poids de la bataille retombera sur l'armée de terre française qui souffrira énormément.

                                      .....

Le Général Commandant en Chef demande instamment au Haut Commandement britannique de bien vouloir prendre en considération la gravité de cette situation et de prendre toutes mesures pour que dès maintenant une partie importante de l'aviation britannique en particulier de la chasse soit basée en FRANCE en prévision de la bataille future.

         signé : WEYGAND.

AFFAIRES ÉTRANGÈRES

DÉCHIFFREMENT

TÉLÉGRAMME A L'ARRIVÉE

DUPLICATA bis

RÉSERVÉ

MH SP AB

LONDRES LE 31 MAI 1940 à 17 h.15
reçu le 31 à 18 H. 52

N° 2253

S E C R E T

Je me réfère à mon télégramme n° 2038-2041 et à vos télégrammes n° 2171-2173 et 2201-2202.

J'ai fait part au Foreign Office de vos dernières instructions à M. MASSIGLI sur la position que devait adopter le Gouvernement turc au cas où l'Italie provoquerait (un) conflit entre elle et les Alliés. Ces instructions sont considérées comme conformes à la ligne que le Gouvernement britannique a adoptée lui-même vis-à-vis de la Turquie en prévision d'une attaque italienne contre les Alliés (mon télégramme n° 2140 du 26 mai). Dans ces conditions, Lord Halifax et ses collaborateurs jugent préférable de s'en tenir aux instructions déjà envoyées à Sir Knatchbull Hugessen.

Toutefois ces instructions se trouvent modifiées sur un ....

CORBIN

AFFAIRES ÉTRANGÈRES

DÉCHIFFREMENT

TÉLÉGRAMME A L'ARRIVÉE

DUPLICATA bis

RÉSERVÉ

MH AB

LONDRES LE 31 MAI 1940 à 18 H.45
eçu le 31 à 20 H.

N° 2254

.... oint important. Les mots "et occuper le Dodécanèse ainsi qu'il l'a envisagé" sont supprimés. L'Ambassadeur d'Angleterre à Ankara (en a été avisé avec prière d'accuser réception de cette nouvelle instruction.

Il a été également prévenu que son collègue français recev(rait) (très) vraisemblablement une instruction analogue.

Le Gouvernement britannique (a) décidé de supprimer toute allusion au Dodécanèse afin que les Turcs ne soient pas incités par là à réclamer préalablement une aide militaire (des) (Alliés) que ceux-ci ne sont pas (en mesure de) lui fournir dans les circonstances présentes.

J'ai cru pouvoir dire au Foreign Office qu'en vue de gagner du temps, le Gouvernement français s'abstiendrait de discuter cette manière de voir et.............

CORBIN

AFFAIRES ÉTRANGÈRES

DÉCHIFFREMENT

TÉLÉGRAMME A L'ARRIVÉE

DUPLICATA bis

RÉSERVE

MH  AB

LONDRES LE 3I MAI I940 à I8 H.45
reçu le 3I à 20 H.I0

N° 2255

.... cnverrait à M. MASSIGLI les mêmes instructions que celles qui parviendront dès demain matin à son collègue anglais. D'une manière générale, les collaborateurs de Lord Halifax estiment comme nous que le Gouvernement turc doit prendre dès le début du conflit une position denuée (de toute) équivoque. Dans ces conditions et tout en laissant aux Ambassadeurs à Ankara une certaine liberté d'appréciation on ne croit pas ici que la Turquie puisse rendre aux Alliés tous les services prévus par les obligations du pacte tripartite (et) assister nos forces militaires navales et aériennes sans déclarer elle-même (la) guerre à l'Italie. Cette conséquence inévitable des engagements assumés par la Turquie devrait, selon le Foreign Office, se manifester aussi rapidement que possible./.

CORBIN

Dokument Nr. 66

AFFAIRES ÉTRANGÈRES

DÉCHIFFREMENT

TÉLÉGRAMME A L'ARRIVÉE

DUPLICATA bis

RÉSERVÉ

M-B   LV-M

ANKARA, le 1er Juin 1940 à 1 h 43
reçu à 10 h 57

n° 1216

    Je me réfère à votre télégramme n° 1131-33.

    A l'appui des considérations que nous pouvons faire valoir pour amener les Gouvernements balkaniques à affirmer leur solidarité avec la Turquie et avec nous mêmes si l'Italie entre en ligne contre nous, j'estime que en vue de réagir contre la terreur que la force allemande continue à inspirer, il ne serait pas mauvais de pouvoir montrer que la bataille en cours depuis 3 semaines a largement réduit les possibilités offensives de l'Allemagne dans d'autres secteurs (.)

    Si j'étais mis en mesure de produire ici des faits précis faisant apparaitre la consommation des (réserves) allemandes et corrélativement la diminution .....

MASSIGLI

AFFAIRES ÉTRANGÈRES

DÉCHIFFREMENT

TÉLÉGRAMME A L'ARRIVÉE

DUPLICATA bis

RÉSERVÉ M-B   LV-M

ANKARA, le 1er Janvier 1940 à 1 h 45
reçu à 10 h 57

n° 1217

.... des effectifs entretenus face à la Yougoslavie et aux frontières germano-hongroises, le Gouvernement turc en ferait sans doute usage (au)près de ses associés.

Je persiste à penser, ainsi que mon collègue britannique, que le Gouvernement turc ne manquera pas à ses obligations. Il est vrai en revanche que le désaccord qui parait s'être produit à la conférence de Haiffa sur les possibilités d'action au Dodecanèse peut le faire hésiter sur l'opportunité de prendre dès le début une attitude trop accentuée. Cette question fait l'objet d'un télégramme distinct ./.

MASSIGLI

AFFAIRES ÉTRANGÈRES

DÉCHIFFREMENT

TÉLÉGRAMME A L'ARRIVÉE

DUPLICATA bis

RÉSERVÉ

D

LONDRES, le I Juin 1940 à 2I h,25
reçu le Ier Juin à 2I h,45

N° 2274

RESERVE-Strictement Secret.

A la suite de l'accord intervenu hier à Paris au sujet de Narvick, le Foreign-Office a examiné aujourd'hui quelle était la meilleure procédure à suivre vis-à-vis du Gouvernement Norvégien, en ce qui concerne (l') évacuation.

Des (instructions) (ont été) (adressées) à Sir Cecil Dormer qui doit les remettre au Ministre d'Angleterre à Harstadt.

Ces instructions (portent) sur les points suivants :

I°) Elles font allusion aux circonstances qui obligent la France (et la) Grande-Bretagne à un effort exceptionnel sur le (front) Occidental et leur rend impossible d'envoyer en Norvège les moyens nécessaires pour défendre ce Pays (contre) de nouvelles ......
....

CORBIN

AFFAIRES ÉTRANGÈRES

DÉCHIFFREMENT

TÉLÉGRAMME A L'ARRIVÉE

DUPLICATA bis

RÉSERVÉ

D

LONDRES, le I er Juin 1940 à 21 h,25
reçu le Ier Juin à 21 h,45

N° 2275

.... attaques allemandes.(Ceci s'applique particulièrement à de nouveaux envois d'avions et de bâtiments de guerre, la flotte Anglaise dans les eaux Scandinaves ayant besoin d'être relevée).

2°) Il est bien certain que l'avenir des (Norvégiens) (dépend) en dernier ressort de la capacité de résistance dont la France et l'Angleterre peuvent faire preuve en face de nouvelles attaques (allemandes).

3°) Les troupes Françaises et Anglaises qui se trouvent en Norvège devront être évacuées rapidement. Le Gouvernement Britannique (est) prêt à prendre des dispositions pour évacuer également le Roi de Norvège, son Gouvernement (et les) (troupes) Norvégiennes (qui) continuent (à) combattre les Allemands .

....

CORBIN

AFFAIRES ÉTRANGÈRES
—
DÉCHIFFREMENT

TÉLÉGRAMME A L'ARRIVÉE

DUPLICATA bis
—

RÉSERVÉ

D

LONDRES, le Ier Juin 1940 à 21 h,25
reçu oe Ier Juin à 22 h,15

N° 2276

....

4°) Sir Cecil Dormer devra faire le plus tôt possible cette communication au Gouvernement Norvégien. La réaction de celui-ci lorsqu'il a appris l'évacuation de BODO par les troupes Britanniques, fait prévoir de sa part (de) vives protestations et même des menaces (2/groupes faux) directes avec l'Allemagne. Il convient de le mettre au courant sans plus tarder de la décision franco-anglaise, qu'il a pressentie depuis avant-hier, de causer avec lui de la façon dont la situation se présente et de ne pas attendre que les premières mesures d'évacuation (aient) été prises et puissent être considérées par lui comme des actes le libérant de toute espèce d'obligation vis-à-vis des (Alliés).

....

CORBIN

AFFAIRES ÉTRANGÈRES

DÉCHIFFREMENT

TELEGRAMME A L'ARRIVÉE

DUPLICATA bis

RÉSERVÉ

T   D

LONDRES le Ier Juin 1940 à 2Ih,25
reçu le Ier Juin à 22 h, I5

N° 2277

....

5°) Sir Cecil Dormer doit en outre ajouter que le Gouvernement Britannique n'aurait pas d'objections si le Gouvernement Norvégien croyait pouvoir essayer de conclure avec l'Allemagne un accord sur la base du plan Mowinckel. Mais toutes indications que donnerait (2 gr fx) aux allemands en ce qui concerne (le) projet Allié d'évacuation enlèveraient tout espoir au Gouvernement du Roi Haakon de faire aboutir cette tentative d'accord.

Les instructions à Sir Cecil Dormer se terminent en insistant à nouveau sur le (délai) très court dont disposent les Alliés pour pouvoir évacuer dans de bonnes conditions.

Il ne saurait un instaht être question de retarder les plans qui ....

CORBIN

AFFAIRES ÉTRANGÈRES

DÉCHIFFREMENT

TÉLÉGRAMME A L'ARRIVÉE

DUPLICATA bis

RÉSERVÉ

S P

LONDRES, le Ier Juin 1940 à 21 h,25
reçu le Ier à 22 h,15

N° 2278

.... vont être exécutés, à cause de conversations avec le Gouvernement Norvégien.

D'une manière (générale), les Anglais sont (très) soucieux de voir (subsister) un Gouvernement Norvégien indépendant de l'Allemagne. Ils désirent en effet que la Norvège conserve un contrôle absolu non seulement sur (sa) (Marine Marchande) mais (aussi) sur tous les équipages qui sont nécessaires à l'utilisation (des) bâtiments de commerce actuellement à ladisposition des Alliés. Ces navires seraient en effet difficilement utilisables si on devait substituer à leurs équipages des équipages Alliés. Le Gouvernement Anglais espère donc vivement (que.le) Gouvernement Norvégien acceptera pour sa part l'offre d'évacuation que lui fait le Gouvernement de Londres ./.

CORBIN

Dokument Nr. 68

2 Juin 1940.

N° 1328 /3.F.T.

ARCOLE à BRUMAIRE

Prière faire immédiatement démarche auprès du Haut Commandement britannique pour lui communiquer ce qui suit :

Citation : Amiral NORD a télégraphié ce matin qu'en dehors des 25.000 Français qui défendent tête de pont DUNKERQUE il reste encore 22.000 autres Français environ. Tous les Britanniques partiront ce soir. Comme on peut espérer dans la nuit prochaine évacuer ces 22.000 hommes, il restera encore demain matin les 25.000 défenseurs.
En conséquence Amiral NORD a déclaré qu'il restait à DUNKERQUE et qu'il faisait différer embouteillage. Il demande que tous moyens flottants et aériens britanniques lui soient donnés demain soir lundi, afin d'évacuer les 25.000 combattants qui, en restant en place, auront permis aux derniers contingents britanniques de prendre la mer. Fin de citation.

Insistez de façon la plus pressante au nom du Général Commandant en Chef pour que satisfaction soit donnée à demande de l'Amiral NORD et soulignez que la solidarité des deux Armées exige que l'arrière-garde française ne soit pas sacrifiée.

FIN.

Présidence
du Conseil.

Paris le

TELEGRAMME POUR MONSIEUR CHURCHILL

De la bataille qui se déroule actuellement sur la Somme et sur l'Oise dépend le sort de la Grande-Bretagne comme celui de la France.

Il serait inadmissible que les forces des deux Pays n'y soient pas engagées dans leur totalité.

Si la partie qui se joue est perdue, l'effort d'armement du Royaume-Uni n'aura plus aucun sens.

Je ne comprends pas, dans ces conditions, pourquoi vous continuez à conserver en Angleterre, pour la sauvegarde de vos Usines, la majorité de vos forces aériennes.

Je vous demande de la façon la plus instante d'envoyer immédiatement en France, ou des terrains sont préparés pour les recevoir, 500 avions de chasse.

......

......

Je vous prie d'autre part de jeter toute votre aviation de bombardement dans la bataille et de renoncer à des expéditions telles que celle que la Royal-Air-Force vient d'entreprendre sur la Ruhr, alors que l'Infanterie française, qui se bat seule, a le plus impérieux besoin de l'aide des bombardiers britanniques.

Dokument Nr. 70

G.Q.G.
LE GÉNÉRAL COMMANDANT
EN CHEF

N° 582-Cab/DN

Le 3 Juin 1940.

COPIE TRÈS SECRET

Monsieur le PRESIDENT,

Je me permets de vous envoyer ce soir même la lettre que m'adresse d'extrême urgence le Général VUILLEMIN.

Cette lettre vient à l'appui de l'appel pressant que vous avez bien voulu faire parvenir à M. Winston CHURCHILL. Sa conclusion n'est nullement exagérée.

Il faut à nos troupes, pour leur permettre de ne pas livrer à armes trop inégales la bataille de demain, un puissant appui d'aviation de chasse. Il n'est pas un combattant ayant pris part aux dernières batailles pour ne l'affirmer.

Notre propre Armée de l'Air est impuissante à donner à nos troupes cet appui indispensable.

En raison de la gravité des circonstances, je vous demande d'insister à nouveau auprès du Premier Ministre de GRANDE-BRETAGNE.

La lettre du Général VUILLEMIN a déjà été communiquée à l'Air Marshal Commandant en Chef les Forces Aériennes britanniques en FRANCE et au Colonel Chef de

la . . . . . .

la Mission française auprès de l'Air Ministry.

Veuillez Monsieur le PRESIDENT, agréer les assurances de ma haute considération et de mes sentiments déférents et dévoués.

Signé : W E Y G A N D .

COMMANDEMENT EN CHEF
DES FORCES AERIENNES

ETAT-MAJOR GENERAL
3ème Bureau

N° 3.987-3/O.S.

COPIE TRÈS SECRET

G.Q.G.A., le 3 Juin 1940.

EXTREME URGENCE

Le Général Commandant en Chef VUILLEMIN
Commandant en Chef des Forces Aériennes

à Monsieur le GENERAL COMMANDANT EN CHEF
Chef d'Etat-Major Général de la Défense Nationale,
Commandant en Chef l'Ensemble des Théâtres d'Opérations
(Cabinet - Etat-Major - 3ème Bureau).

Par lettre N° 3.906-3/O.S./E.M.G. du 31 Mai 1940 je vous ai demandé de vouloir bien intervenir de la façon la plus pressante pour obtenir des Hautes Autorités Britannique un appui massif d'Aviation de Chasse en FRANCE.

L'évolution des évènements comportant actuellement l'intervention de forces importantes de bombardement allemandes dans le Sud-Est et l'éventualité d'une entrée en guerre très prochaine de l'ITALIE augmente encore le caractère critique de la situation que je vous exposais.

J'ai l'honneur de vous préciser ma pensée à ce sujet: si l'ennemi déclenche comme il est probable, à bref délai, une nouvelle action massive de chars et d'aviation contre le front défensif actuellement en cours d'organisation, il n'y a pas de raison pour qu'il ne réussisse pas à nouveau à enfoncer nos positions et à procéder à une exploitation rapide et profonde qu'il sera impossible d'arrêter si nous ne sommes pas en mesure, au moment même du déclenchement de l'attaque, de neutraliser l'aviation de bombardement allemande par une intervention massive de la chasse alliée.

Cette intervention massive exige l'appui au minimum de la moitié de chasse actuellement basée en ANGLETERRE.

Ceci est d'autant plus nécessaire que l'action allemande dans le Sud-Est et l'éventualité de l'entrée en guerre de l'ITALIE comparées à <u>l'extrême faiblesse</u> des moyens basés dans le Sud-Est et en Afrique du Nord m'ont déjà obligé à faire des prélèvements au profit du Sud-Est, ces prélèvements ridiculement faibles par rapport à la menace envisagée devraient être augmentés dès l'entrée en guerre de l'ITALIE pour ne pas livrer tout notre Sud-Est sans défense à une action Italienne, pouvant comporter les mêmes actions combinées de chars et d'aviation, couronnées du même succès que les actions allemandes dans le Nord-Est.

Il n'est pas besoin d'insister sur la gravité de la situation d'ensemble exposée ci-dessus.

Ne pas obtenir des Hautes Autorités Britanniques l'appui complet et immédiat demandé comporte la probabilité d'une défaite des forces Françaises et la perte de la guerre pour la GRANDE BRETAGNE comme pour la FRANCE.

L'ennemi ayant le choix de l'heure, l'appui demandé ne peut être immédiat que si les Forces Aériennes de chasse britanniques ont été mises en place à l'avance en FRANCE.

J'ai l'honneur, en conséquence, de vous demander de vouloir bien insister auprès des Hautes Autorités Britanniques pour que cet appui soit réglé dans les conditions suivantes:

1°/- Envoi a priori et <u>dès maintenant</u> de 10 Squadrons de Chasse britanniques qui seraient stationnés dans la région d'EVREUX DREUX et qui prendraient à leur compte l'action au profit des Forces terrestres à l'Ouest du dispositif français entre la ligne <u>PONTOISE - PÉRONNE</u> et la mer.

Cette disposition me permettrait d'avoir plus de forces sur le reste du front, compte tenu des moyens qu'il me faudrait prélever pour le Sud-Est.

2°/- Préparation de l'envoi extrêmement rapide en FRANCE d'une deuxième série de dix autres Squadrons qui viendraient se baser dès la première journée de bataille sur les terrains déjà occupés par les Britanniques.

3°/- Ces Squadrons, venant s'établir sur des bases déjà occupées par les Britanniques en FRANCE, n'auraient pas besoin de faire mouvement avec leurs services. Si d'aventure l'ennemi commettait l'erreur stratégique d'attaquer la GRANDE BRETAG avant d'entreprendre de nouvelles opérations offensives contre la FRANCE, ces squadrons pourraient dans la journée mêm retourner en ANGLETERRE, sur leurs bases anglaises; au surplus ils auraient vraisemblablement échappé au bombardement systématique des terrains de chasse de GRANDE-BRETAGNE par lequel l'ennemi commencera certainement ses opérations contre l'ANGLETERRE.

Je tiens à affirmer encore que la satisfaction _immédiate_ de ces demandes est pour la GRANDE-BRETAGNE comme pour la FRANCE _une question de vie ou de mort._

Le GENERAL COMMANDANT EN CHEF
des Forces Aériennes:

V U I L L E M I N.

COPIE à :
- M. l'Air Marshal Commandant en Chef des Forces Aériennes Britanniques en FRANCE,
- M. le Colonel Chef de la Mission Française "A" auprès de l'Air Ministry.